2014年

中国交通信息化发展报告

2014 China Transportation Informatization Report

中华人民共和国交通运输部

人民交通出版社股份有限公司
China Communications Press Co.,Ltd.

内 容 提 要

本报告较为全面地介绍了2014年全国交通信息化进展情况，对主要成就进行了归纳和总结，对存在的问题进行了分析，也给出了建议；同时，对全国主要省（区、市）、交通运输部直属单位交通信息化发展状况进行了专题介绍，对典型案例、专题研究等进行了展示。

图书在版编目（CIP）数据

2014年中国交通信息化发展报告/中华人民共和国交通运输部编. — 北京：人民交通出版社股份有限公司，2015.7

ISBN 978-7-114-12404-4

Ⅰ. ①2… Ⅱ. ①中… Ⅲ. ①交通运输—信息化—研究报告—中国—2014 Ⅳ. ①F512.3

中国版本图书馆CIP数据核字（2015）第168648号

书　　名：2014年中国交通信息化发展报告
著 作 者：中华人民共和国交通运输部
组织编写：中华人民共和国交通运输部科技司
承　　编：中国公路学会
编　　写：《中国交通信息化》杂志社
责任编辑：黄兴娜
出版发行：人民交通出版社股份有限公司
地　　址：北京市朝阳区安定门外外馆斜街3号（100011）
销售电话：010-84990710、84990502
总 经 销：北京交实文化发展有限公司
印　　刷：北京凯德印刷有限责任公司
开　　本：880×1230　1/16
印　　张：10.25
字　　数：290千
版　　次：2015年8月　第1版
印　　次：2015年8月　第1次印刷
书　　号：ISBN 978-7-114-12404-4
定　　价：150.00元
（有印刷、装订质量问题的图书由本公司负责调换）

编 委 会

宁波市交通运输委员会	胡跃军
交通运输部职业资格中心	朱传生
交通运输部管理干部学院	何惠良
交通运输部科学研究院	王晓曼
交通运输部公路科学研究院	王笑京
交通运输部天津水运工程科学研究院	张华庆
中交第一公路勘察设计研究院有限公司	王　佐
中国交通通信信息中心	殷　林
中国交通建设股份有限公司	陈　韬
中国船级社	莫鉴辉
中国外运长航集团有限公司	姚荣建
青岛港（集团）有限公司	张　蕾

编　写　组

组　长	中国公路学会	巨荣云
副组长	交通运输部科技司	邹　力
	交通运输部办公厅	刘　民
总编辑	交通运输部科技司	邹　力
主　编	《中国交通信息化》杂志社	王　涛
副主编	《中国交通信息化》杂志社	马　杨
成　员	交通运输部长江航务管理局	杨大鸣
	交通运输部珠江航务管理局	葛　翔
	北京市交通委员会	邹　迎
	河北省交通运输厅	赵　朋
	内蒙古自治区交通运输厅	李卓君
	辽宁省交通厅	聂　鹏
	吉林省交通运输厅	陈东丰
	黑龙江省交通运输厅	任宏伟
	上海市交通委员会	任委立
	江苏省交通运输厅	王绍坤
	安徽省交通运输厅	王能才
	福建省交通运输厅	邱　淮　方炬洋
	山东省交通运输厅	赵方德

河南省交通运输厅	宋华东
湖北省交通运输厅	余建平
湖南省交通运输厅	姚利群
广西壮族自治区交通运输厅	梁军林
海南省交通运输厅	黄澎
重庆市交通委员会	郭良久
贵州省交通运输厅	康厚荣
西藏自治区交通运输厅	庹江春
云南省交通运输厅	马晓军
陕西省交通运输厅	伍石生　廖　军
甘肃省交通运输厅	付　军
青海省交通运输厅	唐　玲
宁夏回族自治区交通运输厅	赵晓冬
新疆维吾尔自治区交通运输厅	闫晓颉
新疆生产建设兵团交通局	张　劲
青岛市交通运输委员会	张成荣
宁波市交通运输委员会	郑尚权
厦门市交通运输局	李传明
交通运输部职业资格中心	尹俊涛
交通运输部管理干部学院	李挥剑
交通运输部科学研究院	曹　沫
交通运输部规划研究院	林报嘉
交通运输部公路科学研究院	曹　鹏
交通运输部天津水运工程科学研究院	赵洪波
中交第一公路勘察设计研究院有限公司	王　蒙
中国交通通信信息中心	李璐瑶
中国交通建设股份有限公司	潘子翼
中国船级社	王立真
中国外运长航集团有限公司	王百谦
青岛港（集团）有限公司	曲艳慧

工作人员

交通运输部科技司	姚育章　田明星
交通运输部长江航务管理局	余祖强
交通运输部珠江航务管理局	黄翔宇　徐政卿
北京市交通委员会	李　倩　陈智宏　王晶晶
河北省交通运输厅	李士良
内蒙古自治区交通运输厅	苗晓永　李金星
辽宁省交通厅	郭思媚

吉林省交通运输厅	刘　阳	李大志	王　勇
黑龙江省交通运输厅	王志伟	葛　迪	姜子扬
上海市交通委员会	俞婷莉		
江苏省交通运输厅	陆　毅	郁海琛	
安徽省交通运输厅	高树亭		
福建省交通运输厅	谢紫忠	庄孝昆	陈金铭
山东省交通运输厅	王　川		
河南省交通运输厅	张　哲	段红勇	
湖北省交通运输厅	周建勋	周文卫	戚　飞
湖南省交通运输厅	曹亚平	毛莎莉	
广西壮族自治区交通运输厅	韦　扬	朱荣棋	赵　林
海南省交通运输厅	王紫辰		
重庆市交通委员会	梁郝跃		
贵州省交通运输厅	金流鹏		
云南省交通运输厅	闻恩友		
西藏自治区交通运输厅	夏远志		
陕西省交通运输厅	王继晔	王建辉	李　彬
甘肃省交通运输厅	陈　斌	顾汶泰	
青海省交通运输厅	金耀光	马继军	
宁夏回族自治区交通运输厅	张　晶	马晓军	王　芳
新疆维吾尔自治区交通运输厅	朱　红	蔡明娟	蔡晓慧
新疆生产建设兵团交通局	武海鹏	袁　林	胡俊杰
青岛市交通运输委员会	黄　河		
宁波市交通运输委员会	蔡鹤立	潘　炜	
交通运输部职业资格中心	刘　学		
交通运输部管理干部学院	孙旭芳	钱　哨	
交通运输部科学研究院	狄小峰	田　亮	刘向龙
交通运输部规划研究院	周　玮	马永庆	
交通运输部公路科学研究院	张纪升	吴金中	
交通运输部天津水运工程科学研究院	许家帅	彭士涛	
中交第一公路勘察设计研究院有限公司	赵　滨		
中国交通通信信息中心	刘　佳	陈阳怀	
中国交通建设股份有限公司	石　辉		
中国船级社	李洪林	陈　新	
中国外运长航集团有限公司	刘淑芳		

编写说明

本报告由交通运输部科技司组织编写，中国公路学会承编，《中国交通信息化》杂志社承担具体编写工作。

相关省（区、市）交通（运输）厅（局、委）、交通运输部直属单位为报告的编写提供了资料。报告中交通运输部简称“部”，省（区、市）简称“省”，交通（运输）厅（局、委）简称“厅”。报告中的“综述”部分的数据来自对25个省（区、市）的问卷调查，数据涉及的时间概念因内涵和属性原因而有所不同，有的指截至2014年底，有的指2014年当年；“专题报告”仅对收录省份2014年交通运输信息化重点工作进行了摘录；“典型案例”仅收录了具有典型性和代表性的案例；“专题研究”仅收录了具有前瞻性和宏观性的研究报告。

报告未包括港、澳、台交通信息化建设内容。

报告对相关法律、法规和政策的阐述，可为了解中国交通信息化发展情况提供参考，但编写组对可能出现的疏漏和引用内容所引起的后果不承担法律责任，建议读者在使用时以相关的正式文件为准。

目　　录

第一章　概述 …… 1

第二章　综述 …… 3

一、总体进展 …… 3

二、年度特点 …… 28

三、问题与建议 …… 29

第三章　专题报告 …… 31

北京市 …… 31

河北省 …… 32

内蒙古自治区 …… 33

辽宁省 …… 34

吉林省 …… 35

黑龙江省 …… 36

上海市 …… 37

江苏省 …… 39

安徽省 …… 40

福建省 …… 41

山东省 …… 42

河南省 …… 43

湖北省 …… 44

湖南省 …… 45

广西壮族自治区 …… 46

海南省 …… 47

重庆市 …… 48

贵州省 …… 49

云南省 …… 50

西藏自治区 …… 51

陕西省 …… 52

甘肃省 …… 53

青海省 …… 54

宁夏回族自治区 …… 56

新疆维吾尔自治区……56
新疆生产建设兵团……57
青岛市……58
宁波市……59
厦门市……60
交通运输部长江航务管理局……61
交通运输部珠江航务管理局……62
交通运输部职业资格中心……63
交通运输部管理干部学院……64
交通运输部公路科学研究院……65
交通运输部天津水运工程科学研究院……66
中交第一公路勘察设计研究院有限公司……67
中国交通通信信息中心……67
中国交通建设股份有限公司……69
中国船级社……70
中国远洋运输（集团）总公司……71
中国外运长航集团有限公司……72
青岛港……73
第四章　典型案例……75
一、数据分析与利用……75
国家干线公路交通情况调查数据采集与服务系统试点工程……75
基于北斗的中国海上搜救信息系统示范工程……83
高速公路联网收费大数据动态监测系统……86
贵州省智能交通云建设工程……86
吉林省交通运输信息化顶层设计……88
公路交通领域军民融合应用示范项目……92
二、运行监测与管理……93
内蒙古交通运输统计分析监测和投资计划管理信息系统试点工程……94
北京市交通运行监测调度中心二期数据工程……97
安徽高速公路应急调度指挥管理平台……100
青海省公路水路安全畅通与应急处置系统……102
福建省交通综合行政执法信息系统……104
上海市城市交通运输综合管理与服务系统……106
厦门市交通运输管理系统……107
重庆市出租汽车服务管理信息系统试点工程……109

广西西江黄金水道港航综合管理信息系统 …… 113
湖北省随岳高速公路应急指挥调度管理系统 …… 115
新疆建设兵团长途客车远程视频监控系统建设 …… 119
西宁南绕城可视化项目管理系统 …… 122
三、信息共享与服务 …… 123
公路水路建设与运输市场信用信息服务系统 …… 123
海南交通电子政务数据交换和共享平台 …… 125
山东省交通物流公共信息平台 …… 129
甘肃省北斗物流云综合服务平台项目 …… 131
长江航运物流公共信息平台建设试点工程 …… 133
董家口散货智能化堆场实践与应用 …… 134
第五章　专题研究 …… 139
综合运输信息互联互通策略研究 …… 139
推动物联网在现代交通运输业中的应用策略研究 …… 143
面向车联网的车辆信息服务平台研发与产业化应用 …… 145
基于多梯级、多线船闸联合调度技术提升船闸通航能力研究 …… 147
第六章　附录 …… 151

第一章　概述

2014年是贯彻落实党的十八届三中全会精神、全面深化交通运输改革的启动之年，是完成“十二五”规划目标的关键之年。交通运输系统坚持稳中求进工作总基调，按照稳增长、促改革、调结构、惠民生、防风险的要求，大力推进“四个交通”建设，不断完善综合交通运输体系，努力做到稳中有为、稳中有进，各项工作取得新的成绩。2014年，交通运输在推进科技进步和信息化建设方面，更加注重依靠创新驱动，开展了新一代国家交通控制网总体方案研究，完成城市智能交通和船联网国家物联网示范工程、物联网在公路网运行状态监测与效率提升应用等相关研究任务，加快了公路电子不停车收费系统（ETC）全国联网进程。着力推进交通运输转型升级，以信息化智能化引领交通运输现代化。

到2014年底，全国公路总里程达446.39万公里，其中高速公路11.19万公里；全国港口拥有生产用码头泊位31705个，其中万吨级及以上泊位2110个；全国内河航道通航里程12.63万公里，其中等级航道6.54万公里；全国拥有公交专用车道6897.3公里。全年全国营业性客运车辆完成公路客运量190.82亿人、旅客周转量12084.10亿人公里，比上年分别增长3.0%和7.4%；全国营业性货运车辆全年完成货运量333.28亿吨、货物周转量61016.62亿吨公里，比上年分别增长8.3%和9.5%；全国完成水路客运量2.63亿人、旅客周转量74.34亿人公里，比上年分别增长11.7%和8.8%；全国完成水路货运量59.83亿吨、货物周转量92774.56亿吨公里，比上年分别增长6.9%和16.8%；全国港口完成旅客吞吐量1.83亿人，比上年下降0.9%；全国港口完成货物吞吐量124.52亿吨，比上年增长5.8%；全国城市客运系统运送旅客1315.66亿人，比上年增长2.5%；全国国道网机动车年平均日交通量为15157辆（当量标准小客车，下同），按可比口径（下同）比上年增长3.8%，国道网年平均交通拥挤度为0.48，增长3.0%。

交通运输行业的蓬勃发展，为信息化的发展提供了广阔空间，而交通运输业的健康发展又需要信息化的引领。

2014年，我国交通信息化的建设和发展水平又有新的提高，主要取得了以下进展：

一是加强行业信息化发展政策与战略规划研究；二是加快推动高速公路不停车收费系统（ETC）全面推广应用；三是有效提升交通运输行

业安全监管能力，加快推进行业安全应急反应与救助指挥系统建设；四是提高综合交通运输管理的协调运行能力，积极推动重点领域的行业信息资源整合工作；五是大力推进行业服务与管理信息系统建设；六是推进落实国家智能交通控制网建设思路，推动相关应用系统建设及物联网等新一代信息技术的集成创新；七是完善行业网络与信息安全保障体系；八是加强交通运输信息化智能化建设的标准化工作。

2014年，我国交通信息化的建设与发展呈现出以下特点：一是围绕中央和国家重大战略部署，信息化智能化支撑作用得到了充分体现；二是围绕综合交通服务能力提升，行业信息服务发展取得了显著成效；三是围绕信息资源综合效益提升，行业信息资源共享与整合应用工作得到了进一步推进；四是围绕智慧交通创新驱动发展，信息技术与行业需求得到了不断融合应用；五是围绕智慧交通信息安全发展，行业网络与信息安全保障能力有效提升。

2014年，我国交通信息化建设与发展在取得成绩的同时还存在一些问题，主要表现在：信息化建设运维资金依然是制约信息化发展的瓶颈；信息化建设仍缺乏完善的人才培养机制；信息采集与处理等基础设施依然显薄弱，基础数据采集和应用推进困难；行业属地化管理与交通运输流动性、网络化特征给行业监管和服务带来的困扰一直没有得到有效解决；标准规范建设仍有待完善；区域信息化发展依然不平衡等。为此，提出以下建议：一是加强指导，完善相关保障政策，培育交通信息化发展的良好环境；二是加强合作，促进信息交换共享，形成各省交通信息化共建共用的整体效益；三是加强创新，突出服务效能，鼓励支持行业信息化发展的商业模式创新；四是加强培训，培养锻炼人才，促进信息化对业务工作的推动作用。

总之，2014年，全国各级交通运输主管部门紧密结合行业需求及自身实际，信息化工作扎实有效推进，信息化发展保障环境逐步改善，信息化水平和整体应用能力进一步增强，规模效益逐步显现，为实现“十二五”交通运输信息化建设与发展目标画上了圆满句号。

第二章　综述

2014年，交通运输部、各地交通运输主管部门及交通运输企事业单位认真落实各项措施，扎实做好信息化建设管理工作，在智能交通建设、资源规划整合、业务应用领域、信息化重大工程、信息安全保障体系等方面取得了一定成绩。与此同时，随着信息技术的快速发展和商业模式的推陈出新，越来越多的企业和社会力量活跃在交通运输信息化建设和服务领域，交通运输领域信息消费增长迅速。总体上讲，交通运输信息化工作包括政府和企业方面，其管理和服务的信息化发展快速、成绩斐然，越来越受到社会的广泛关注和行业各个层面的高度重视。

一、总体进展

（一）信息化相关规划和标准规范

2014年，部和各地在政策法规、标准和规划的制定方面取得了不同程度的进展，基本适应和促进了交通信息化的发展。

1. 信息化相关规划的制定

2014年，结合“十三五”信息化发展规划编制工作，深入开展了信息化智能化引领现代交通运输业发展的专题研究，部完成了《信息化智能化引领现代交通运输业发展研究》的中期成果；制定了开展新一代国家交通控制网总体研究和试点的工作方案；围绕京津冀交通一体化工作，形成了《京津冀交通一体化率先突破方案》中信息化有关任务的推进计划；相继印发了《关于进一步加强部政府网站管理的若干意见》、《关于进一步加强政府信息公开和政策解读的意见》等文件。

各地则根据未来五年交通信息化发展需要开展了相关规划的制定与研究，结合当地实际情况，因地制宜地制定、研究“十三五”时期的发展思路。详见表2-1。

部分省厅2014年交通运输信息化相关规划编制情况 表2-1

省厅	规划名称	省厅	规划名称
北京	《北京智慧交通顶层设计（2014－2017）》	湖南	《湖南省交通运输厅关于加快推进全省交通运输信息化统筹发展的指导意见》
河北	《港航信息化“十三五”发展规划》（正在研究）		《交通信息化“十三五”规划》（正在研究）
内蒙古	《交通运输信息化“十三五”规划》（正在研究）	广西	《广西壮族自治区公路水路交通运输“十三五”信息化规划》
	《内蒙古自治区高速公路电子不停车收费建设规划》（正在研究）		《广西交通运输物流公共信息平台建设研究》
辽宁	《辽宁省“十三五”综合交通运输信息化建设规划》	海南	《海南省公路水路交通运输信息化“十三五”发展规划》（正在研究）
	《道路运输信息“十三五”规划》	重庆	《交通信息化“十三五”规划》（正在研究）
吉林	《吉林省高速公路机电系统总体规划》（正在修订）	云南	《云南省公路水路邮政“十三五”发展规划》
黑龙江	《黑龙江省公路水路交通运输信息化发展规划（2014－2017）》		《云南省公路投资智慧高速建设总体设计方案》
江苏	江苏省交通运输信息化系统总体设计（正在研究）	西藏	《西藏交通信息化“十三五”发展规划》（正在研究）
	江苏交通运输行业信息化建设指南（正在研究）	陕西	《陕西省交通信息化“十三五”规划》
福建	《福建省普通公路信息化建设规划2014－2020》（正在研究）	甘肃	《甘肃省交通运输信息化发展战略》（正在研究）
	《福建省普通国省干线公路网交通量调查点布局规划》		《甘肃省机动车二级维修企业、机动车综合性能检测站联网工作建设要求》
	《福建省普通国省干线公路网监测点及出行信息发布点布局规划》		《全省高清视频会议改造技术规范》
	《福建省高速公路“十三五”信息化规划》（正在研究）		《甘肃省道路运输管理局科技项目管理办法》
	《福建省高速公路信息化顶层设计》（正在研究）	青海	《青海省公路交通监测体系规划》（正在研究）
山东	《山东省交通运输信息化“十三五”发展规划》（正在研究）	宁夏	《宁夏干线公路运行监测与服务系统建设规划（2014－2020年）》
河南	《河南省交通运输信息化“十三五”发展规划》（正在研究）	新疆	《新疆交通运输信息化“十三五”发展规划》（正在研究）
湖北	《湖北省公路水路交通运输信息化“十三五”发展规划》（正在研究）	新疆兵团	《新疆生产建设兵团交通运输信息化智能发展规划（2014－2020）》

2. 信息化相关标准的制定

2014年，部继续大力推动行业信息化标准化工作。编制发布了安全应急、市场信用、运行监测、省域道路客运联网、“12328”系统、综合执法等工程建设指南，印发了集装箱海铁联运、安全应急、市场信用、公交智能化等工程标准编制工作方案。

推动了交通信息共享数据交换通用规则、安全应急系统数据交换、电子口岸信息数据交换等基础性和共性关键标准的研究制订；组织开展交通信息数据标准符合性检测的试点工作；研究制订《救捞系统信息化应用系统技术规范》、《救捞系统信息数据元》等指导性文件，规范救捞系统信息应用系统的建设。

各省厅在交通运输信息化标准制定方面取得进展，包括对国家、交通运输部发布的相关标准的细化；地方在国家、行业信息化标准的指导下自行制定了标准并进行了相关研究，制定出台了一系列标准和要求。详见表2-2。

部分省厅2014年交通信息化标准制定情况 表2-2

省厅	标准名称
北京	《北京市交通委员会路政局交调类设备技术规范》
	《北京市道路运输车辆卫星定位系统监控平台备案程序性规定（试行）》
	《备案道路运输车辆卫星定位系统监控平台技术接入流程》
	《公共自行车智能化服务系统技术要求 DB11/T 1109－2014》
	《JT 697.2－2014 公路基础数据元标准》
	《JT 132－2014 公路数据库编目编码规则》
河北	《高速公路智能管理与服务系统技术规范》（通过审定）
	《河北省三维 TGIS 综合交通管理系统技术规范》（正在研究）
辽宁	《营运车辆卫星定位监控管理系统辽宁省地方标准》（DB21/T 1999－2012）
吉林	《吉林省公路水路交通运输信息化标准体系框架》（正在研究）
	《吉林省公路水路交通运输信息化保障体系总体方案》（正在研究）
	《吉林省交通运输统计分析监测和投资计划信息采集技术要求》（正在研究）
安徽	《高速公路联网收费规范》（DB34/T 2223－2014）
	《安徽省交通运输联网视频监控技术要求（暂行）》
福建	《福建省港航暨地方海事数据元标准》（编制中）
	《道路运输物流企业电子运单接口规范及单据格式地方标准》（编制中）
	《高速公路高清晰度视频监控设备与平台互联技术规范》地方标准（待评审）
河南	《城市公交智能调度系统技术规范》
	《城市公共交通监管与服务信息系统建设规范》
湖南	《桥隧结构健康监测与服务技术规范》
	《湖南省数字公路标准》（正在研究）
	《公路建设编码标准》
	《路基与支挡结构监测与信息管理规程》
	《湖南省公共交通一卡通技术指南》
广西	《广西高速公路综合信息网络平台建设技术规范》
	《广西高速公路联网系统标准及规范研究》
广西	《港口码头安全生产监管与应急救援系统技术规范》
	《广西交通地理信息分类与代码》
重庆	《重庆市道路运输营运车辆安全管理系统企业自建平台功能及接入技术要求》
	《重庆交通综合视频监控系统技术规范》（正在研究）
	《重庆交通音视频通信调度系统建设规范》（正在研究）
	《重庆高速公路网交通量综合统计数据标准》（正在研究）
贵州	《贵州省交通运输突发事件分级标准》
云南	《运营管理中心收费、监控、通信系统日常维修维护工程管理细则》
	《运营管理中心收费、监控、通信系统专项工程管理细则》
陕西	《高速公路监控技术要求》
	《高速公路通信技术要求》
	《路网监测技术要求》补充规定（正在研究）
青海	《青海省交通运输信息化标准体系研究》
	《青海省交通通信系统总体规划研究》
	《青海省路网监控系统总体规划研究》
	《青海省收费公路联网收费技术研究》
	《青海省交通运输信息化数据元标准研究》
	《青海省交通运输信息化数据交换标准研究》
	《青海省交通数据中心运行与维护研究》
	《青海省交通运输信息采集维护及使用研究》
	《青海省交通运输应急处置架构研究》
	《青海省公路机电工程建设与管理研究》
宁夏	《宁夏高速公路联网收费、监控、通信系统技术要求》
	《宁夏交通运输厅信息系统安全状况分析与解决方案》
	《宁夏高速公路联网系统网络安全技术规范》
新疆兵团	《新疆生产建设兵团汽车站智能管理系统建设技术规范（试行）》

3. 对部颁交通信息化标准的评价

从调查反馈的信息来看，各省普遍认为交通运输部颁布的交通信息化标准对于建设地方公路、水路交通信息化，研究制定地方信息化标准，解决“信息孤岛”、数据多样性问题，实现资源共享，规范交通信息化建设等具有重要的指导意义；为全国各省信息的互通和融合打下了基础；有利于保障交通运输系统的畅通、高效以及提高管理部门的运营管理水平和运行效率。同时，各地也根据自身情况提出如下建议：

（1）进一步加强信息资源共建、共享的信息系统、业务应用系统的顶层设计、统筹规划，统一标准建设。

（2）进一步加大公路建设、养护、管理的信息化标准制定工作，以及对交通运输部信息通信及导航标准化委员会和智能交通标准化委员会的标准进行统筹。

（3）加强宣贯和使用示范，建议对标准工作的执行进行推广、推进。对地方部门在标准制定、标准执行等工作给予指导支持。

（二）信息化管理制度

2014 年，各省厅在交通运输信息化制度和管理办法的制定方面也取得了一定进展，详见表 2-3。

部分省厅 2014 年交通信息化管理制度制定情况 表 2-3

省厅	制度与管理办法名称
北京	《北京市交通行业科技项目管理办法》
内蒙古	《内蒙古自治区交通运输厅办公自动化系统管理办法》
辽宁	《辽宁省交通厅信息化项目管理办法》
	《辽宁省交通厅门户网站绩效考核方法》
	《重点营运车辆卫星定位系统管理办法 》
吉林	《吉林省交通运输厅信息化建设管理暂行办法》（已制定）
	《吉林省地方海事局涉密和非涉密网络管理制度》（已制定）
	《吉林省交通运输科技项目管理办法》（已制定）
	《吉林省道路运政系统使用管理规范》（已制定）
黑龙江	《黑龙江省交通运输厅信息化项目管理办法》
福建	《福建省普通专养公路视频会议系统管理制度》
	《交通运输云平台机房管理制度》
	《福建省交通运输云计算平台应用管理暂行办法》
河南	《河南省交通运输厅信息安全工作人员管理制度》
	《河南省交通运输厅计算机信息系统网络安全应急预案》
湖北	《湖北省交通运输厅政府门户网站管理办法（试行）》
	《湖北省高速公路联网收费计算机网络安全规定》
	《湖北省高速公路联网收费系统安全管理办法》
湖南	《湖南省交通运输厅关于加快推进全省交通运输信息化统筹发展的指导意见》
广西	《广西交通运输信息化建设项目管理暂行办法》
	《广西壮族自治区交通运输厅政府网站信息发布办法》
	《广西壮族自治区交通运输厅信息网络系统安全管理规定》
	《广西壮族自治区交通运输厅网络与信息安全事件应急预案》
	《广西壮族自治区交通运输厅门户网站值班读网制度》
海南	《海南省交通移动应急通信指挥平台管理暂行办法》（2014 年 10 月发布施行）
	《海南省“12328”交通服务热线业务管理暂行办法》（正在审议）
	《 GIS 系统管理更新规程》（正在制定）
	《海南省交通应急指挥中心计算机使用管理办法》（正在制定）
	《海南省交通运输厅信息中心运维外包服务管理办法》（正在制定）
	《海南省交通运输应急指挥中心安全巡检制度》（正在制定）

续上表

省厅	制度与管理办法名称
海南	《省交通运输应急指挥中心人员培训、入离职及安全管理规定》（正在制定）
	《省交通应急指挥中心值守人员考勤休假管理办法》（正在制定）
	《省应急指挥中心运行方案纲要》（正在制定）
	《省交通运输应急指挥中心人员日常管理办法》（正在制定）
	《省交通运输应急指挥中心信息报送工作实施方案》（正在制定）
重庆	《重庆市交通移动应急通信平台管理使用细则》
	《重庆市交通信息化专项资金管理办法》
	《重庆市交通委员会信息系统运行维护管理办法》
贵州	《贵州省交通运行监测与应急指挥管理暂行办法》
	《贵州省交通运输应急值班工作暂行规定》
	《贵州省交通运输行业突发事件信息处理暂行办法》
	《公路运行监测信息采集报送导则》
云南	《云南省公路开发投资有限责任公司突发事件信息报告及应急处置管理办法》（试行）
	《云南省公路开发投资有限责任公司公路阻断信息报送及处置管理办法》（试行）
	《云南省公路路政管理总队科技项目管理办法》
	《云南省公路路政管理总队网络和信息系统安全管理办法》
云南	《公路工程竣工档案管理制度》
	《应急通信指挥保障管理制度》
	《IC 卡电子证件使用管理制度》（正在研究）
	《道路客运联网售票运维管理制度》（正在研究）
陕西	《陕西省交通运输信息化项目管理办法》（已完成，未下发）
	《交通运输服务监督电话“12328”开通和运行管理（初期）工作方案》
	《陕西省高速公路电子不停车收费跨省清分结算业务管理办法（试行）》
甘肃	《甘肃省高等级公路机电系统标准化管理及运行维护指南》
	《甘肃高速在线网站新闻宣传及信息发布管理办法》
	《运政系统数据清理操作手册》
青海	《青海省交通信息化建设工程（三期）项目办管理制度汇编》
	《青海省交通信息化建设工程（三期）项目管理大纲》
宁夏	《宁夏交通运输厅信息安全组织机构管理制度》
	《宁夏交通运输厅信息系统运行维护管理制度》
	《宁夏交通运输厅信息系统安全审计管理制度》
	《宁夏交通运输厅软件开发项目管理制度》

（三）交通运输电子政务

1. 积极推进部机关信息化工作

2014 年，部政府网站服务水平取得了明显进步，部政府网站全面完成了部机关司局子站的改版工作，推进开展了外链网站和系统安全检查与清理工作，并且着力增强了网站政府信息公开力度，获得了有关测评机构的高度评价。

为进一步提升部机关信息化办公能力，提升信息化水平，组织编制印发了《加强机关内网政务信息化实施方案》，启动了部机关信息化设备更新购置、部机关行政办公综合业务系统建设等，并组织对部内网办公平台开展了专项改进工作，为提高部机关办公效率起到了积极作用。此外，部密码通信专网线路进入试运行阶段，将可为行业反恐、维稳、应急和日常涉密信息传输提供通信保障，推进了部机关信息安全等级保护购置工程和安全评估工作，整体提高了部机关网络与信息安全保障能力。

2. 公路治超信息化

2014 年，信息化在公路超限超载运输治理中发挥了积极的作用。部分省份公路治超信息系统建设的具体情况见表 2-4。

部分省份 2014 年公路治超信息系统建设情况统计表　　表 2-4

省　　份	截至 2014 年底，全省建成运营的公路治超检测站数量（个）	全年检测车辆总数（万车次）	系统信息联网比例（%）	覆盖公路里程（公里）	其中高速公路里程（公里）
北京	36	403. 34	94. 59	1982	575
河北	130	552	95	—	—
内蒙古	136	783. 85	—	—	—
辽宁	18	2. 5	100	—	—
吉林	64	72. 45	20	—	327
黑龙江	41	684	2	15529	4084
江苏	79	3104	100	8265	580
安徽	70	125	100	4500	—
福建	40	1052. 99	85	—	4175
河南	166	470	84	16600	500
湖北	110	70	100	17000	879
湖南	81	568. 66	10	16859	5084
广西	15	80	100	20000	3808
海南	3	0. 13	30	946	193
重庆	105	742. 1	92	24388	2000
贵州	80	6000	60	19000	750
云南	80	6000	60	19000	750
西藏	13	64. 13	—	4613	—
陕西	365	6973. 19	86	9712	4466
甘肃	22	208	60	10792	3300
青海	14	69	—	—	—
宁夏	20	440	—	3261	—
新疆	30	124. 47	—	—	—
新疆兵团	14	19	—	—	—

注：“—”表示具体数字未统计。

调查显示，58% 的省份认为公路治超信息系统的建设有效提高了治超工作的效率，32% 的省份认为对治超工作效率有一定的帮助，还有 10% 的省份认为效果难以评价。

3. 道路运输信息系统联网情况

2014 年，各地继续推进部省联网工作以及省内道路运输信息系统联网工作。

调查显示，已有 93% 的省实现了省与部道路运输综合管理信息平台的联网。与部联网后实现的数据交换指标统计见表 2-5；省、市、县道路运输信息系统联网情况统计见表 2-6；省、市、县道路运输信息系统目前投入使用的功能见表 2-7 和表 2-8。

部分省份2014年部省联网后实现的数据交换指标统计表（单位：个）　　表2-5

省份	经营业户	营运车辆	客运线路	从业人员	稽查人员	道路运输管理机构	共计类别	指标
北京	11	12	18	9	37	18	6	105
河北	37	47	20	26	30	10	6	170
内蒙古	12	15	9	11	7	6	6	60
辽宁	16	21	10	15	22	13	6	97
吉林	10	27	20	16	18	56	13	526
黑龙江	27	50	14	32	38	15	6	176
江苏	55	60	38	30	25	36	6	244
安徽	11	12	20	9	36	10	6	98
福建	114	73	21	61	138	36	6	443
山东	26	22	11	18	—	10	5	87
河南	12	16	10	9	—	—	4	47
湖北	32	11	12	—	9	—	3	32
重庆	12	13	12	9	—	6	5	62
云南	25	50	—	31	—	—	3	106
陕西	18	23	10	17	24	3	5	71
甘肃	37	47	20	26	36	10	6	176
青海	11	12	—	9	—	—	3	22
新疆	25	49	26	21	31	11	5	163

注：1. “—”表示具体数字未统计；

2. 本表“经营业户”、“营运车辆”、“客运线路”、“从业人员”、“稽查人员”、“道路运输管理机构”各项，指的是实现的数据交换指标数是多少个，而非多少业户等。

部分省份2014年省、市、县道路运输信息系统联网情况统计表　　表2-6

省份	覆盖的地级市（个）	占地级市总数的百分比（%）	覆盖的县（区）（个）	占县（区）总数的百分比（%）	系统注册单位（个）	注册用户（个）	占用户量的百分比（%）
河北	11	100	—	—	—	—	—
内蒙古	12	100	102	100	152	2075	89
辽宁	13	93	105	89	823	2641	70
吉林	10	100	45	100	56	56	100
黑龙江	14	100	153	100	168	3321	100
江苏	13	100	106	100	314	6915	100
安徽	16	100	105	100	121	3970	100
福建	7	77	70	78	99	1606	—
山东	17	100	140	100	140	900	80
河南	18	100	159	100	177	1880	100
湖北	17	100	109	100	140	3100	100
湖南	14	100	123	100	160	800	—

续上表

省　　份	覆盖的地级市（个）	占地级市总数的百分比（%）	覆盖的县（区）（个）	占县（区）总数的百分比（%）	系统注册单位（个）	注册用户（个）	占用户量的百分比（%）
广西	14	100	91	83.5	145	1798	61
海南	3	100	16	100	91	325	100
重庆	21	100	182	100	203	2977	98
贵州	9	100	88	100	100	200	100
云南	16	100	132	100	161	2877	94
西藏	7	100	—	—	8	124	82
陕西	11	100	87	100	108	240	10
甘肃	14	100	89	100	106	1159	100
青海	8	100	45	100	55	524	65
宁夏	5	100	14	100	21	21	100
新疆	18	100	85	100	150	1800	9

注："—"表示具体数字未统计。

部分省份2014年省、市、县道路运输信息系统目前投入使用的功能统计情况表(一)　　表2-7

省　　份	系统功能（个）	业务流程（个）	业务功能（项）
河北	14	263	498
辽宁	13	10	513
吉林	12	26	16
黑龙江	7	25	146
江苏	8	456	543
安徽	34	21	685
山东	5	5	15
河南	6	—	19
湖北	7	6	100
湖南	7	—	—
广西	6	32	57
海南	2	7	35
重庆	5	10	20
云南	5	—	—
西藏	6	851	1739
陕西	6	—	—
甘肃	6	10	60
青海	7	851	1739
宁夏	3	8	24
新疆	7	354	515

注："—"表示具体数字未统计。

部分省份2014年省、市、县道路运输信息系统目前投入使用的功能统计情况表(二)　　表2-8

省份	系统投入使用的功能
河北	客运、货运、危货、维修、驾培、车辆技术、国际道路、外商投资、运政执法、从业人员、统计分析、系统管理
内蒙古	数据统计与分析、业户管理、从业人员管理、班车客运管理、包车客运管理、普通货运管理、危险货运管理、省内跨市客运线路管理、省际客运线路管理；市内客运线路管理、客运站场管理、营运客车类型划分及装备等级评定管理和运政执法管理
辽宁	行政许可（客运业户许可、货运业户许可、维修业户许可等；客运班车许可、客运包车许可、货运车辆许可、出租车许可、教练车许可等）、从业人员（报名管理、无纸化考试管理、从业人员档案管理、后期监管、诚信考核、继续教育）、行政处罚、市场监管（车辆二级维护、年审、报停复驶等）、包车审批、违法超限、维修从业人员、检测站管理、查询统计、业务督查、需求管理、统计指标、系统维护
吉林	客运、货运、危货、公交、出租、维修、驾训、运政执法、从业人员、包车、国际运输、统计分析等
黑龙江	班线客运管理、包车客运管理、旅游班车管理、普通货运管理、危险货运管理、出租车管理、汽修管理、从业资格证管理、运政执法管理、运输服务业管理、省内线路管理、市内线路管理、客运站场管理、货运站场管理、车牌厂牌型号管理
江苏	道路客运管理、道路货运管理、从业人员管理、维修管理、驾培管理、城市客运管理、运政执法管理、水路管理
安徽	我的工作、协同办公、从业人员、班线客运、公共客运、客运线路、货运管理、农机管理、维修管理、教培管理、搬运管理、服务管理、语音服务、计划统计、安全管理、站场管理、信誉管理、应急预案、综合管理、源头治超、票证管理、行政执法、人事档案、绩效考核、应急管理、信息服务、综合查询、综合分析、其他应用、意见收集、查询分析、日常办公、考核评分、系统管理
福建	客运管理、包车管理、普货管理、危货管理、维修管理、驾培管理、从业人员管理、车辆技术、出租汽车、汽车租赁、车辆技术、数据迁移管理
山东	普通货运管理、危险货物管理、班车客运管理、包车客运管理、出租客运管理、其他客运管理、客运站、维修业户管理、耳机维护管理，等级评定管理、客运线路管理、从业人员管理
河南	负责全省运政业务的审核与管理
湖北	班车客运管理、包车客运管理、普通货运管理、危险货运管理、省内跨市客运线路管理、省际客运线路管理；市内客运线路管理、客运站场管理、营运客车类型划分及装备等级评定管理和运政执法管理
湖南	班车客运管理、包车客运管理、普通货运管理、危险货运管理、省内跨市客运线路管理、省际客运线路管理；市内客运线路管理、客运站场管理、营运客车类型划分及装备等级评定管理和运政执法管理等
广西	旅客运输行政许可、普通货物运输行政许可、危险货物运输行政许可、线路管理、车辆管理、从业人员管理、业户管理、包车客运管理、检测站管理、驾培管理、场站管理、运政执法管理、查询统计、出租车管理、公交车管理、决策支持以及内部监督等
海南	驾培管理和从业资格管理（其余功能未推广使用）
贵州	实现各市（州）运管部门数据信息向省道路运输局的上传，在省局实现对全省业户、车辆、人员、线路等信息的汇总、查询、统计、分析功能；具体实现：班车客运管理、包车客运管理、普通货运管理、危险货运管理、省内跨市客运线路管理、省际客运线路管理；市内客运线路管理、客运站场管理、营运客车类型划分及装备等级评定管理和运政执法管理等
云南	对从事道路运输的企业、车辆和从业人员进行管理，包括：企业经营许可证、车辆道路运输证、从业人员资格证的档案管理和日常业务管理、国际道路运输管理以及从业人员黑名单管理，同时包括道路运输相关的维修企业、驾驶员培训企业、检测站管理
西藏	行政许可、日常监管、行政执法、决策支持、内部监督、系统设置等功能
陕西	货运车辆管理、客运车辆管理、经营业户管理、客货运场站管理、客运线路管理、危险品运输车辆管理

续上表

省份	系统投入使用的功能
甘肃	班车客运管理、包车客运管理、普通货运管理、危险货运管理、省内跨市客运线路管理、省际客运线路管理；市内客运线路管理、客运站场管理、营运客车类型划分及装备等级评定管理和运政执法管理；驾校、维修企业、检测站管理；从业人员管理等
青海	道路运输行政许可、日常监管、行政执法、决策支策、查询统计、内部监督、系统设置
宁夏	全区行业行政许可、行政处罚、日常业务管理
新疆	道路旅客运输、道路货物运输、国际运输的企业、线路和车辆管理，从业人员管理，维修、驾培机构管理、客运站管理、货运站管理、道路运输投诉管理、行政许可子系统、道路运输行政执法

4. 信息安全工作

2014年，部进一步加强网络与信息安全保障工作。完成了部机关、部属单位及所属机构非涉密网络和重要信息系统安全保密风险评价工作，并印发有关情况通报。部密码通信专网已完成线路调试，现已试运行。电子公文传输已具备传输条件，并在试运行期间传输。已完成了对部视频会议系统并入密通网的可行性研究。

完成了《部海事局信息系统安全等级保护及海事信息主干网设备购置工程》项目建设，基本建成了部海事局网络安全技术保障体系。编制了《直属海事信息系统维护费测算标准》，确定了硬件系统、软件系统、终端系统和应用系统四类海事信息系统维护费的测算方法和测算依据。

调查显示，72%的省厅组织开展了信息安全风险评估工作。有些省厅委托专业的信息安全机构进行评估；有些开展自评；有些与信息安全等级保护办公室联合开展风险评估；有些请有资质的第三方进行评估，时间频率从每两年1次，到每年1~4次不等，也有些省厅以项目为单位不定期进行评估。

调查显示，79%的省厅制订了信息安全应急预案或应急协调预案，详见表2-9。

部分省厅2014年信息安全应急预案或应急协调预案制定情况表 表2-9

省厅	预案名称	省厅	预案名称
北京	《北京市交通委员会网络与信息安全应急预案》	山东	《山东省交通运输厅信息安全应急预案》
内蒙古	《内蒙古自治区交通运输厅交通通信信息保障应急预案》	河南	《河南省交通运输厅计算机信息系统网络安全应急预案》
辽宁	《服务器日常管理和应急预案》	湖南	《办公网重大信息安全突发事件应急处理暂行办法》
	《网络与机房故障应急预案》	广西	《广西壮族自治区交通运输厅网络与信息安全事件应急预案》
黑龙江	《黑龙江省公路局信息安全应急预案》	重庆	《重庆市交通委员会网络安全应急预案》
江苏	《交通厅门户网站应急预案》	贵州	《贵州省交通运输厅门户网站系统安全应急预案》
	《江苏省交通厅网络与信息安全应急处置工作预案》	陕西	《陕西省交通运输厅网络与信息安全事件应急预案》
	《96196服务热线应急预案》		《陕西省公路局网络与信息安全应急预案》
安徽	《安徽省交通运输联网管理中心信息安全应急预案》	宁夏	《系统应急响应管理制度》
福建	《机房供电安全应急预案》	新疆	《新疆交通运输厅政府网站安全应急预案》
	《应用系统安全应急预案》		《新疆交通运输厅网络与信息安全应急预案》
	《网络及门户网站等安全应急预案》		

调查显示，75%的省厅对信息系统进行过安全测评，详见表2-10。

部分省厅2014年进行安全测评涉及的信息系统 表2-10

省厅	系统名称	省厅	系统名称
北京	北京市交通委员会行政许可	广西	联网收费系统
	执法及电子监察系统	海南	海南交通运输网
内蒙古	TURBO 网站管理系统		海南省交通运输厅应急指挥系统
吉林	吉林省高速公路工程建设信息管理系统		高速公路监控和管理系统
江苏	江苏公众出行交通信息服务网		出行服务系统
	江苏省交通运输厅门户网站渗透测试		海南省交通运输公共物流信息平台
安徽	厅门户网站		海口市道路运输车辆卫星定位系统监管平台
福建	交通运输安全监管与应急处置平台（一期）	重庆	OA 系统
	交通综合行政执法案件处理系统		综合业务系统
	交通运输云平台（基础设施层一期一阶段）		路网与应急监测系统
	营运车辆卫星定位安全服务系统		交通政务网站
	福建省机动车驾驶培训学时管理系统	贵州	联网监控管理中心应用系统
	福建省道路客运管理信息系统		路政管理中心应用系统
山东	省厅外网网站		综合查询分析系统
	交通运输厅建设市场管理系统		运政信息管理系统
湖南	门户网站系统		GIS 数据采集系统
	协同办公系统		GIS 服务管理系统
	交通统计系统		建设项目综合管理平台
广西	办公 OA 系统	宁夏	交通运输厅网站
	广西路政联网管理信息系统	新疆兵团	兵团交通网
	通行费收费管理系统		兵团公路建设信用等级评价系统

调查显示，组织过信息安全应急演练的省厅比例与2013年度的调查结果持平，约为54%。其中，北京市开展了办公网络、电子邮件系统应急演练；内蒙古开展了远程异地备份演练；福建开展了机房供电、建设管理系统、网络及门户网站等安全应急演练；山东开展了信息安全应急演练；重庆开展了重要系统信息安全应急演练；陕西开展了蠕虫、洪水攻击解决演练；宁夏开展了网站应急保障演练。

调查显示，有76%的省厅在信息系统中使用了数字证书，详见表2-11。

部分省厅2014年使用数字证书涉及的信息系统情况表 表2-11

省厅	系统名称	省厅	系统名称
北京	北京市交通委员会运输管理局运输行政许可与电子监察系统	吉林	吉林省高速公路工程建设信息管理系统
	省际包车标志牌管理系统	江苏	招投标系统
	北京市小客车指标调控管理信息系统		综合统计监测系统
河北	厅电子公文流转系统	安徽	高速公路联网收费结算系统
	交换系统	福建	福建省包车客运管理信息系统
	收费公路联网收费系统		办公自动化系统

续上表

省厅	系统名称	省厅	系统名称
山东	交通运输厅建设市场管理系统	重庆	道路运输旅游包车系统
	智能交通系统	贵州	OA办公平台系统
湖北	厅OA办公系统		信用评价系统
湖南	湖南省交通系统电子政务平台	云南	电子公文传输系统
广西	广西高速公路联网收费系统	陕西	陕西省交通运输厅政务协同平台
海南	省厅协同办公系统（简称OA）		陕西省交通运输厅电子公文传输系统

调查显示，91%以上被调查的省厅对重要信息系统开展了本地备份工作，详见表2-12。

部分省厅2014年对重要信息系统开展本地备份工作涉及的信息系统情况表 表2-12

省厅	本地备份系统名称	省厅	本地备份系统名称
北京	北京市小客车指标调控管理信息系统	山东	交通运输厅建设市场管理系统
	交通行业数据中心		智能交通系统
辽宁	办公自动化系统	河南	河南省交通运输信息资源整合与服务系统工程
	档案系统	湖北	厅政府网站
	GIS系统		湖北高速公路收费系统
吉林	吉林省船舶动态监控系统	湖南	湖南省交通系统电子政务平台
	吉林省高速公路工程建设信息管理系统		统计与投资计划管理系统
黑龙江	OA办公系统		公众服务
	运政管理系统		邮件系统
江苏	公众出行系统		GIS地理信息系统
	统计分析系统		数据资源中心
	行政权力系统		道路运输市场诚信系统
	地理信息系统		道路运输三级协同系统
	外网邮件系统		运政台账
安徽	高速公路联网收费结算系统		物流平台
	OA系统	广西	广西路政联网管理信息系统
	门户网站		办公OA系统
	行政执法公开运行系统		广西道路运输管理信息系统
福建	福建省普通公路养护管理系统		联网收费系统
	福建省路政管理信息系统	海南	海南省智能交通一期工程项目所有子系统
	福建省交通情况调查管理平台		三亚智能公共交通系统工程项目所有子系统
	福建省路况现场采集及技术评定系统	重庆	OA系统
	福建省公路信息现场视频采集系统		路网与应急监测系统
	福建省道路运政管理信息系统		综合业务系统
	道路客运管理信息系统		交通政务网站
	包车客运管理信息系统	贵州	厅网站数据库
	机动车驾驶培训学时管理系统		二级局数据库

续上表

省厅	本地备份系统名称	省厅	本地备份系统名称
贵州	OA 行政许可及公文交换	云南	工程档案系统
	OA 政务办公主目录		公文管理系统
	OA 数据库	陕西	联网收费系统
	信用评价系统附件	宁夏	宁夏交通运输厅网站和办公自动化系统
	执法系统 Web	新疆兵团	兵团交通网
	厅网 Web		公路建设信用等级评价系统

调查显示，有 70% 的省厅需要对重要信息系统进行同城异地灾难备份，备份类型涉及数据冷备、数据热备、系统备份 3 种，其中数据热备最多，占到 83%。

（四）智能交通系统建设

为加快推进智能交通发展，推进了基于物联网的城市智能交通、智能航运信息服务等物联网应用示范工程科技研发工作，部制订了城市交通物联网和船联网技术应用指南；推进了远洋运输管理国家物联网应用示范工程前期工作。

部启动了国家公路网交通情况调查数据采集与服务等工程实施；组织路网中心完成监测点管理系统建设，通过采集北京、江苏和安徽等示范单位的高速流量检测器和气象检测器数据，评估路段运行状态；推动全国公路和桥梁管理信息系统联网项目立项，完成 2014 年 2.3 万公里国省干线公路路况信息数据和 40 座长大桥梁监测信息的采集和录入；组织完成了高速公路网运营与服务智能化平台配套科研项目的立项评审工作。

启动了第二批城市公共交通智能化应用示范工程建设工作，印发了《交通运输部办公厅关于加快推进城市公共交通智能化应用示范工程建设有关事项的通知》（厅运字〔2014〕79 号），明确了第二批试点城市和相关工作要求；印发了《交通运输部办公厅关于印发城市公共交通智能化应用示范工程建设指南的通知》（厅运字〔2014〕105 号），明确了示范工程建设思路、总体架构、系统功能等要求。

1．智能交通系统发展规划与建设

调查显示，截至 2014 年，已有 25% 的省份编制出台了本省的智能交通系统发展规划，26% 的省份正在编制当中，33% 的省份计划编制，16% 的省份未列入议事日程。见图 2-1。

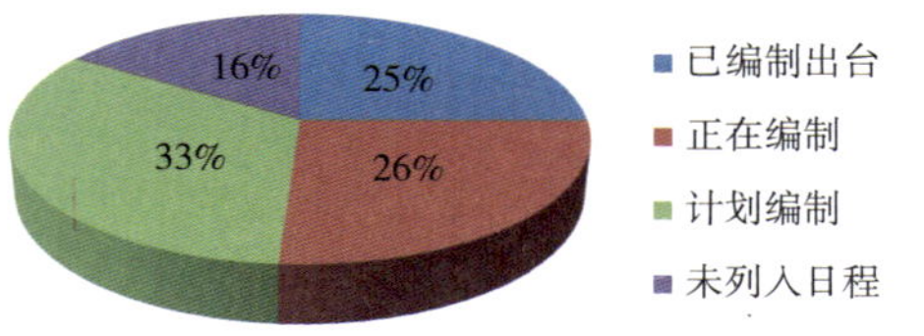

图 2-1　部分省份 2014 年智能交通系统发展规划制定情况示意图

调查显示，制定的智能交通系统发展规划范围涉及公路、水路、铁路、民航、城市交通、综合运输系统等多个方面，各种因素所占的比重见图 2-2。

就规划实施情况而言，调查显示，72% 的省份已建成全部子系统或已建成大部分子系统，23% 的省份还未开始实施规划。

调查显示，64% 的省智能交通系统发展规划是省交通信息化规划的一部分，25% 的省份这两者之间有部分内容的交叉，11% 的省份智能交通系统发展是独立规划。

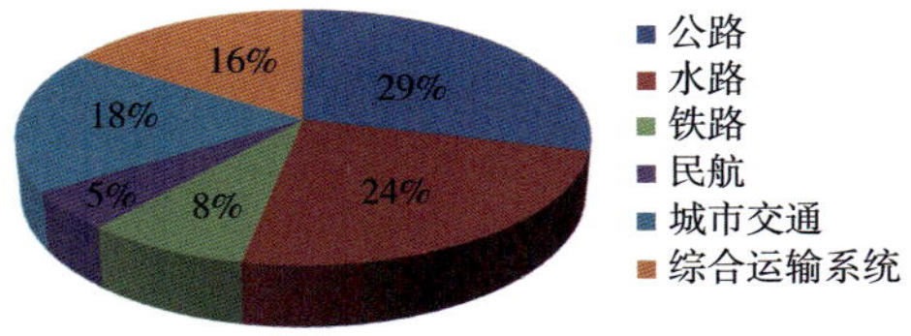

图 2-2 部分省份 2014 年智能交通系统发展规划范围涉及因素比重图

就建设模式而言，76% 的省子系统由各相关部门按规划要求自行建设，系统整合工作由厅承担；24% 的省为专项建设。

2. 交通应急指挥中心建设

调查显示，65% 的省份已建立运营省交通应急指挥中心，15% 的省份已建立但尚未运营，20% 的省份正在建设中，见图 2-3。

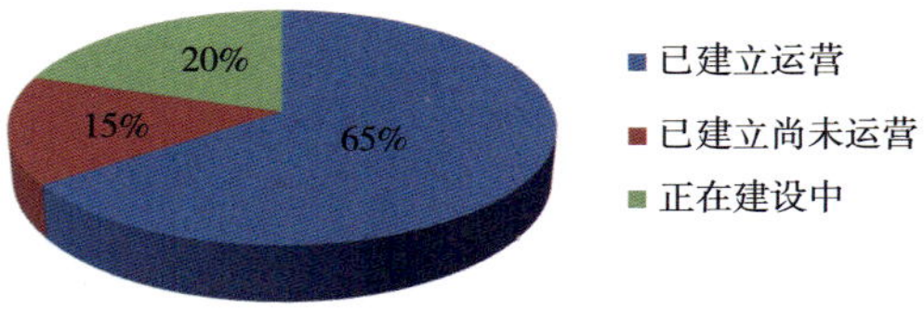

图 2-3 部分省份 2014 年交通应急指挥中心建立情况比例图

调查已经建立省交通应急指挥中心的省份，60% 的省份设立在省厅信息中心，15% 的省将交通应急指挥中心设立在高速公路监控中心，25% 的省份为独立建设。

调查显示，29% 的省交通应急指挥中心的运行机制为高速公路与交警合署办公；24% 的省交通应急指挥中心以高速公路为主、交警辅助；47% 的省交通应急指挥中心未采用这两种方式：或者省厅应急指挥中心独立运行，在高速公路路段监控中心设路政、交警、路公司联合值班制度；或者以处理高速公路与城市快速路突发事件为主，并兼有交通战备职能，独立办公，信息与市里公安、应急等多部门共享；或者省厅应急办业务牵头单位、厅信息化管理中心负责应急指挥中心的建设、管理、运维以及技术支持；或者高速公路实施综合执法，公路与水路综合应急指挥等方式。

交通应急指挥中心的信息发布渠道主要集中于高速公路情报板、广播、电视、报纸、呼叫中心以及公众出行网、短消息、手机 Wap、手机 APP、微博、微信、交通服务热线等方式。

在交通应急指挥中心的信息互联互通方面，11% 的省份的交通应急指挥中心的信息互联互通仅局限在国省干线，8% 的省份可与相邻省份的交通指挥中心互联，27% 的省份可与省政府所在地的城市交通指挥中心互联，30% 的省份可与地市交通指挥中心互联。此外，有 24% 的省份不同于以上情况，例如福建与省高速公路监控中心、省公路局路网管理平台实现互联互通；重庆与地方公路、道路运输、水上交通、综合执法、高速公路等交通指挥中心互联；青海可与省内其他应急部门、省域间交通部门联通。

调查显示，78% 的省份出台了与交通应急指挥处置有关的政策、措施。例如北京市出台了《北京市交通行业突发事件应急预案管理办法（试行）》、《北京市交通行业突发事件信息报告和处理办法》、《北京市轨道交通运营故障应急指挥响应方案》、《北京市交通行业突发事件应急演练管理办法》；山东省出台了《交通移动应急通信指挥平台管理办法》；重庆市出台了《重庆市交通移动应急通信平台管理使用细则》、《重庆市交通运输突发事件综合应急预案》、《重庆市交通运行监测与应急调度管理办法》；贵州省出台了《贵州省交通运行监测与应急指挥管理暂行办法》、《贵州省交通运输应急值班工作暂行规定》、《贵州省交通运输行业突发事件信息处理暂行办法》、《贵州省交通运输突发事件分级标准》、《公路运行监测信息采集报送导则》等。

3. 城市智能交通系统建设

2014 年度，各地继续在城市智能交通系统建设方面加大力度，综合信息平台的集成度进一步提高，各应用子系统的功能不断完善。

调查显示，省府及中心城市已建成的子系统如下（以数量多少为序）：

营运车辆 GPS 安全监控及调度系统、公众出行综合交通信息服务系统、公交 GPS 运营调度系统和电子站牌系统、交通应急指挥系统、城市交通“一卡通”系统、出租车运营调度管理与信息服务系统、交通综合执法管理系统、智能停车诱导系统、路网管理与协调指挥系统、公共物流信息平台和客运综合枢纽管理信息系统。

调查显示，仅有 11 个省份及中心城市与公安交管（如交通流实时动态信息采集、处理、分析系统，城市道路交通信号优化及控制系统，交通诱导系统，机动车信息管理系统等）、民航（如民航航班信息发布系统等）、铁路（如铁路客票发售与预订系统等）等部门进行了信息系统的融合或数据交换。

（五）交通数据中心建设情况

调查显示，截至 2014 年底，已有 52% 的省份已建立运营全省交通数据中心；12% 的省份已经建成但尚未投入运营；28% 的省份的交通数据中心正在建设当中。在交通数据中心的设立上，91% 的省份的交通数据中心设立在省厅信息中心，约 9% 的省份独立建设，其中河北省交通数据中心建设已列入与央企合作项目中；吉林省交通数据与系统维护由省厅信息中心负责，机房硬件选用 IDC 运营商机房。部分省厅交通数据中心及其数据资源库建设情况见表 2-13、表 2-14。

部分省份 2014 年交通数据中心整合的业务系统以及涉及的业务数据 表 2-13

省份	整合的业务系统	涉及的业务数据
北京	运输局网上审批、路网管理与应急处置系统、路政审批系统、市政交通一卡通系统、交通运输行业统计平台	交通行业管理、交通运输行业执法、行业运营
内蒙古	公路交通行业综合运行分析系统、公众出行服务信息系统、公路建设市场信用管理系统、公路交通地理信息系统、运政管理系统	公路基础与空间属性数据、项目建设、营运车辆、经营业户、从业人员
辽宁	高等级公路建设局综合项目管理信息系统、省厅安全畅通与应急处置系统 交通运输安全生产标准化系统等	地理信息、卫星定位、养护、路网运行、收费、行政审批、电子监察
江苏	应急指挥、专网门户、地理信息服务平台、项目管理系统、行政权力、水路交通服务、港口应用、辅助决策、实景地图等系统	公路、运输管理、地方海事、航道、港口等
福建	省交通综合行政执法系统、省道路运政管理信息系统、省高速路政管理系统	行政执法案件信息的数据、以人、车、业户等作为主体对象的基础档案数据
河南	公众出行信息服务、交通运输应急指挥、行业综合运行分析、GPS 监控服务平台、交通地理信息平台、交通运输数据中心等系统	规划、建管、安监、路政、公路、高速公路、运管、航务、联网收费
湖北	公众出行、信用分析、公路规费征收、GIS 综合查询、网上审批、行政执法人员和证件管理等系统	交通运行动态、经营业主、从业人员
湖南	公路交通情况调查管理、交通部综合报表平台、湖南省公路建设市场信用信息管理 、公路建设项目综合管理、湖南省道路运输台账管理、湖南交通统计报表、湖南省道路客运班线牌管理、湖南省道路运输行业行车责任事故报表与分析、湖南省公路运输抽样调查处理、湖南省城市客运统计网上直报、公路运输企业燃耗级效率月报直报、湖南省营运车辆数据库、湖南省道路运输局直报与考核管理、湖南省质量安全门户网站查询等系统	公路路线、公路路段、观测站、交通流量监测、道路运输经营业户、经营运可许、道路运输车辆、道路运输证、客货运站、道路运输班线牌、重点营运车辆轨迹、交通固定资产投资、公路建设项目、公路建设市场信用

续上表

省份	整合的业务系统	涉及的业务数据
广西	航道管理系统、港口经营管理系统、船检发证系统、水路运单管理系统、AIS系统、船闸调度系统、引航调度系统、港航局门户网站系统、航标遥测遥控系统、计重收费系统、路政联网管理信息系统、公路（农村公路）水毁管理系统、农村公路管理系统、高速公众出行网、联网收费系统、道路运输管理信息系统、机动车驾培系统、节能减排系统、科技项目系统、公路信用管理系统	人、车、户、路、航道
海南	公路基础数据库、公路计量系统、公路交通情况调查报送管理系统、重大隐患登记汇总、路政案件信息、执法人员信息、公路门户网站、全国港口管理信息系统、航运管理业务系统、行业信息填报、信用信息管理系统、交通工程报表填报、联网售票系统、政府政务服务中心系统、道路运输行业基础信息、交通规费管理控制系统、海南省柴油车辆RFID电子标签管理系统、IC加油卡综合管理信息系统、应急指挥管理系统、高速公路监控和管理系统	公路路政、养护，港航港口、航运，交通工程质量监督、工程信用，海汽客运售票，政府政务服务行政审批，道路运输人、车、户、路、线，规费征稽、绿色减免，行业应急，高速公路监控等
重庆	公路建设管理、养护管理、移动巡查、路政治超、交调等系统；运管综合管理、安全管理、出租车等系统；水路运政管理、港口信息管理、重庆航运网、船舶动态等系统；交通执法综合执法等系统；航运交易、港航口岸物流服务等系统；高速联网收费、公路客运联网售票等系统	高速公路、市内交通、航运、货运、长途客运、GPS、视频监控、联网售票、航运人才交流、船舶交易
贵州	运政管理系统，建设项目管理系统，养护管理系统，公路交通情况调查系统，高速公路联网收费系统	高速公路收费、路网监控、公路养护、公路基础、公路交通量、道路运输基础、建设项目
云南	昆明市出租汽车服务管理信息系统、云南省交通运政系统、工程档案竣工管理系统、高速管理收费系统、路政管理系统、云南省航务管理系统	出租车、公交、道路运输、路政、水路
陕西	高速公路联网收费系统、道路运输管理系统、收费公路报表统计系统、交通量调查统计报表系统	高速公路收费数据、高速出入口交通流数据、营运车辆数据、道路运输经营业户和从业人员数据
甘肃	公路养护系统，桥梁、隧道信息管理系统，交调系统、视频监控系统、收费系统、综合执法管理系统、运政系统、联网售票系统、地理信息系统、水运综合管理系统	养护数据、桥隧监测、技术评定、交通流量、GPS、视频监控、运政
青海	运政、公路、综合查询、OA、网站、科技、应急处置，统计计划，路网运行系统	车辆、从业人员、企业、公路基础、电子地图、统计
新疆	公路信息资源管理系统、运政信息系统、公路日常养护管理信息系统、公路建设项目综合管理系统等	公路建设项目信息、路政治超管理信息、交通量调查信息、运政管理信息、养护管理信息等

部分省份2014年交通数据中心数据资源库建设情况 表2-14

省份	整合营运车辆数（万辆）	整合道路运输经营业户数（万户）	整合道路运输从业人员数（万人）	整合基础类资源库数（个）	整合业务类资源库数（个）	挖掘提炼的主题库数（个）
北京	32.9	6.5	40.6	5	20	7
河北	130	55	170	21	16	
内蒙古	47.3	34.1	80.5	—	—	—
辽宁	70	55	157	40	200	9

续上表

省　份	整合营运车辆数（万辆）	整合道路运输经营业户数（万户）	整合道路运输从业人员数（万人）	整合基础类资源库数（个）	整合业务类资源库数（个）	挖掘提炼的主题库数（个）
江苏	180	5.6	156	6	—	10
河南	153	40	153	7	6	4
湖南	24	20	—	13	80	4
广西	72.9	55.8	87	1	1	5
海南	7.1337	4.6268	19.9458	56	41	50
重庆	34.17	18.88	58.62	1	1	9
贵州	39	32	69	13	17	4
陕西	79.14	35.84	239.14	5	9	5
甘肃	8.4	16	50	8	10	10
青海	9	—	20	4	4	—

注："—"表示具体数字未统计。

调查显示，57%的省份已经建立省交通数据采集报送管理制度；35%的省份正在拟定中；8%的省份则未把此项列入日程。43%的省份已建立省交通数据中心系统项目数据标准规范；53%的省份正在拟定中；4%的省份未把此项列入日程。已经建成的交通数据中心可实现异构数据库互联、跨部门数据共享、跨平台业务协同三大功能的比例分别为35%、39%、26%。

（六）高速公路信息化建设

随着高速公路通车里程的持续增长，我国高速公路信息化水平得到了进一步提升。被调查的省份高速公路建设情况以及信息化应用水平见表2-15～表2-20。

1. 高速公路建设情况

部分省份2014年高速公路建设情况（单位：公里）　　表2-15

省　份	截至2014年底，累计通车里程	2014年新增通车里程	省　份	截至2014年底，累计通车里程	2014年新增通车里程
北京	993	70.8	湖北	5106	773
河北	5888	269	湖南	5493	—
内蒙古	2046	90	广西	3808	500
辽宁	4171	148	海南	757.397	—
吉林	2348	50	重庆	2325.98	90.38
黑龙江	4081	—	云南	3255	74.58
江苏	4488	45	陕西	4483.08	97.18
安徽	3750	231	甘肃	3582.86	340.75
福建	4175	118	青海	2081	636
山东	5109	115	宁夏	1344	—
河南	5859	—	新疆	4316	1841

注："—"表示具体数字未统计。

2. 高速公路联网收费情况

部分省份2014年高速公路联网收费里程及比例表 表2-16

省份	截至2014年底，联网收费累计通车里程（公里）	联网收费比例（%）	省份	截至2014年底，联网收费累计通车里程（公里）	联网收费比例（%）
北京	838	84	河南	5859	100
河北	5888	100	湖北	5106	100
内蒙古	2046	100	湖南	5384	98
辽宁	4171	100	广西	3808	100
吉林	2348	100	重庆	2325.98	100
黑龙江	3876	95	云南	3255	100
江苏	4309	96	陕西	4422.08	98.64
安徽	3750	100	甘肃	3582.86	90
福建	4175	100	青海	613	42
山东	5109	100			

3. 电子不停车收费（ETC）车道开通情况

部分省份2014年高速公路ETC系统应用情况（单位：个） 表2-17

省份	截至2014年底，全省开通ETC车道数	2014年实际开通车道数	省份	截至2014年底，全省开通ETC车道数	2014年实际开通车道数
北京	512	100	湖南	718	250
河北	769	452	广西	6	—
辽宁	220	—	重庆	238	60
江苏	838	33	云南	288	86
安徽	389	108	陕西	381	144
福建	456	36	甘肃	160	76
山东	539	20	青海	53	49
河南	100	2	宁夏	120	—
湖北	417	313			

注：“—”表示具体数字未统计。

4. 歧义性路径识别技术采用情况

部分省份2014年高速公路歧义路段确认方法 表2-18

省份	采用的路径确认方法	省份	采用的路径确认方法
北京	最短路径法	湖北	最短路径法
河北	路径标识法	湖南	路径标识法
辽宁	最短路径法	广西	路径标识法
吉林	最短路径法、均分法	重庆	路径标识法

续上表

省　份	采用的路径确认方法	省　份	采用的路径确认方法
黑龙江	最短路径法	云南	最短路径法
江苏	最短路径法、其他	陕西	最小费额法
安徽	最短路径法	甘肃	最短路径法
福建	最小费额	宁夏	最短路径法
河南	最短路径法、概率拆分		

5. 计重收费车道开通情况

部分省份 2014 年公路计重收费系统开通情况（单位：个）　　表 2-19

省　份	截至 2014 年底，全省开通计重收费车道数	2014 年实际开通车道数	省　份	截至 2014 年底，全省开通计重收费车道数	2014 年实际开通车道数
北京	19	19	河南	2397	18
内蒙古	656	448	湖北	1105	313
辽宁	2082	90	湖南	1490	130
吉林	368	24	重庆	670	22
黑龙江	595	10	云南	762	28
江苏	2202	56	甘肃	1046	95
安徽	1600	—	青海	281	—
福建	1093	29	宁夏	484	6
山东	2009	50	新疆	230	166

注："—"表示具体数字未统计。

6. 全程监控及交通事件检测技术使用情况

部分省份 2014 年高速公路全程监控里程统计表（单位：公里）　　表 2-20

省　份	全程监控里程	视频监控联网里程	交通事件检测里程	省　份	全程监控里程	视频监控联网里程	交通事件检测里程
北京	260	889.7	274	湖北	278.88	3620	323
河北	5888	5888	5888	湖南	—	5384	—
内蒙古	580	580	580	广西	—	600	—
辽宁	84	4171	2000	海南	212	212	212
吉林	—	2348	—	重庆	198	2300	2300
黑龙江	451	4081	3876	云南	—	3255	3255
江苏	4488	—	—	陕西	4051	4051	—
安徽	17	—	—	甘肃	—	3239.96	—
福建	590	4175	6	青海	162	450	272
山东	—	3500	—	宁夏	—	1344	150
河南	2913	4860	480	新疆	50	197	—

注："—"表示具体数字未统计。

7. 出行信息服务情况

调查显示，95%的省有高速公路出行信息服务系统，采用的服务方式主要是Web GIS和热线电话以及交通网站、交通广播、路况短信、微博、微信、手机Wap、手机APP、自助服务终端、可变情报板、广播电视等。

（七）物流信息化建设

2014年，部编制发布了交通运输物流信息互联共享标准、物流园区互联应用技术指南等技术文件，进一步推动了交通运输物流公共信息平台的跨区域互联互通，其中福建交通物流信息平台涉台有关内容建设已经开展；同时推进了厦门两岸物流信息平台建设，研究制定相关标准，促进两岸海运与物流信息共享。

从调查结果看，截至2014年底，27%的省已经建成运营了省交通物流综合信息平台，13%的省已建成还未运营，47%的省正在建设中，13%的省还未列入议事日程。交通物流综合信息平台建设情况见图2-4；交通物流综合信息平台实现的功能涉及多方面，各方面的比重见图2-5；交通物流综合信息平台参与主体比例见图2-6。

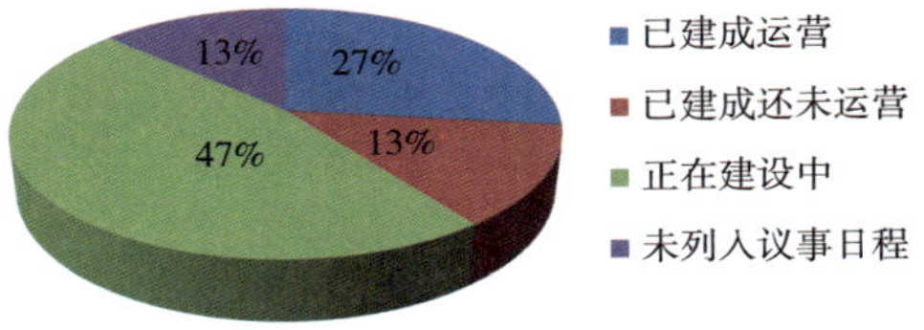

图2-4　部分省份2014年交通物流综合信息平台建设情况示意图

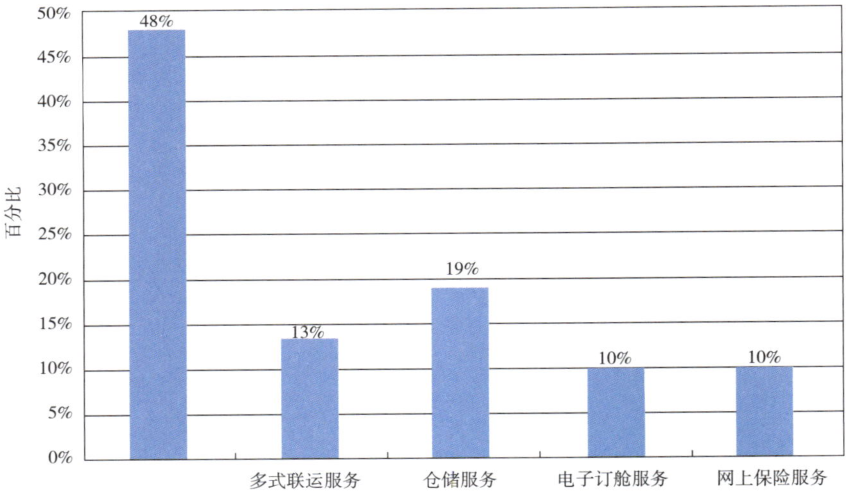

图2-5　部分省份2014年交通物流综合信息平台实现功能示意图

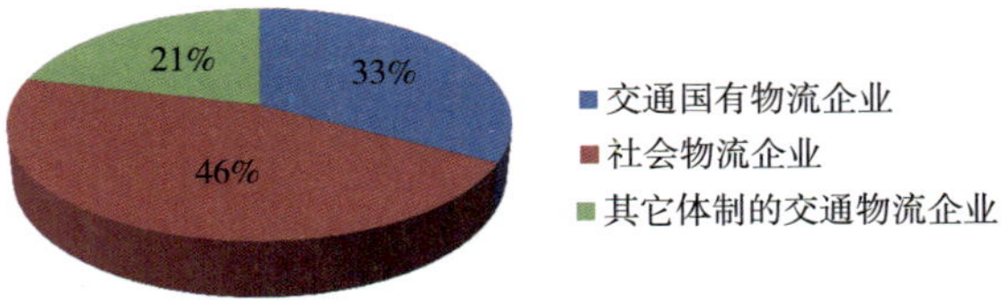

图2-6　部分省份2014年交通物流综合信息平台参与主体构成示意图

调查显示，交通物流综合信息平台的功能模块包括（以数量多少为序）：信息发布和查询、服务管理、会员管理、数据交换、交易管理、物流在线应用管理。交通物流综合信息平台的主要系统有（以数量多少为序）：物流在线应用系统、基于通用标准的数据交换系统、在线数据交换系统、决策支持系统、物流计划系统、网络化仓储管理系统、结算管理系统。

就交通物流综合信息平台的建设主体而言，27%的受调查省份为厅运管局13%的省份为厅运管局直属信息化机构，27%的省份为建设外包。其余省市则各有不同，如北京为京津港国际物流有限公司；福建省以交通信息通信中心为建设主体，招标委托施工单位；湖南省为联合运输办公室。

（八）重点项目建设情况

2014年，按照“十二五”规划目标，各项重点工程建设快速推进，具体如下：

在部级层面，推进了交通运输运行监测与应急指挥工程、行政执法综合管理系统、水路运输建设综合管理系统等重点工程的实施，与总装备部联合启动了基于北斗的中国海上搜救信息系统示范工程，推动开展了国家安全生产监管信息化工程建设前期工作。全国高速公路光纤联网工程已于9月底实现全网贯通，同时也启动了新疆、甘肃等省接入光纤网工作，初步形成了联网运行维护的相关管理机制。总体来看，各项部级重点工程有序推进。

在行业层面，2014年共启动建设了9个省级公路水路安全畅通与应急处置系统、11个省级公路水路建设与运输市场信用信息服务系统和8个省级交通运输经济运行监测预警与决策分析系统重大工程，行业信息化重大工程和重点领域试点示范工程建设稳步开展。

部分省厅承担部、省重点或试点信息化项目情况，详见表2-21。

部分省厅2014年承担部、省重点或试点信息化项目情况列表 表2-21

省厅	项目名称	部署单位	牵头实施单位	进展状况
北京	全国ETC联网	交通运输部路网中心	路网中心全国ETC中心	实施中
	北京市交通领域节能减排统计与监测平台建设（一期）	北京市交通委员会	北京市交通行业节能减排中心	通过试点验收
	北京市小客车指标调控管理信息系统升级改造项目	北京市交通信息中心	太极计算机股份有限公司	通过试点验收
	北京市省际客运实名制联网售票及运营管理系统	北京市交通信息中心、北京市联网售票管理中心、11家长途客运站	普天和平科技有限公司	实施中
	北京市出租汽车服务管理信息系统试点工程	北京市交通信息中心	太极计算机股份有限公司	实施中
	TOCC二期	TOCC	TOCC、交研中心	实施中
河北	京港澳高速公路（河北段）改扩建设施现代化和智能服务示范项目	交通运输部	省公路局、高管局、交投集团	实施中
	14省市高速公路ETC联网运行	交通运输部	河北省高速公路管理局指挥调度中心	通过试点验收
	中国高速公路交通广播示范工程	交通运输部	河北省交通运输厅公路管理局	实施中
内蒙古	“十二五”交通运输信息化“四个重大工程	交通运输部	厅信息中心	实施中
	ETC收费系统	交通运输部	区路政总队	实施中

续上表

省厅	项目名称	部署单位	牵头实施单位	进展状况
内蒙古	全区联网收费系统	交通运输部	区路政总队	实施中
	道路客运联网售票系统	交通运输部	区交通运输管理局	实施中
辽宁	辽宁省汽车客运站联网售票系统	辽宁省交通厅运输管理局	辽宁省交通厅运输管理局	实施中
吉林	吉林省公路安全畅通与应急处置系统	交通运输部	吉林省交通信息通信中心	实施中
	政企合作模式的吉林省综合交通出行信息共享应用科技示范工程	交通运输部	吉林省交通信息通信中心	实施中
	吉林省公路水路建设与运输市场信用信息服务系统	交通运输部	吉林省交通信息通信中心	实施中
	吉林省交通运输统计分析监测和投资计划管理系统建设工程	交通运输部	吉林省交通信息通信中心	实施中
	运政系统	交通运输部	吉林省运输管理局	实施中
	公交“一卡通”	交通运输部	吉林省运输管理局	实施中
	联网售票系统	交通运输部	吉林省运输管理局	实施中
	ETC 全国联网工程	交通运输部	吉林省运输管理局	实施中
黑龙江	黑龙江省公路水路安全畅通与应急处置系统	黑龙江省交通运输厅	厅通信中心	实施中
	黑龙江省公路建设与运输市场信用信息服务系统	黑龙江省交通运输厅	厅运管局	实施中
江苏	长三角内河航道网智能航运信息服务（船联网）应用示范	交通运输部科技司	厅航道局、省地方海事局、厅信息中心	实施中
	江苏省联网高速公路交通气象保障服务系统	交通运输部公路局	江苏交通控股公司	已完成建设，尚未验收
	连云港铁水联运	交通运输部水运局	连云港市港口管理局	实施中
	泰州市出租汽车信息服务系统试点工程	交通运输部规划司	泰州市交通运输局	实施中
	江苏省交通运输统计分析监测和投资计划管理信息系统	交通运输部规划司	厅综计处	已通过初验
	江苏省公路水运建设与运输市场信用信息服务系统	交通运输部规划司	厅运管局、建设办	实施中
	南通市出租汽车管理服务信息系统	部规划司	南通市交通运输局	实施中
安徽	安徽交通运输统计分析监测和投资计划管理信息系统	交通运输部	厅规划处	实施中
	安徽省交通运输视频会议系统	安徽省交通运输厅	省交通运输联网管理中心	通过试点验收
	省交通运输行政执法公开运行系统	安徽省交通运输厅	厅政策法规处	通过试点验收
福建	福建省公路水路建设与运输市场信用信息系统	福建省交通运输厅、高速公路公司、公路局、港航局、运管局、质监局、执法总队等	福建省交通信息通信中心	实施中

续上表

省厅	项目名称	部署单位	牵头实施单位	进展状况
福建	福建交通物流公共信息平台	福建省交通运输厅、运管局、港航局、物流企业等	福建省交通信息通信中心	实施中
	福建省公路水路安全畅通与应急处置系统工程	福建省交通运输厅、高速公路公司、公路局、港航局、运管局、执法总队及地市交通主管部门等	福建省交通信息通信中心	实施中
	部道路运政管理信息系统试点	福建省运管局、地市运管部门等	福建省运管局	实施中
	交通运输统计分析监测和投资计划管理信息系统	福建省交通运输厅、高速公路公司、公路局、港航局、运管局、交通规划办	福建省交通信息通信中心	前期工作
山东	山东省交通运输厅应急指挥中心	山东省交通运输厅	山东省交通运输厅	通过试点验收
	山东省电子不停车收费	山东省交通运输厅	厅高速公路收费结算中心	通过试点验收
河南	河南省公路水路安全畅通和应急处置系统工程	河南省交通运输厅	河南省交通通信中心	实施中
	河南省交通运输统计分析监测和投资计划管理信息系统工程	河南省交通运输厅	河南省交通通信中心	实施中
	河南省公路水路建设与运输市场信用信息管理系统工程	河南省交通运输厅	河南省交通通信中心	实施中
湖北	湖北省交通运输统计分析监测和投资计划管理信息系统	省、市（州）、县（区）交通运输局	湖北省交通运输厅计划处牵头成立的项目部	实施中
	湖北省公路水路安全畅通与应急处置系统	湖北省交通运输厅机关厅直单位	湖北省交通运输厅安监处牵头成立的项目部	实施中
	湖北省公路水路建设与运输市场信用信息服务系统	省、市（州）、县（区）交通运输主管部门	湖北省交通运输厅信息中心、建设处、运输处联合成立的项目部	实施中
湖南	湖南省交通运输统计分析监测与投资计划管理信息系统试点工程	湖南省交通运输厅	湖南省交通科技信息中心	实施中
	湖南省公路水路建设与运输市场信用信息服务系统工程	湖南省交通运输厅	湖南省交通科技信息中心	实施中
	长沙市城市公共交通智能化应用示范工程	长沙市客运管理局、长沙市公共交通投资管理有限公司	长沙市交通运输局	实施中
	株洲市出租汽车服务管理信息系统试点工程	株洲市交通运输局	株洲市交通运输局	实施中
	中国高速公路交通广播示范工程（湖南）	湖南省高速公路管理局	湖南省高速公路管理局	实施中

续上表

省厅	项目名称	部署单位	牵头实施单位	进展状况
广西	广西交通信息资源整合与运行监测服务系统工程	广西壮族自治区交通运输厅	广西港航管理局	通过试点验收
	广西交通运输统计分析检测和投资计划管理信息系统	广西壮族自治区交通运输厅	广西交通运输信息化建设管理中心	实施中
重庆	交通运输统计分析监测和投资计划管理信息系统工程	重庆市交通委员会	重庆市交通委员会	实施中
	公路水路安全畅通与应急处置系统工程	重庆市交通委员会	重庆市交通委员会	实施中
	公路水路建设与运输市场信用信息服务系统	重庆市交通委员会	重庆市交通委员会	实施中
	重庆市四公里综合客运枢纽运行管理与信息服务试点工程	重庆市交通运输控股（集团）有限公司	重庆市交通运输控股（集团）有限公司	通过试点验收
	出租汽车服务管理信息系统试点工程	重庆市运管局	重庆市运管局	通过试点验收
	全国高速公路信息通信联网工程（重庆段）	重庆市高速集团	重庆市高速集团	实施中
贵州	贵州省公路水路安全畅通与应急处置系统工程	交通运输部、贵州省交通运输厅	省交通厅科教处、贵州交通信息与应急指挥中心	实施中
	贵州省智能交通云建设工程	贵州省交通运输厅	省交通厅科教处、贵州交通信息与应急指挥中心	实施中
	贵州省公路水路建设与运输市场信用信息服务系统工程	交通运输部、贵州省交通运输厅	省交通厅科教处、贵州交通信息与应急指挥中心	实施中
	贵州省交通运输统计分析监测和投资计划管理信息系统工程	交通运输部、贵州省交通运输厅	省交通厅科教处、贵州交通信息与应急指挥中心	实施中
云南	昆明市出租汽车服务管理信息系统试点工程	云南省交通运输厅、昆明市交通运输局、昆明市出租汽车管理局	昆明市交通运输局	通过试点验收
	昆明市都市公交智能化试点工程	云南省交通运输厅、昆明市交通运输局	昆明市交通运输局	实施中
	云南省省域道路客运联网售票试点工程	云南省交通运输厅、云南省道路运输管理局	云南省道路运输管理局	实施中
	云南省交通统计分析系统建设	云南省交通运输厅、地州相关单位	云南省交通运输厅	实施中
	云南省公路水路建设与运输市场信用信息服务系统	云南省交通运输厅，云南省道路运输管理局、云南省交通运输厅质量监督管理局、云南省航务局、交通运输厅造价局等	云南省交通运输厅	实施中

续上表

省厅	项目名称	部署单位	牵头实施单位	进展状况
西藏	“12328”交通运输服务监督电话系统	交通运输部	中国交通通信信息中心、西藏自治区交通运输厅	实施中
	公路交通领域军民融合应用示范项目	总装备部、交通运输部	总装备部、中国交通通信信息中心、西藏自治区交通运输厅	实施中
	西藏自治区公路水路安全畅通与应急处置系统工程	西藏自治区交通运输厅	西藏自治区交通运输厅路网运行与应急处置中心、西藏自治区交通厅通信信息中心	实施中
陕西	陕西省公路水路安全畅通与应急处置系统建设	陕西省交通运输厅	交通厅信息中心	实施中
	陕西省交通地理信息共享服务平台	陕西省交通运输厅	交通厅信息中心	实施中
	全国高速公路电子不停车收费联网（陕西段）工程	交通运输部	省高速公路收费管理中心	实施中
	陕西省交通物流信息公共服务平台	陕西省交通运输厅	交通厅运输管理局	实施中
甘肃	甘肃省公路水路安全畅通与应急处置系统	甘肃省交通运输厅下属各业务局及十四个地州市相关单位	甘肃省交通科技通信中心	实施中
	甘肃省公路水路建设与运输市场信用信息服务系统	甘肃省交通运输厅下属各业务局及十四个地州市相关单位	甘肃省交通科技通信中心	实施中
青海	公路水路安全畅通与应急处置系统	青海省交通运输厅	青海省交通通信信息中心	通过试点验收
	交通运输统计分析与投资计划系统	青海省交通运输厅	青海省交通通信信息中心	实施中
	交通运输管理信息平台及路网运行监测与服务支撑系统工程	青海省交通运输厅	青海省公路网运行监测与应急处置中心	实施中
新疆	新疆交通运输统计分析监测和投资计划管理信息系统试点工程	新疆交通运输厅	新疆交通通信信息中心	实施中
	新疆公路客运联网售票与电子客票系统	新疆交通运输厅	新疆道路运输管理局	实施中

（九）人才队伍建设

据统计，截至2014年底，被调查的部分省份信息化技术人员总数（含兼职）3060多人；2014年部分省厅信息化职能部门主持开展的技术培训总计达7555人次，详见表2-22。

部分省份2014年信息化人员总数及技术培训情况 表2-22

省份	人员总数（人）	培训次数（人次）	省份	人员总数（人）	培训次数（人次）
北京	120	1000	辽宁	150	389
河北	200	—	吉林	—	644
内蒙古	100	300	黑龙江	100	305

续上表

省　份	人员总数（人）	培训次数（人次）	省　份	人员总数（人）	培训次数（人次）
安徽	—	200	云南	200	—
福建	850	700	西藏	10	5
河南	120	900	陕西	350	500
湖北	480	100	甘肃	40	—
湖南	110	2000	青海	100	200
广西	—	42	宁夏	65	—
海南	215	70	新疆	—	70
重庆	65	200			

注："—"表示具体数字未统计。

二、年度特点

2014年，我国交通运输信息化在发展中呈现明显的年度特点，可以概括为以下几个方面：

（一）围绕中央和国家重大战略部署，信息化智能化支撑作用得到了充分体现

围绕京津冀交通一体化工作，形成了《京津冀交通一体化率先突破方案》中信息化有关任务的推进计划；围绕推动长江经济带发展重点工作，按照"一数一源"的原则，继续深入开展了异构、多类、海量的长江航运基础数据共享交换，推进了长江危险化学品运输动态监管信息平台建设，形成了长江航运综合信息服务移动客户系统（长航通）等应用，切实提高长江航运安全风险防控水平和信息化智能化水平，有力支撑了长江黄金水道建设。

（二）围绕综合交通服务能力提升，行业信息服务发展取得了显著成效

在公路方面，全国ETC联网工作取得了突破性进展，成立了全国ETC联网工作领导小组和专家组，完成了清分结算中心建设，协助武警部队全面推动武警车辆安装使用军车ETC，并在2014年底完成了北京等14个省市ETC联网运行；在水运方面，依托部行政许可网上办理平台建立了台海两岸海上运输许可网上办理系统，实现全程网上办理。此外，积极推进了渤海湾水路客票联网售票系统和交通电子口岸建设工作，水运信息服务水平取得了明显提升。

在综合交通出行服务方面，开通了"12328"全国交通运输服务监督电话，落实了群众路线教育实践活动在"建设群众满意交通方面"要办的十件实事之一；同时，重点推进了"政企合作模式的综合交通出行服务信息共享应用科技示范工程"，形成了示范工程总体方案和数据资源开放目录，江苏、重庆、四川、辽宁、浙江等省已经开展有关工作，在部分地区已经实现了道路阻断、公交调度等行业信息与移动互联网信息的整合服务。

（三）围绕信息资源综合效益提升，行业信息资源共享与整合应用工作得到了深入推进

在技术体系方面，推进开展了基于云平台的行业数据交换与服务平台研究和应用，启动了行业信息资源目录及数据管控机制研究，进一步明确了行业数据交换共享与整合应用的技术体系和管理机制；地区示范方面，依托长三角地区自发组织开展的信息资源共享工作，选择浙江、上海、江苏三地需求紧迫、条件成熟的业务领域，推进开展了"长三角综合交通信息共享应用与服务科技示范工程"，实现了长三角地区综合交通运输重要信息资源的跨地域交换共享、业务协同和一体化服务；

与相关部门合作方面，按照统筹经济建设和国防建设“十二五”规划要求，推进了交通运输领域军地信息资源共享工作，形成了工作推进方案；此外，推进了口岸信息交换共享工作，实现了交通公安综合业务系统与公安部资源共享平台的对接，进一步丰富了行业信息资源，提高了综合应用效益。

（四）围绕智慧交通创新驱动发展，信息技术与行业需求得到了不断融合应用

深入推进了城市智能交通、船联网、远洋运输等物联网应用示范工程，配套科研工作已基本完成，并在城市专用短程通信网、公交客运优先保障、智能交通出行诱导、跨区域内河航运信息交换、内河船舶便捷过闸系统等领域取得了显著成果；完成了基于北斗的中国海上搜救信息系统终端研制，启动了江苏省高速公路网运营与服务智能化平台科技示范工程，推进了基于大数据技术的交通运输监测预警关键技术、新一代公路交通广播差异化信息推送技术等多项研究工作，配合高分辨率对地观测二号卫星发射，组织开展了高分影像数据在交通行业勘察设计、应急处置等领域的应用研究，初步具备了向行业提供高分数据服务的能力。

（五）围绕智慧交通信息安全发展，行业网络与信息安全保障能力有效提升

编制印发了《交通运输行业网络与信息安全信息通报管理办法》，并在此基础上上线了通报报送系统，形成了覆盖全行业60家单位的网络与信息安全信息通报体系；编制印发了《交通运输部网络与信息安全突发事件应急报告及处置方案》，同时将网络与信息安全突发事件应急处置纳入到行业应急处置体系当中；组织完成了2014年度网络与信息安全检查与抽查、关键基础设施国产化调查和软件正版化检查、重要信息系统安全保密风险评价、涉密信息系统复检复测、行业商用密码使用情况检查等工作，进一步强化了行业网络与信息安全意识，提升了行业网络与信息安全防护能力。

三、问题与建议

调查显示，2014年交通信息化工作面临的主要问题主要集中在以下几个方面：

一是信息资源共享和整合应用水平亟待提高；二是交通信息化统筹推进机制有待进一步梳理；三是对互联网时代下的行业发展模式准备不充分，信息化建设的市场化机制未得到充分发挥；四是信息服务不能满足公众出行需求，跨区域信息共享需要进一步加强；五是区域间信息化发展不平衡。

针对这些问题，对交通信息化工作的开展提出以下建议。

（一）建立健全信息资源共享与整合应用体系

加大推进行业信息资源整合与应用力度，不断扩大信息资源共享与整合应用范围，促进跨业务、跨地域的信息资源共享与整合应用。一是加强交通出行服务的省域间合作，各省在省界高速入口出处因天气、重大事故引起的道路和入口的封闭应及时通知相邻省份，方便对外出行服务；二是加强各省间交通管理信息的共享，目前各省在运输管理、市场管理、港航管理均有大量的业务管理系统运行，但其业务信息基本在本省范围内使用，加强信息共享，可以满足省厅在车辆GPS监控，超限、超载、危险品运输、船舶管理、建设市场管理等各方面信息需求，方便行业管理工作的进行。

（二）建立有效的标准制修订和监督执行机制

标准体系建设是解决系统互联、信息互通和应用互操作的有效手段，也是实现交通信息化统一规划的重要载体。完善信息化标准制修订和贯彻执行标准检测机制是破除跨部门、跨业务、跨地区间的信息壁垒，统一管理和使用行业数据资源最基础的方法。因此，标准的建设要从贯穿全局的角

度不断健全信息化标准体系并确保标准的贯彻执行，形成标准动态修订机制，通过制度和技术的双重保障有效推进信息化标准化工作。

（三）充分发挥市场配置资源的决定性作用

要牢牢把握充分发挥市场配置资源的决定性作用和更好发挥政府作用这一主线。在信息化发展进程中，政府的主要任务应该是加强电子政务建设和政务信息公开，营造信息消费市场环境，加强市场监管。要编制涵盖行业政府管理部门和公共企事业单位的信息资源公开目录，进一步加强交通运输政务信息资源公开、共享的推进力度，推动建立交通数据市场，支持各类主体依法平等地使用交通信息资源。鼓励和支持行业信息化发展的商业模式创新，以企业为主体提供优质的交通运输信息服务，同时加强对行业信息化市场的监管。

（四）推动新一代信息技术的创新应用

借鉴互联网思维，充分激发市场活力，在综合交通出行服务领域中，积极吸引社会优质资源参与行业信息化智能化发展，同时要高度关注物联网、下一代移动通信、超宽带网络、云计算以及北斗导航等具有自主知识产权的新一代信息技术在交通行业中的应用，积极跟踪并理性判断新技术应用带来的影响，加强集成创新应用，为运营管理、出行服务、决策监管提供支撑。重点开展多式联运、甩挂运输、城市物流配送及仓储、出行信息服务、交通诱导、公共交通综合调度、客运枢纽管理服务、主动安全预警、港口自动化作业等领域的智能系统研发和应用推广等工作任务。

（五）确保交通行业信息化安全稳定

随着交通运输行业信息化建设的快速推进，信息系统规模和服务领域的不断扩大，交通运行对信息系统的依赖性不断增强，交通行业的系统安全形势面临着重大挑战。目前交通行业所应用的服务器、操作系统、数据库都为国外软件，如果不予以重视和改进，未来整改将付出更大的成本。因此，要更加关注支撑重要基础设施运行，重要运输业务运转的信息网络系统安全问题。要建立健全安全管理制度，确定保护等级、加大对国产设备的引进，增强安全防护能力。

第三章　专题报告

2014 年是推进落实交通运输信息化试点示范工程建设的关键年，也是谋划行业信息化管理服务长效机制的重要一年。各地交通信息化管理部门以及部直属单位在大力建设交通基础设施的基础上，不断促进信息化和交通业务的深度融合，行业的运行掌控能力、生产协同能力、公众服务能力和发展决策能力明显增强。

现将部分省（区、市）及部直属单位 2014 年交通信息化发展重点工作报告如下。

北京市

2014 年，北京市交通信息化建设和发展，较好地完成了“十二五”确定的阶段性目标，也为“十三五”的快速发展创造了条件。

（一）公众交通信息服务

构建了以网站、广播、手机 APP、微信公众服务号为媒介的交通互动平台，更好地满足公众随时随地发布、分享交通信息，以及参与城市交通建设与管理的需求调查。实现广播电台进驻交通监测单位常态化播出，积极推进与各大广播电台合作，以广播媒体为切入点，积极拓展面向公众服务的能力和水平。完善公交实时信息服务，公交实时到站查询手机客户端服务扩展至郊区县境内公交线路和机场巴士线路，实现 241 条线路的车辆到站距离、到站时间实时发布。正式发布“公交 e 路通”手机应用，提供夜班车到达时间、距离、站数的预报服务，同时启动 22 块夜班车电子站牌服务，实现了静态服务到动态服务的提升，显著提高公共交通出行信息服务水平。

（二）行业管理应用系统

推进北京市出租汽车运营管理与服务示范工程等一批行业监管应用系统建设，配合建设城市物流配送管理与服务系统，协调推进物流公共信息服务平台建设，有效提高行业基础数据的准确性和动态运营数据的实效性，更好的支撑行业责任考评管理、监管和执法、决策支持与信息服务工作。落实交通运输部2014第5号令要求，制定了《北京市道路运输车辆卫星定位系统监控平台备案程序性规定（试行）》、《备案道路运输车辆卫星定位系统监控平台技术接入流程》等制度文件，完成了9个平台（两客一危车辆监控平台）与市联网联控平台的接入工作，以及6个平台（12t和半挂）与部货运公共平台接入的技术协调工作。

推进北京市交通运行监测调度中心（TOCC）二期工程建设及交通运行监测与智能化分析平台升级改造，实现对交通系统的监测—评价—预测—预警—调控，支持交通拥堵会商、交通发展战略和政策、行业管理决策和其他专项研究工作，以达到引导小汽车发展、公共交通优先发展、缓解核心区拥堵的目的。

完成了北京市交通运输行业节能减排平台（一期）建设，启动了“北京市交通运输环境监测网络建设试点工程”建设，摸清行业能耗及污染物整体情况，支撑交通领域节能减排精细化管理。开展“新能源汽车智能交通示范应用—新能源汽车路网运行融合技术研究及示范平台建设”，围绕新能源汽车在北京市智能化交通服务的需求，研究解决基于新能源汽车、传统燃油汽车和固定检测数据的路网运行融合技术和示范平台，支撑实现新能源汽车实现以动态路径导航、智能交互为核心的智能化交通服务。

（三）电子政务

2014年推进行政许可、执法及电子监察和网站群升级改造工程，统筹覆盖委、局（总队），公路分局、城区管理处、区县交通局、执法大队的许可、执法业务平台的建设工作，建设交通影响评价、廉政风险防控电子监察和网上办事服务系统。以强调用户体验为核心，以服务日常办公为目的，建设信息化门户平台。

河北省

2014年，河北省紧紧围绕提高交通运营管理效率、提升综合交通信息服务水平、增强交通安全监管和应急能力、提高交通综合分析与决策能力，按照年初确定的目标任务，大力推进全省交通运输信息化智能化建设。

（一）京津冀交通一体化信息化智能化工作

编制完成了《推进京津冀区域交通运输信息化智能化发展意见》和《京津冀区域交通运输信息化智能化发展规划》。组织召开了第一次京津冀互联互通综合交通网络建设座谈会，与北京、天津两市交通运输信息化智能化主管部门，就有关项目进行了对接。

（二）河北省交通运输智能管理和信息服务工程前期工作

河北省工信厅对《河北省交通运输智能管理和信息服务工程建设方案（代工可）》出具了行业审核意见，核定项目总费用为9.41亿元。河北省环保厅对该项目出具环境影响意见。河北省发展改革委正式批复项目立项。

（三）高速公路电子不停车收费（ETC）工作

实现了河北省高速公路ETC车道全覆盖，全省ETC车道达到769条，用户达到51万户；河北省实现与京、津、鲁、晋、浙、沪、苏、皖、闽、赣、辽、陕、湘共13个省市ETC电子收费系统联网。

（四）高速公路智能化示范工程

完成了京秦、衡大两条段高速公路智能化示范工程。建设了全程监控系统、气象监测系统、动态交通事件检测系统、智能情报板诱导系统、高速公路热点区域 WiFi 交通信息服务系统、电子收费自助服务及智能管理系统、收费站拥堵预警与监测系统、ETC 车道状态与监测系统等“八大系统”。编制了《河北省高速公路智能化管理系统技术规范》，以地方标准形式发布，指导全省高速公路智能化建设，为实现高速公路应急指挥创造条件。

（五）京港澳高速公路（河北段）改扩建设施现代化和智能服务示范项目

该项目是交通运输部批准实施的“京港澳高速公路（河北段）改扩建科技示范项目”三大内容之一。2014 年底，京港澳高速公路（河北段）通车运行，10 项高速公路智能化项目（高速公路热点区域 WiFi 交通信息服务系统、动态交通事件检测系统、电子收费自助服务系统、服务区智能停车诱导管理系统、全程监控系统、气象监测系统、智能情报板诱导系统、收费站拥堵预警与监测系统、ETC 车道状态与监测系统、路侧广播系统）与主体工程同步建设、同步验收、同步投入使用。通过以上项目建设，确保京港澳高速公路河北段智能化水平行业领先，实现了打造“天下第一路”目标。

（六）交通运输行业省市县三级业务骨干网和移动办公系统建设

交通运输行业省市县三级业务骨干网是河北省交通运输行业专网，与国际互联网物理隔离，主要用于支持交通厅电子公文系统、移动办公系统以及有关单位业务应用系统。2014 年完成了省、市两级骨干网建设，交通厅电子公文系统迁入骨干网，工作人员实现了移动办公。

（七）出租车服务管理信息系统和公交都市项目建设

列入出租车服务管理信息系统示范项目的城市有两个，分别是第一批的石家庄市和第二批的廊坊市。目前，石家庄市出租汽车服务管理信息系统试点工程一期更新改造 3000 台车载终端已全部完成，二期更新改造 3710 台车载终端正在进行前期工作，计划 2015 年上半年完成。廊坊市出租汽车服务管理信息系统试点工程目前正在进行建设方案设计。列入公交都市试点建设的城市有两个，分别是第一批的石家庄市和第二批的保定市。目前，石家庄已完成项目初步设计，将于近期上报省厅；保定正在进行初步设计。

（八）河北省道路客运联网售票系统建设

编制完成了《省域道路客运联网售票系统建设项目可行性研究报告》，并通过了河北省工信厅组织的专家评审。

内蒙古自治区

2014 年，内蒙古自治区创新工作思路，不断完善行业业务应用系统，推进高速公路联网进程，继续做好交通运输部“十二五”四个重大工程实施工作，交通运输信息化取得了较好成效，有力地促进了自治区交通运输事业科学发展。

（一）高速公路联网收费及 ETC 车道建设

积极推进高速公路电子不停车收费（以下简称 ETC）建设工作，在全区高速公路联网收费总平台的基础上，搭建自治区高速公路ETC联网平台，分步骤开展全区ETC联网建设。按照确定的测试计划完成车道及ETC设备测试、清分结算系统测试及试运行测试。

（二）"12328"交通运输服务监督电话实现全区一号通

内蒙古自治区交通运输厅通过对原内蒙古交通公众出行服务热线"968858"，内蒙古高速呼叫中心服务热线"12122"及全区十二个盟市运管处"96155"运政服务热线的整合，建设以地方为主，部、省、市三级联网运行的全国统一的"12328"交通运输服务监督电话系统，实现了交通运输服务监督、业务投诉、信息咨询、意见受理等服务"一号通"。该系统各项工作于2014年12月前基本建设完成。

（三）舆情监控系统

本系统以多角度覆盖多种全新的社会化媒体类型，并进行多维聚合运算，通过交叉验证、智能分析等操作，提供准确、及时、更具有价值的分析结果，动态感知互联网公共信息的动向和热点，及时监控、汇集、研判网上舆情。正确引导舆论走向，避免可能形成的从众效应使舆论走向极端，发生难以控制的局面。实现了对互联网的全方位、多维度的监控，为网络监测工作确定进一步的关注目标提供参考。

（四）公路路产档案系统

在路政管理系统增加了路产档案模块，于2014年9月正式开通使用，公路路产档案主要包括：公路、公路用地、公路附属设施等信息。通过信息的录入和审核后，系统自动生成路产信息统计和路产信息。路政系统公路路产档案模块规范和健全了路产档案，更好地维护路产档案信息的完整，实现了公路路产档案工作的科学化、标准化、自动化管理，便于路政管理工作中的查询、利用和管理，为今后的路政管理工作提供了有力保障。

（五）路政执法超限运输车辆通行证信息查询系统

超限运输车辆通行证信息查询系统上线，通过该系统可以查询到超限车辆车牌号、货物名称及照片，方便了超限治理工作，极大地提高了工作效率，有效制止了利用假证、过期证逃避超限检测。

（六）内蒙古自治区道路客运联网售票系统

交通厅启动了内蒙古自治区道路客运联网售票系统（以下简称联网售票系统）建设。本项目依托交通综合信息网，通过实现全区85个二级以上客运站班线、班次、车型、票价、余票等信息的实时在线查询和始发班次的互联网网站购票、手机购票、电话购票、自助终端购票以及电子客票等服务功能。本项目主要建设内容包括建设内蒙古道路客运联网售票数据中心，建设内蒙古道路客运联网售票服务平台，现有站务系统的联网升级改造，建立健全工程建设与运营保障体系，建设完善安全系统、软硬件支撑环境、网络系统、自助售票终端系统。目前，已经开通了内蒙古公路电子客票网（http：//nm. bus365. com），并实现了部分一、二级客运站的网上售票，以及联网售票范围等的查询。

辽宁省

2014年，辽宁省交通厅加大对全厅信息化建设的力度，提出通过全局信息化建设顶层设计规划总体目标，有计划地逐年优化、完善和建设各大应用支撑系统。

（一）完成高速公路地理信息基础信息采集

开展高速公路地理信息基础信息采集工作，旨在建立“完整、准确、鲜活”的交通地理信息数据库，通过地理信息数据的采集，将业务信息资源与电子地图有机关联，实现业务数据在地图上定位显示。同时，建立健全数据采集、更新和维护长效机制，推动信息化建设的深入开展。现已完成对路线、监控外场设施、桥、隧、标志牌及中分带活动护栏等信息的采集工作，重点采集路线名称、设备名称、设备类型、设备所在桩号及经纬度、设施管养单位等信息。

（二）实现与交警部门的高速公路监控视频资源共享

建设双方监控视频共享链路，包括双方光纤链路，交管局端公安网边界接入平台视频链路，双方各自的核心交换机、防火墙等网络及安全设备。双方共同制定共享平台的接入标准和协议，保证各自新建设备和系统满足此标准和协议要求，并有义务将新建系统和设备接入平台。

（三）汽车客运站联网售票系统

辽宁省汽车客运站联网售票系统是辽宁省交通厅十大惠民工程之一，目前，辽宁省汽车客运站联网售票系统已经在72个汽车客运站推广应用，2328条三类以上客运线路网上售票开通率达100%，全省1684个邮政服务网点全部开通了客票代售业务。辽宁省汽车客运互联网售票平台已经注册的旅客21万余人，联网售票近81万张，售票金额达5800多万元。其中，通过邮政代售网点售票7432张，售票金额579208.35元；微信Wap售票1246张，86079元；手机APP售票5068张，287305元。

（四）包车客运标志牌网上审核系统

包车客运标志牌网上审核系统为客运包车经营者提供了便捷的网上申办标志牌业务。包车企业在网上提交包车信息，管理人员在网上进行审核。通过审核的，包车企业可以自行打印包车标志牌手续。该系统于2012年5月在辽阳市试点应用，于2013年在全省全面推广应用。

（五）辽宁省道路运输管理机构门户网站

该网站为辽宁省各市、县道路运输管理机构提供了统一的门户网站，是一个集中发布、集中管理、集中维护的门户网站集群，实现与省厅网站的无缝集成。该网站包括运政政务、在线服务、行业视窗三个主栏目，集中向社会展示全省各级运管机构的政务信息和服务信息，为运管战线提供了自己的宣传阵地，建立了管理者与被管理者沟通的桥梁，成为道路运输经营者的好帮手。

（六）加大ETC系统的推广力度

顺利地通过了国家的验收测试工作，是参与全国联网的14个省份中惟一一次性通过测试的省份。加大ETC的全省推广力，一是加快ETC基础设施建设，全省ETC站点覆盖率达到76.4%；二是扩大客服发行网点数量，2014年全省共新增发行网点138个，共有网点174个，并配备了10台移动安装车，提高服务标准；三是加强与新闻媒体的合作，积极宣传推广使用ETC。

吉林省

2014年，吉林省交通运输厅全面贯彻交通运输部创建“综合交通、智慧交通、绿色交通、平安交通”的总体部署，以“顶层设计”理念为战略指导思想，着力推动全省交通运输信息化发展由粗放型向集约型转变，信息化建设工作取得突破性进展。

（一）信息化建设“顶层设计”全面启动

启动了信息化建设“顶层设计”工作。在充分地进行现状评估、需求分析和反复论证的基础上，形成《吉林省交通运输信息化顶层设计》（以下简称“顶层设计”），作为全行业基础信息资源共享与业务协同、信息化工程建设实施的建设指南。在此框架下，形成《吉林省交通运输信息化建设方案（2015—2020）》（以下简称“建设方案”）。顶层设计和建设方案均已于2014年10月10日通过了省厅组织的专家评审。

（二）加快推进交通运输部“十二五”重点示范工程实施

《吉林省公路水路安全畅通与应急处置系统》、《吉林省交通运输统计分析监测和投资计划管理系统》和《吉林省公路水路建设与运输市场信用信息服务系统》完成项目“工可”评审，进入初步设计阶段。

采用政企合作模式，整合政府和企业双方优质数据资源和技术力量，推动《政企合作模式的吉林省综合交通出行信息共享应用科技示范工程》建设，现已完成“工可”编制。

（三）稳步实施信息化基础项目建设

初步完成吉林省交通运输基础通信网络（一张网）、交通运输地理信息平台GIS－T（一幅图）、数据中心、协同办公自动化系统的“工可”编制工作。

省域联网售票系统建设方案已通过项目评审，并完成初步设计初稿。吉林省已被交通运输部初步确定为省域客运联网售票系统试点单位。继续开展运政信息系统应用推广工作，《吉林省道路运政管理信息系统扩张工程（一期）可行性研究报告》通过省厅组织的评审，待报省发改委立项。在率先实现全省高速公路IC卡“一卡通”收费的基础上，对全国ETC联网技术进行研究，并按照部统一要求配合设计单位完成了工程可行性研究并报省发改委审批。为保证工程的顺利进行，提前对部分关键设备进行了环境适应性测试，研发了ETC车道试验性软件。《吉林省高速公路工程建设信息管理系统》已在大广高速公路松原至双辽段等十余个项目中普及应用。

（四）继续建立、完善管理体系

为了规范信息化建设与管理，吉林省交通厅制定颁布了《吉林省交通运输厅信息化建设管理暂行办法》，从职能落实到业务流程进行了统一规范。

黑龙江省

2014年，黑龙江省交通运输信息化建设注重信息技术与行业发展的深层融合，在信息化建设中取得了新的突破，主要完成了以下阶段性成果。

（一）基础环境建设

1. 加快底层基础平台建设工作

《关于黑龙江省交通运输云计算中心工程可行性研究报告的请示》，项目立项申报工作正式启动。同时，围绕“数据丰富鲜活、服务稳定实用、平台开放弹性”三大主题，构建黑龙江省交通运输行业统一的地理信息服务平台，对全省公路水路交通运输空间地理信息和基础属性数据的采集、存储、管理和传输进行统一管理，为交通规划、建设、管理、养护、运输等行业管理决策和社会服务提供权威、准确的交通地理信息资源和卫星定位服务。

2. 业务系统建设

到2014年底，达成了“一套终端、三大中心”的建设目标。其中，全市出租汽车车载智能终端安装覆盖率达到100%，三大中心即监控中心、数据资源中心、电召中心建设完成并投入使用。此外，工程还配套建设了道路运输从业资格电子证件密钥中心，并重新修订了《哈尔滨市出租汽车管理条例》，作为系统建设应用的法律保障。目前已完成了社会化服务卫星定位系统监控平台的备案工作，并与交通运输部的平台进行了对接。各地市大力推进重型载货汽车和半挂牵引车卫星定位系统车载终端的安装工作，全省已安装重型载货汽车和半挂牵引车约2.5万辆。

3. 行业门户网站建设与管理

按照省厅进一步规范网站政府信息公开目录，全面打造规范的政府信息公开网络平台要求，黑龙江省交通运输厅对网上政府信息公开系统进行改版升级，2015年12月底建设全面完成，1月初举办了使用培训，已进入试运行阶段。

4. 网络与信息安全建设

一是建立健全了《领导干部保密制度》、《公文保密制度》、《计算机信息系统保密制度》等保密工作规章制度；二是对计算机及网络管理制度的落实情况、涉密网络的建设和使用情况以及涉密计算机、涉密网络采取的管理和防范措施的落实情况进行检查；三是对全厅及直属单位按照通知的相关要求对信息安全管理工作进行自查。

5. 信息化人才培养

开展了“黑龙江省公路水路交通运输信息化建设方案”、“黑龙江省交通运输信息化顶层设计”、“交通行业应急处置系统解决方案”、“公路养护和桥梁管理信息化技术与应用”、“云计算中心”等相关培训。

（二）推进交通运输信息化重大工程建设工作

1. 黑龙江省公路水路安全畅通与应急处置系统

完成了初步设计编制工作，并通过了省厅组织的初步设计评审及造价核查。目前，开展了工程招标准备工作，编制完成了应用系统开发、工程监理招标方案和招标文件。

2. 黑龙江省公路水路建设与运输市场信用信息服务系统

成立了“黑龙江省公路水路建设与运输市场信用信息服务系统”建设工作小组，由省运管局牵头各参加单位统一调度协调工作进度。在确定工程分包思路的基础上完成了工程招标方案编制工作，并通过了工程招标方案专家评审。

上海市

2014年，上海市交通信息化工作加强与业务的深度融合，在提高公众服务水平、港航信息化的探索中，成绩突出。

（一）提高信息服务能力

1．"上海公交"IOS版手机应用发布

向用户提供公交线路的首末班车时间、途经站点信息，以及实时在线车辆位置和预计到站时间等信息服务。下阶段，这款手机软件将逐渐扩大线路覆盖面，并增设"换乘查询"等其他实用功能，信息中心将根据用户的反馈意见逐步完善该应用。至2014年底，"实时公交"功能涵盖了巴士集团和浦东公交公司912条公交线路。

2．"乐行上海"APP手机应用发布

这款APP直接向市民提供上海市域范围内的高速公路和快速路实时路况、道路通行实况快照、高架封路计划、公路阻断信息、高速公路通行费查询服务、夜间施工备案查询等内容。

3．完善上海道路交通诱导服务体系

完成了8处情报板安装工作，进一步完善了中心城区域的交通诱导服务体系。同时在高速公路诱导完善方面，着力推进基于G15以东高速公路网入城方向的诱导完善工程建设，重点解决G2、G50、G60入城段交通与嘉闵高架、北翟路高架、崧泽路高架、S26入城段的多路径诱导问题，目前该项目已完成深化设计。

（二）重点工程和项目

1．上海市交通委完成北斗示范应用主体工程

通过实施《长三角卫星导航应用示范工程》中《重点车辆（两客一危）运输监控北斗示范应用》，截至2014年底，已完成在一万辆"两客一危"车辆上部署北斗卫星导航终端的计划，同时基本完成现有监控平台的升级改造。

2．上海市公共交通智能化应用示范工程完成前期工作

完成了《上海市公共交通智能化应用示范工程建设方案》，并通过了部组织的初步审查，《示范工程初步设计报告》通过了专家评审，并报部备案

3．《长三角危险品运输船舶安全监管联网联控系统》课题成果试点应用

目前，该课题成果中的长三角危险品运输船舶安全监管联网联控信息共享平台已建成，并已投入使用一年多。同时，课题组研究制定了《长三角区域危险品运输船舶GPS数据交换标准及数据交换接口规范（试行)》。该成果的应用实现了沪苏浙三地的危险品运输船舶的数据共享，并建立长三角危险品运输船舶基础数据库，实现了三地数据的实时交互。

（三）推进港航信息化

1．建成上海港码头视频监控系统（一期）建设

上海港码头视频监控系统自2013年起进入建设期，共接入60家码头单位、71个视频点、784路图像。作为重点项目，完成了4个监督站分中心的网络铺设和硬件配置及软件配置工作，同时完成

软件功能开发工作。

2. 实现全球航运金融市场首次运力交收

作为全球首个航运运价电子交易平台，上海航运运价交易有限公司（简称 SSEFC）在信息化建设推进过程中，为企业搭建平台、服务上海国际航运中心建设方面做了有益的探索与实践。实际运力交收的成功突破，为全球航运市场今后的发展探索出了一条利用航运运价衍生品规避运费波动风险的风险管理新方式。

3. 上海国际航运信息中心建设实质性启动

2014 年随着上海国际航运中心建设推进、交通运输部和上海市政府部、市合作的深化以及交通运输部部长前往上海航运交易所实地调研，部、市协商一致共同努力推进筹建运价备案监管中心。运价备案监管中心作为部市合作支持建设上海国际航运信息中心的重要标志，标志着上海国际航运信息中心建设实质性启动。

4. 基于内河电子航道图的应急救援系统研发及应用示范通过初验

该课题分为四项研究内容：内河交通管理和应急联动系统关键技术研究及应用、内河应急救援辅助决策系统关键技术研究及应用、内河航运现场综合执法信息整合关键技术研究及应用以及船联网内河电子航道图空间和属性数据交换关键技术及标准研究。课题深入结合了内河航道特点及应急救援、现场执法等业务发展情况，通过船联网技术在内河应急救援和现场执法综合终端的示范应用，对水上监管的创新进行了探索，加快推进内河航运智能化以及船联网产业的发展。

江苏省

2014 年，江苏省交通运输厅党组专题调研“智慧交通建设”，研究部署加快推进交通运输信息化智能化工作。全省交通运输系统扎实开展推进交通运输信息化建设与关键技术、配套机制研究工作，努力推进交通运输信息化综合应用。

（一）“232 畅通网”工程和部信息化示范工程总体进展良好

宁沪高速公路综合管理与公共服务信息化示范工程、公众出行交通信息服务系统、全省内河水上应急管理信息化平台、公路客运联网售票升级工程、驾驶培训智能化管理与服务系统等项目分别投入运行或试运行；公共交通“一卡通”项目完成宁镇扬都市圈联网，完成了交通运输部行业技术规范（征求意见稿）的测试验证；公路网运行监测与数据综合分析决策支持系统、城市轨道交通营运应急管理信息系统等项目抓紧推进；统计监测与投资计划管理、安全畅通与应急处置等部示范工程有序推进；公路水运建设市场信用信息服务系统基本建成，实现监管系统升级换代。

（二）组织完成 ETC 全国联网省建设任务

实现了与北京等首批 14 个省（市）ETC 联网运行。截至 2014 年底，全省 ETC 专用车道达 818 条，苏通卡用户突破 180 万，ETC 车道流量占整个路网客车流量的 30%，道路运输证 IC 卡与苏通卡“两卡融合”在试点成功的基础上，完成 10 多万张电子证件的发放。

（三）加快推进船联网工程建设

根据长三角船联网项目的总体部署要求和数据交换服务的规范要求，完成了一主两分（厅数据中心、地方海事数据中心、航道数据中心）的数据中心系统建设，实现了与长三角上海、浙江的船舶签证等数据交换。内河船舶便捷过闸系统（水上 ETC）在苏北运河全线建成，已累计推广到全省18个船闸，在试点示范的基础上编制完成了内河船舶2.45GHz RFID 工程应用技术规范编制；完成了部船联网关键技术研究课题“船舶运行环境感知与协同关键技术研究”、“水路交通运输监测预警系统研发及应用示范”的研究工作，相关成果已结合实际应用进行验证完善。

（四）建成开通“12328”交通运输服务监督电话

按照交通运输部的统一部署和要求，在进一步规范完善“96196”系统运行管理的基础上，在全国率先实施开通省市两级“12328”服务监督电话，与“96196”并线运行。据统计，全年江苏省交通服务热线共服务公众达131余万人次。其中，为公众提供出行问询、行业咨询达84万余件，接受投诉达20万余件，话务接听满意率达97%；所有咨询和投诉件均得到及时回复，解决了众多出行者的疑惑和困难，化解了大量的矛盾和纠纷，充分发挥了交通运输行业更好服务社会的作用。

（五）积极组织推进部科技示范工程申报与实施

完成了高速公路网智能化运营管理平台实施方案申报、评审工作，并按照批复文件开展了“省域高速公路网多元异构动态交通数据与信息融合处理技术”等关键技术研究及项目可研报告评审；根据交通运输部关于推进政企合作的部署和要求，按照多路并举、分层推进、合作共赢、重点突破的原则，与百度公司就高速公路、国省干线公路、公交、出租等数据共享以及开放云、大数据处理等技术进行了专题研究，组织完成了部科技示范工程实施方案的编制与评审。

安徽省

（一）试点行政执法公开运行系统

统一部署，在合肥、宣城、阜阳、淮北4市和高速路政支队试点并推广该系统。截至2014年11月底，通过系统办案3600余件。行政执法系统的应用，促进了行业执法资源共享，增加了权力运行透明度和公正性，提升了依法行政的公信力和社会认可度。

（二）构建路网运行管理平台

开展全省统一路网视频数字化平台建设，完成与厅直单位、部分治超站点及各高速公路经营主体的视频监控对接，建设国省干线公路（一级公路）信息系统建设标准规范，完成公众出行信息服务系统上线运行。

（三）加强行业信息资源集成

整合行业局电子政务系统，逐步汇集全省数据“一个库”，初步实现跨行业跨部门数据共享；逐步融合行业局信息系统资源，促进行业信息系统网络、安全和主机等设备与中心系统整合，初步实现共同运维目标，有效降低运维成本以及设备整体运行能耗。

（四）强化网络与信息系统安全

按部省相关要求，加强网络与信息系统安全日常管理，多次通过部远程网络安全监测以及省厅、省经信委现场检查，及时发现厅门户网站、出行系统中的安全漏洞并整改。按部省要求报送季度、月度信息安全报告。

（五）提升行业技术服务水平

完成交通厅门户网站、机关 OA 等系统建设，实现门户网站与政府信息公开、OA 等系统的数据共享；完成视频会议系统一期工程建设，实现省市两级视频会议覆盖，并完成二期工程县级分会场调研；加强政务信息公开平台建设，完善省交通运输厅本级政务信息公开目录；完成信息公开网站（栏目）分布式软件系统的安装、部署和运行；完成安徽省道路运输车辆卫星定位动态监管省级平台迁移，新增数据校验、自动监督统计等功能，为省厅、省运管局以及各市运输管理处提供道路运输车辆动态监管科技支撑。

（六）积极开展交通运输行业科技创新

成为“长江水运安全风险防控体系研究”、“内河智能交通控制网关键技术与示范”的联合编制单位。完成了向交通运输部申报《长江水运安全风险防控技术与示范项目》8 个子系统的研究工作；实施了道路运输管理信息系统升级改版，初步建设完成了公众出行服务系统中的 GIS 系统；完成了《公路地理信息平台软件采购、开发和服务》；完成了合裕线水上支持保障系统（一期）工程和全省水路交通视频监控系统（一期）工程建设；完成了交通质量远程督查系统建设；完成了全国高速公路信息通信系统联网工程干线传输东南环网和华中环网联调工作；完成了省交通运输视频会议系统一期工程建设，实现省市（含直管县）两级视频会议覆盖。

福建省

2014 年，福建交通运输信息化工作继续推进，以业务需求为驱动，以管理和服务为主线，以服务交通转型发展为目的，全面推进公路、水路、道路运输等业务领域信息化。

（一）市场信息应用引导

成立推进运输信息化专项工作领导小组，与传化、卡行天下、惠龙易通、满易网、中国电信、中国移动、福建电子信息集团等企业的交通信息化业务合作，建设推广应用交通物流交易平台，建设城市公交公共信息化服务和掌上公交平台。年底与上海卡行天下供应链管理公司签订了合作备忘录，支持该公司进入福建交通物流市场。

（二）交通运输云平台

制定《福建省交通运输云计算平台应用管理暂行办法》，加强交通运输云平台日常运行管理。总共为全省道路客运信息系统、驾培学时系统、普通公路路网管理平台等 11 个业务应用系统提供了统一的服务器资源及网络安全环境，实现集约共享、快速部署、环保节能的目标。

（三）交通地理信息公共服务平台

平台建设全面推进，与福建测绘地理信息局的天地图系统实现对接，公路、港航、运管等交通地理数据进一步更新完善，为综合执法系统、公众出行信息服务平台、农村公路计划建设管理等系统提供公共地理信息框架数据和功能服务。

（四）交通综合行政执法系统

建成交通综合行政执法信息系统，实现与省高速公路公司、省运管局的数据资源共享，实现与省网上执法平台的数据对接。综合执法案件处理系统在全省交通执法机构全面使用，处理6万多笔交通违法案件。业务应用软件系统二期完成完工检验，全面推广应用。三级联网联动执法信息系统初步建成。

（五）高速公路信息服务

1. 出行信息服务系统

开发“福建掌上出行”APP，完成九大主城区的重点路段的路况展示，通过定制路况实现实时播报；实现路线行程规划，能够在道路拥挤时建议绕行方式；实现包括畅通、车祸、施工、拥堵、管制等路况信息的上报，及时对路况进行修正和补充，并与100.7、98.7等交通广播实现互动，为公众提供更为便捷的出行信息服务。福建高速公路公司“闽通宝”手机客户端及微信公众号上线试运行，向市民提供多种出行服务，设置高速快览、交通资讯、闽通卡、路径路费和超限违法查询等板块。

2. “12328”交通运输服务监督电话系统

“12328”交通运输服务监督电话系统10月开通运行，建成1个省级呼叫管理中心、10个地市呼叫分中心实现与部三级联动，建立由以交通厅总值班室、安全应急指挥中心、“12328”呼叫管理中心、舆情分析中心、卫星定位管理服务中心组成的“五位一体”综合管理机制。全省按30个座席配备，话务人员达91人，7×24小时值班。运行以来，全省累计呼入1688次，累计处理时间为799分钟。正在完善系统及知识库，将增加微信、短信、移动终端（APP）手机服务、网站及邮件等受理方式。

山东省

2014年，山东省交通运输信息化围绕服务提升和管理深入，认真落实“十二五”信息化规划内容和年度重点工作任务，取得了良好效果。

（一）交通物流信息共享效率提高

山东省交通物流公共信息平台自开通以来实现与省内外26家物流平台和省内41个农村交通物流试点县平台实现数据交换，间接服务会员达到10万家，年服务物流货值300亿元、累计数据交换量940万条，年降低空驶率5%、柴油油耗38%，缩短运输时间25%，提高企业间物流协作效率80%；通过企业信誉服务平台验证的会员4700家；软件推荐平台实现为会员用户推荐软件310套，在线体验软件17套，参与合作的软件商达50家；信息发布与展现服务实现物流供求信息180万条，物流资讯信息2万余条。根据权威排名测试工具Alexa统计显示，网站世界排名突破10万名达到81478名，国内排名突破1万名达到5504名。

（二）交通信息服务能力提升

山东省交通信息化服务能力显著提升，一是电子不停车收费系统与北京等14省（区、市）ETC系统联网，全省ETC收费站覆盖率已达77%，基本覆盖了县市区，且加强与工商银行、建设银行、邮储银行、华夏银行和邮政公司等金融机构的合作，设立银行代理客户服务网点2374个。与山东省工行合作发行了“牡丹交通卡”和“物流交通卡”，与建行合作发行了“鲁通龙卡”，与农行合作发行了“金穗鲁通卡”。方便了用户充值、管理，提升了ETC服务能力和服务效率。二是出行服务更加规范，2014年山东省出行服务平台共发布高速公路综合路况13429条，出行资讯1706条，路况播报视频1905期，咨询中心“96669”话务量逐年递增，最高日接听量近13000件，共接听电话156328个。

（三）信息技术手段促进行业管理

信息化在交通厅政务管理中效果越来越显著。一是交通建设市场管理信息系统已成为交通厅建设市场管理的重要抓手，2014年平台注册从业单位3469家，公开信息从业人员121867人，完成259个项目共计445次招标，发布招标公告423条，补充公告49条，评标公示383条，中标结果382条，投标单位共计663家，投标共计4269次。连续4年组织开展年度施工、监理、试验检测单位（机构）及主要从业人员年度信用评价工作，2014年评价226个公路施工单位592个施工标段。二是应急指挥平台建设进一步深入，实现与临沂、济宁、滨州三市网络的互联互通，为下一步17市与省厅网络全部连通积累了经验，也为全省交通运输应急中心、决策和统计分析系统等省级综合信息系统工程建设奠定了基础。

河南省

以支撑和引领现代交通运输业持续健康发展为目标，河南省交通运输信息化建设，紧紧围绕“改中求进”的工作思路，加强领导，科学谋划，突出重点，稳步推进，2014年，全省交通运输信息化工作取得了明显成效。

（一）公路超限超载四级联网系统工程

为推动科技治超，实现信息共享，提高治超效率，规范执法行为，有效遏制公路“三乱”，维护和改善交通公路形象，根据交通运输部的要求，山东省交通厅于2013年3月印发了《河南省超限检测站四级联网系统工程建设工作方案》（豫交文〔2013〕176号），交通厅通信中心会同工可编制单位完成了工可报告的编制和报批工作，河南省发改委于2013年9月对工可报告批复。2014年，交通厅规划处完成了对该项目施工图设计。目前，该项目已经完成招投标工作，已进入项目建设阶段。

根据治超工作的实际需要，河南省将建设省治超信息管理中心、县监管点，搭建全省治超信息网络传输平台：①建设不停车预检系统，具有称重、车牌识别、警示功能，起到引导疑似超限车辆进站进一步检测的作用，解决执法人员拦车难问题；②建设超限车辆闯岗抓拍系统，具有对闯岗超限车辆取证、上传的功能，起到为公安、运政等相关治超责任单位实施驾驶证扣分、罚款和吊销营运证、从业资格证等处理提供执法依据的作用，解决车辆闯岗处理难问题；③建设数据信息共享系统，具备采集、传输、存储、备份的功能，起到对超限车辆信息自动采集并自动抄告至相关治超责任单位，实施追踪查处的作用，解决公路部门单家治超难问题；④建设视频监控系统，具有视频监控、语音监听与对讲、运程应急指挥的功能，起到对进站车辆、执法人员及执法过程全程监视监控的作用，对内监督执法人员行为，对外提供取证依据，解决执法不规范、权力寻租问题。

（二）公路客运联网售票平台

作为首批省域道路客运联网售票系统建设试点省份，经过一年多的发展，平台已经取得了显著效果，截至2014年底，已累计有郑州、开封、漯河、安阳、焦作、新乡、洛阳、许昌、驻马店、平顶山、三门峡等地市的60家汽车站车站开通网上查询、购票、取票，其中一级站21家、二级站39

家。尚未接入到联网售票平台的商丘市、信阳市、林州市等地市正在积极开发技术接口和更换程序，预计明年春节前即可开通。网站开通至今，联网售票网上开通班线近10000条，网站访问量近600万次，访客数近200万，日均点击量5.5万余次，网站售票量近50万张，自助机售票量近80万张，总计近130万张，单日最高售票量近3.5万张，日均售票近5300张，售票额总计近8000万元。下一阶段计划，该项目将积极推进接入工作，做好技术保障，保证各车站对接工作顺利进行。同时，加大宣传推广力度，制订完善的平台宣传计划，提高车站宣传推广效果。

湖北省

2014年，湖北省把推动现代信息技术与交通运输管理和服务全面融合，把交通运输组织的智能化和运营效率的提升作为交通运输信息化发展的着力点，交通运输信息化建设取得了新的进步。

（一）重大工程项目建设进展

1. 完成“全国高速公路信息通信系统联网工程（湖北段）”建设

“全国高速公路信息通信系统联网工程”5个环网中4个与湖北省相关，目前全国高速公路信息通信系统联网工程（湖北段）建设全部完成，并实现了与相邻省市的光缆联通，实现了全国联网。

2. “十二五”信息化重大工程建设项目按计划推进

“湖北省交通运输统计分析监测和投资计划管理信息系统”统计和计划部分软件开发已基本完成，其他ADWB部分建设正在进行中；“湖北省公路水路安全畅通与应急处置系统”、“湖北省公路水路建设与运输市场信用信息服务系统”已完成部分项目的招标工作，进入建设实施阶段。“湖北省客运联网售票系统”已初步建成并在5个客运站投入试运行，从试运行情况看，系统功能基本满足联网售票要求。

3. 交通厅数据中心建设抓紧推进

根据《湖北省公路水路交通运输信息化“十二五”发展规划》，按照“统一规划、分期建设、分步实施”的原则，采用“云计算、大数据、虚拟化等新一代信息技术，依托部省三个信息化重大工程，开展了厅数据中心建设。目前部分招标工作已经完成，相关建设工作正在抓紧组织实施。

（二）公共服务应用信息系统建设取得成果

1. 高速公路电子支付和不停车收费（ETC）系统的推广应用有了新拓展

将ETC系统建设、推广应用、运行维护作为重点工作，成立了工作专班，制定了工作方案，根据车道实际研发了后置式ETC车道系统，编制了ETC车道施工通用图，认真做好系统软件安装调试，使2014年新建的773公里的高速公路顺利实现ETC联网收费。

2. 交通运输网上审批服务平台（二期）建设基本完成

在网上审批服务平台（一期）的基础上，梳理业务审批事项，整合相关软件系统，全面推进平台（二期）建设工作，将市、县二级审批事项全部纳入“交通运输审批服务平台”，实现省市县行政审批三级联网、互联互通，并与全国治理车辆非法超限运输信息系统、湖北省投资项目联合审批系统实现无缝对接。目前宜昌市夷陵区作为审批服务平台（二期）建设试点已经上线试运行。

3. 全省普通干线公路路网运行监测与应急处置系统功能不断完善

该项目在整合全省现有治超信息系统、养护管理信息系统、路政综合信息管理系统和各地市治超监控中心的信息资源，实现107个治超站信息和数据共享，车载设备与路网系统平台联通和数据对接的基础上，2014年建成了全省的公路路网基础数据库，实现了路网二级平台和省级路网平台的数据对接。

4. 建成湖北省国省道桥梁管理信息系统

该系统整理完善了国省道桥梁基础数据，采集录入了农村公路桥梁基础数据，建立市州农村公路桥梁管理系统，实现了省、市、县三级联网，实现国省道桥梁网络化动态管理。

湖南省

2014年，湖南省交通运输信息化按照交通运输部“十二五”信息化规划及推进方案和信息化工作要点要求，结合本省实际，以加快交通运输现代化，服务“四个交通”建设为目标，制定了重点工作目标和实施方案，强化措施，督促落实，稳步推进各项工作，圆满完成了目标任务。具体如下。

（一）信息资源开发与共享

依托湖南省交通运输信息化基础支撑体系工程对全省的信息资源进行统一规划和管理。截至2014年底，数据中心主要采集了道路运输、交通统计以及公路基本信息等基础数据，其中核心基础库已采集数据达222G，数据的日均增长速度10G；对采集的基础数据进行重新梳理，实现应用系统之间数据共享，消除了内部部分信息孤岛。积极施行信息化资源整合，通过湖南省公路资源整合与信息服务工程的实施，基本整合了我省交通运输公路信息资源。交通厅积极与省内其他行业主管部门沟通协调，与湖南省国土资源厅签订了《GIS数据共享合作协议协议》；厅数据资源中心实现了与省国安厅数据中心的对接，实时为其提供全省重点营运车辆注册数据和GPS运行轨迹数据，截至目前，湖南是全国完成上述数据对接工作的惟一省份。

（二）应用业务系统建设

中国高速公路交通广播示范工程（湖南）项目在长株潭率先开播，为全国第一个先行先试省份；长株潭公共交通“一卡通”试点工程、株洲市公共交通智能化应用示范工程、长沙市公共交通智能化应用示范工程、公路客运联网售票系统稳步推进；湖南省交通运输物流信息共享平台建设试点工程已完成工可批复，进入设计方案编制阶段；公路水路安全畅通与应急处置系统试点工程完成初设编制，建成重要航段视频监控系统，国省道路网运行监测与管理信息系统工程推进前期工作。

（三）重点工程

1. 湖南省交通运输统计分析监测与投资计划管理信息系统

已完成六大子系统开发，其中动态监测等部分子系统已投入试运行，报表管理等子系统公路养护等部分投入试运行。

2. 公路水路建设和运输市场信用管理信息系统工程

为减轻财政资金投入压力，积极探索社会融资，确定其中“IC卡终端系统”采用社会化模式进行建设，目前已有工商银行湖南省分行、湖南省农村信用社联合社等4家金融服务机构（或公司）积极响应并达成相关意向，2015年将全面启动项目实施。

3. 湖南省道路运输三级协同管理与服务信息系统

该系统实现全省联网和信息共享，实现行政许可、行政稽查（强制）、机动车辆维修、驾培、客货运站场等的全省联网，堵住行业监管方面的漏洞；通过全省道路运输数据的分析，为行业决策提供科学依据；通过整合客运票务资源，实现全省联网售票，方便公众出行购票；整合道路运输各类资源，面向社会公众提供道路运输公共服务信息；通过加强业务协同，提升安全监管与道路运输应急能力和市场监管能力。

4. 湘江船闸通航调度系统

该系统利用现有水运资源（AIS信息等），引入移动互联网实现船舶过闸远程申报、安检及调度信息交互。目前，湘江船闸调度系统已在长沙综合枢纽实现了人工过闸申报、安检、计划排挡、计划调度、违章处罚及统计分析调度，全业务流程联网处理，预计2015年3月底之前在长沙综合枢纽基本实现船闸智能化调度，并逐步向湘江干流上游各枢纽推广应用。

广西壮族自治区

广西壮族自治区交通运输厅不断完善行业业务应用系统，推进“12328”交通运输服务监督电话系统工程的建设，继续做好交通运输部四个重大工程实施工作，交通运输信息化取得了较好的成效。

（一）“12328”交通运输服务监督电话系统工程建设

在交通运输部统一部署下，开展了“12328”交通运输服务监督电话系统工程建设。广西区内各级交通运输主管部门克服信息化基础条件不足、人员编制紧缺等困难，充分利用广西高速公路“96333”既有软硬件平台基础进行扩容改造，形成自治区级中心。确立省级统一接入、分级模拟电话处理的运行管理模式，在广西壮族自治区高速公路管理局建立自治区级统一中心，设置全区集中式的通信平台及数据中心设备，各地级市交通运输局和自治区二层行业管理部门设置远程座席。

（二）信息资源整合和运行监测服务系统验收

初步实现了搭建区级数据整合与交换平台、建成广西交通数据中心、搭建公路水路交通地理信息GIS共享平台、建成行业综合运行分析和日常运行监测系统、建设完善新的政务工作平台、建成公众出行信息服务系统等项目建设目标。其中，把信息资源数据划分为14个大类和73个子类，以此为基础制定数据整合与交换的系列标准规范。根据广西区内公路水路两种运输方式发展并举的现状，水路运输在整个交通运输体系中占据着重要的位置的特点，此次资源整合工程中，涉及航道管理、船检发证等9个系统，纳入整合数据表数量达本工程整合总量的55．7%。本次资源整合工程通过建立完善的广西交通运输数据资源体系，围绕数据中心建设系列应用系统，构建了数据共享与服务平台，数据交换与共享长效机制已基本建立，从而实现了行业内和跨行业部门间的数据共享交换。

（三）交通运输物流公共信息平台完成验收

广西交通运输物流公共信息平台是国家交通运输物流公共信息平台“1+32+nX”架构下广西壮族自治区节点，承担自治区与国家平台、其他省平台、东盟各国物流信息平台之间的数据交换任务。信息平台定位于物流信息服务性平台，平台兼顾“公益性”与“增值营利性”，将交通运输行业主管部门积累的交通运输物流基础设施、企业资质、企业诚信等信息提供公益性服务，对于车货配载、货运跟踪、船联网等行业增值性业务信息提供营利性服务。

（四）开展柳州市公共交通智能化应用示范工程

柳州市是“公交都市”创建城市之一，根据《公路水路交通运输信息化“十二五”发展规划》关于开展行业重点领域示范工程城市公共交通智能化系统建设的部署和《交通运输部办公厅关于加快推进城市公共交通智能化应用示范工程建设有关事项的通知》（厅运字〔2014〕79号）的要求，交通厅开展柳州市公共交通智能化应用示范工程建设。

海南省

2014年，海南省交通运输信息化工作稳健有序开展，各项工作得到了切实有效的推进，最新进展情况如下：

（一）智能交通一期项目主体工程完工

智能交通一期工程包含10个子项目，主要建设内容有：应急指挥中心（含应急管理系统）、高速公路监控和管理系统、协同办公系统（含公共短信平台、统一用户管理）、出行信息服务系统（含“12328”交通服务热线电话）、交通GIS应用开发一期、数据融合一期、海南省交通运输厅门户网站改造、交通电子政务基础平台一期（即数据交换和共享平台）、交通行业网络、软硬件设备采购及基础设施建设。目前各个子系统已投入使用，下一步将在智能交通一期的建设成果上，全面开发行业应用系统、深化完善智能交通体系。

（二）智能公共交通项目整体进展顺利

三亚市智能公共交通系统工程项目规划建设四大平台19个子系统，涉及公交、出租、“两客一危”、交通执法、航运船舶、农村公路养护、驾驶员培训等领域的服务与监管。工程建成后，借助信息化手段可对相关领域进行实时运行监控或提供便捷服务，全面提高公众出行服务的智能化、便捷化、人性化水平。

1. 建设交通运输行业智能管理平台

局机关办公自动化系统和出租汽车行业智能监管系统已投入使用，运政管理系统和公交行业智能监管系统已投入试运行；“两客一危”重点营运车辆智能监管子系统已经接入9家企业970台车辆信息，占全市“两客一危”运营车辆的92%；交通综合智能执法系统、交通综合监管及接入平台、农村公路智能养护系统3个子系统已部署完成，正在完善中；航运船舶智能监管系统、驾驶员培训行业智能监督系统2个子系统处于需求调研、系统设计阶段。

2. 建设城市交通运行智能决策分析平台

城市交通运行状态分析系统及移动辅助决策支持平台现已部署上线，处于功能完善中；城市交通仿真系统尚处于系统开发阶段。

3. 建设城市公共交通企业运营调度平台

公交企业运营调度系统已完成部署，目前已在广达、新国线、海棠湾等公交公司开始试运行；出租企业运营调度系统已基本完成建设，已投入使用；驾驶员培训企业运营管理系统处于需求调研阶段。

4. 建设城市公共交通综合信息服务平台

综合交通信息服务门户网站、移动综合交通信息服务平台（简称“掌行三亚”）、综合交通服务诱导平台等三大平台已安装部署测试，处于功能完善阶段。

5. 制订智能公共交通技术要求

目前已制订完成三亚市出租汽车车载终端技术要求，其余技术规范及评价体系均在建设中。

重庆市

（一）交通部重点示范工程推进顺利

按交通运输部的要求，全国高速公路（重庆段）光纤联网工程，重庆段敷设光纤633.59公里，境内各路段已建设完毕，并通过交通部完成全国联网测试；四公里综合客运枢纽系统试点工程全部建设完毕，已正式投入运行；交通部已批复城市智能公交信息化示范工程工可，设计初稿已完成；公路水路建设与运输市场信用信息服务系统、安全畅通与应急处置系统正在编制初步设计；投资统计分析系统正在进行软件开发。

（二）公众服务信息化项目稳步推进

1. 公交电子站牌工程

该工程正有序推进中，先后开通安卓及苹果版本移动电子站牌手机客户端，实现450条公交线路到站信息查询，覆盖率96.5%以上。按市政府要求，沿465路公交沿线建设17块实体电子站牌，运行稳定、良好。

2. 公路客运联网售票系统

联网售票系统自开始运行以来，2014年全年联网售票2672611张，其中网上购票1736445张，手机购票815824张，同比增长了200%，其中手机购票的数量为56595，占售票总数的35%，网上购票数量为99500，占售票总数的62%。

3. 出租汽车服务管理信息系统试点工程

完成全市出租汽车智能终端安装工作，推出安卓、苹果智能手机的电召软件，接入了“嘀嘀打车”等商业电召软件。完成《出租汽车车载终端技术要求及数据交换与共享规范》的编制。完成初步验收，顺利通过了交通运输部竣工验收。

4. 加快不停车收费系统（ETC）建设

ETC 站点覆盖率达 60%、开通专用车道 223 条、发展用户 30 万户，开通了 ETC 电子储值用户的网上充值业务和 ETC 服务网点的 POS 刷卡联网结算系统。开通“重庆高速通”手机 APP，并实现 ETC 用户的查询和手机充值业务。

（三）推进完善行业管理平台

1. 道路运输综合管理与服务系统（一期）工程

该工程初步搭建完成，数据中心、协同办公、内（外）网门户、掌中运管等子系统已投入试运行。

2. 交通路网运行监测与应急平台建设

按照合并建设方案相关要求，该平台基本搭建完毕，基本实现交通各行业数据全接入，并投入试运行，基本实现“看得见，听得到，喊得应”。

3. 水上交通视频监控系统

完成了嘉陵江视频监控系统二期建设，嘉陵江大桥、忠恕沱码头、澄江趸船等 8 个视频监控点建设已完成，嘉陵江航道视频监控点总量已达 15 个，基本实现重点航段的监控管理；完成单兵视频设备布配，提升了水上交通现场应急处置的辅助手段；整合现有视频监控资源，提高了视频监控的使用效率，并为下一步视频资源与其他信息资源的整合奠定基础。

4. 升级重庆市水上交通管理监控系统

建立船舶动态数据，实现部市间、省市间、市内交通运输各部门以及市内相关部门间的信息共享。作为重庆公路水路安全畅通和应急处置系统工程的子系统，已完成企业调研、初步设计文件编制等前期工作。

（四）完成行业信息化项目竣工验收工作

地方道路信息化工程、IC 卡道路运输电子证件试点工程、道路运输营运车辆安全管理系统、出租汽车服务管理信息系统试点工程、水上视频监控系统（一期）、航运交易平台等项目顺利通过了竣工验收，并正式投入运行。

贵州省

2014 年，贵州省交通运输信息化建设大步前行，取得了长足的发展。在智能交通建设、资源规划整合、业务应用领域、信息化重大工程、信息安全保障体系、完善组织机构等方面取得了一定成绩。

（一）智能交通云建设工程

编制完成《智慧交通行动方案》，完成项目总体建设方案编制并通过贵州省大数据办审查，同时申报交通运输部科技示范项目；启动智能交通云云化迁移工作，成功迁移数据中心项目、GIS 平台、道路运输信息管理系统、公路养护管理系统、“黔通途”平台等业务系统至“云上贵州”平台。

（二）数据中心

截至2014年底，数据中心整合了6个业务系统，形成13个基础类和17个业务类的整合资源库，挖掘提炼4个主题库。进一步完善依托交通信息资源整合及数据中心工程建设的交通运输行业GIS共享服务平台，推动全省共建共享“一张图”。2014年新增2.5米数字正射影像图像数据、联网收费管理数据，平台现包含国家基础地理1∶50000数据，1∶10000城市导航数据，2.5米数字正射影像图像数据、联网收费管理数据等交通行业数据。

（三）重点领域建设

开展公路水路安全畅通与应急处置系统工程建设，编制完成初步设计方案并通过审查，开展工程招标工作。公路水路建设与运输市场信用信息服务系统、交通运输统计分析监测和投资计划管理信息系统工程可行性研究报告通过立项审查，纳入“十二五”重大专项。

（四）业务系统

1. 公路养护管理系统

公路养护管理系统处于试运行阶段，系统实现了四大养护系统路线、路段、养管单位等基础数据及检查、评定数据共享。现汇聚一定数据资源存储，已录入3400多公里路线数据，高速公路技术状况使用系统进行评定。

2. 信用评价管理系统

新增项目经理人评定模块，实现多个相关系统数据共享、业务协同，实现了对从业单位、人员信用信息进行动态管理，实现对全省总计950多家从业单位与8100多名主要从业人员信用评价、发布与管理。

（五）交通应急指挥中心建设

应急指挥中心与公安交警部门积极展开合作，推动“数据资源共享、系统共建共用、平台互联互通、业务高效协同和信息统一发布”，实现路警联动“一路三方（路政、交警、业主）”的交通管理模式。目前双方光纤专线已联通，实现视频相互调取。国庆黄金周期间实行与交警联合值班，联合指挥，共同发布《国庆长假交通出行服务信息》指南，在保障高速公路交通安全、快速处置突发事件方面取得了良好效果。

云南省

云南省交通运输厅紧紧围绕“整合、共享、服务”的发展理念，在全国率先做出建设“智慧交通”的重大部署，“智慧路网、智慧装备、智慧出行、智慧物流、智慧管理和智慧应急”六大类智慧应用，全面提升交通运输行业的管理和服务水平。

（一）路网信息采集和分析

云南省交通运输厅监控指挥中心已接入高速公路、重点客运站、重点港口、路政巡查车等5000多路视频监控信号，能够实时掌握全省各地交通状况；省交通调查统计分析系统覆盖在全省各主要线路的170个交通流量调查点，可采集车速信息并分析判断车道流量、拥堵程度、车辆排队长度等信息；通过省厅与省气象局合作，布设在昆明至磨憨沿线22个专门气象监测点，能够同时感知设备所在路段的能见度、气温、风速、风向、大气湿度等。

全国高速公路光纤联网工程云南段上接广西下联贵州近1000公里的信息化高速公路与全国并网，为全国高速公路智慧运营提供了可能。同时，公路养护管理系统、航务海事综合业务平台、交通工程竣工档案系统和公路建设项目信息管理系统等建设，极大方便了各业务部门对公路水路路网资料的管理、查询和使用，为智慧路网提供了强大的技术保障。

（二）智慧交通出行服务

"七彩云南·智慧出行"系统是省交通运输厅在道路运输领域全面加快信息化建设的一个重要项目和积极探索。该系统全面整合全省35个一级、78个二级客运站的班线以及全省5000多辆公交车的运行线路等信息，囊括了昆明市7651辆出租车的GPS信息，停车场、修理厂信息，以及全省高速公路网的交通流量、全省各条道路整修信息等，与公安交警部门的车辆违章平台、路况监控等平台相结合，为市民提供出行实时信息服务。

目前，昆明市出租汽车服务管理信息系统试点工作基本完成，全市7651辆出租汽车都安装了车载智能服务终端。2014年12月接受交通运输部检查，并得到交通运输部肯定，认为昆明市出租汽车服务管理信息系统试点工程成果在形成全国统一版本城市出租汽车服务管理信息系统软件过程中取得了较好的应用，有效实现了部、省、市三级互联互通，为全面推广出租汽车服务管理信息系统建设做出了示范。

云南省使用统一的"12328"短号码，向公众提供全省公路水路基础信息、道路运输管理、公路路政、高速公路、公共交通等综合交通信息咨询与投诉监督服务。截至目前，"12328"系统设备已在全省安装完成171个点，其中人工座席33个。明年省厅还将继续扩展建设"12328"电话系统，争取实现行业主要单位全覆盖。

（三）交通运输安全监测

云南省通过交通流量调查系统、道路视频监控系统等智慧装备，结合GIS地理信息系统，实时监测云南路网出入昆和出入省等各主要节点的车流速度变化情况；通过路政执法人员携带的移动终端实时报送和监控道路阻断等信息；通过与气象部门实现信息共享，及时提供路网中的重大天气情况服务。

西藏自治区

2014年，西藏自治区交通厅提出了新的信息化发展方向，围绕"服务"的宗旨，加快信息化转型建设，从被动型向主动型转变，从传统的保障通信到现在的依据大数据信息分析。

（一）加强基础设施建设

（1）实现拉萨至贡嘎机场专用高速公路37公里全程监控、重点桥梁桥下监控，告别了人工巡查、监守的历史。以林拉高速公路建设为依托，同步规划完善基础通信设施，增加监控和通信光缆密度，为我厅路网运行监测打下基础。规划建设西藏交通运行指挥中心（一级中心+二级分中心模式），建筑面积约为3000平方米，涵盖指挥大厅、保密会商、普通会商、决策会商、广播室、呼叫中心、电子沙盘和综合机房等一系列设施基础建设。

（2）主动与交通运输部联系沟通，积极争取信息化项目，完成了“高分、北斗军民融合示范项目落地西藏的前期工作，此项目在西藏有较好的应用示范前景，西藏地处祖国边陲、海拔较高、视野辽阔，对于高分辨率对地观测系统的前期示范和投入运行提供了较好的环境。积极联系协调电信、移动、联通三大运营商，于2014年9月19日，同步开通“12328”交通运输服务监督电话，目前是以委托服务的形式实现三网并存，待后续建设工程完成后，将有效提高“12328”电话服务质量。

（3）“西藏自治区交通应急联动与服务系统工程”启动了招标程序，并与部分标段签订合同，工程已进入设施阶段，正稳步推进；部分标段因未达到招标法要求而流标，目前，西藏自治区交通厅正加紧启动第二次招标程序，使本工程的前后建设能顺利衔接。公路水路安全畅通与应急处置系统工程目前正在启动招标程序，计划投资4000万元。

（二）推进信息化系统建设

信息化的发展是以硬件为基础、软件为手段，“软硬兼施”才能发挥更好的作用。以大数据为背景，深入挖掘西藏交通信息化数据，集中整合梳理，让历史积累数据反为建、管、养、运、行所用。形成“数字交通”理念，打造“网络交通”体系。以数据为基础、分析为手段，大力推进交通运输业务应用系统开发，集中展现成果。完善公路水路信息信息系统建设，规划建设公路水路交通运输运行监测系统、应急处置系统和信息服务系统等综合交通运输服务体系。

（三）保障信息安全

目前，信息化安全方面仍然薄弱，网络一旦受到攻击，将导致大面积瘫痪，除正常业务无法运转外，信息数据也将受到威胁。随着信息化安全的战略地位提升，人们的安全意识和安全技术防护手段必须得到有效的提高。通过容灾备份、智能监测、统一入口和身份认证体系的投入运营，将在很大程度上缓解信息安全与信息建设的矛盾。

陕西省

2014年，陕西省交通运输信息化工作稳步推进，按照“统筹设计、资源共享，突出重点、注重实效，集约利用、整体提升，集中管理、分级实施”的思路，信息化应用成效不断提升，信息化在交通运输行业管理和社会信息服务方面的作用越来越突出。

（一）交通地理信息共享服务平台

通过开展实施调研，及时下发“平台数据报送要求”，与省测绘局、平台推广应用单位积极沟通，在厅相关处室和行业单位的全力配合下，于2014年12月完成交工验收，现正开展平台推广应用工作和数据工程建设。

（二）西安市公共交通智能化应用示范工程

该项目于2013年10月开工建设，现已完成行业应用软件、中心机房扩容、改造及装修工程和2014年度车载视频监控系统设备等招标工作，现正在组织编制公共交通数据资源中心和相关硬件支撑平台建设项目招标文件，开展详细需求调研及施工。通过建设，将推动城市公交行业管理规范化、运行监管自动化、决策支持科学、指挥调度合理化、信息服务一体化，切实提高城市公交运输服务与管理水平，全面提升城市公交吸引力，促进安全、便捷、高效、绿色的现代城市综合交通运输体系建设。

（三）公路交通情况调查信息系统

该系统于2014年7月开工建设，通过省级交调数据中心建设，开发省级公路交调应用系统、新改建30个交调站点。现已基本完成工程建设任务，正在开展系统集成测试及网络联调，待运行稳定后开展项目验收。

（四）交通运输密钥管理和安全认证中心

“陕西省交通运输密钥管理与安全认证中心”于2014年8月通过省厅工可批复，12月通过省厅初步设计批复。

（五）公路路政治超管理信息系统

该系统于2014年8月通过省厅工可批复，现正开展项目初步设计修编完善工作。通过项目建设，将进一步规范陕西省公路路政治超工作流程，增强管理手段，提升执法水平和工作效率，推进路政治超管理工作规范化、法制化。

（六）交通物流信息公共服务平台

陕西省交通物流信息公共服务平台于2014年8月通过交通厅工可批复，现已完成项目初步设计评审并修编完成，待交通厅批复后进入实施阶段。通过项目建设，将进一步提升物流行业运行监管能力和行业管理部门公共服务能力，有助于建立信用保障机制，为行业管理部门提供决策支持能力，保障运输安全，实现节能减排。

甘肃省

2014年，甘肃省交通运输系统信息化工作以继续完善信息化基础设施、重点领域综合应用为主，并取得了一定成绩。

（一）公路管理信息化

1. 车载移动监控系统。组织建设了监控、指挥和调度管理系统

该系统主要利用GPS定位技术和无线视频监控技术给公路应急抢险作业车辆等交通工具导航定位提供了具体实时定位能力和现场实时视频监控能力。

2. 特大桥梁健康监测系统建设

2014年，甘肃省公路局组织开始了3座特大桥梁的健康监测系统建设，现正在实施中，利用传感测试技术，以及其他配套的网络传输技术、计算机信息处理分析技术，对甘肃省试点桥梁实施健康状况的长期监测。

3. 收费远程联网监控试点工程建设

实施了二级收费远程联网监控平台试点工程。构建一个优质的基于网络平台的数字视频管理系统，最终实现基于互联网和省级监控中心的全省二级收费公路联网监控系统。

（二）道路运输管理信息化

1. 完成了“96779”升级改造并实现与“12328”电话系统并行运行

编制完成了《甘肃省“12328”电话系统开通建设实施方案》；按照交通运输部相关要求，开通了全省14各市（州）“12328”交通运输语音服务监督电话并拟定了“12328”电话系统运行管理制度。

2. 启动了物流公共信息平台甘肃节点建设

编制并向交通厅上报了《关于国家交通运输物流公共信息平台甘肃交换节点建设工作的报告》（甘运科〔2014〕1号）；完成了省级“北斗物流云综合服务平台”和陇南、白银“北斗物流云综合服务平台”市级应用平台的建设工作，临夏、酒泉市级平台建设将于本月内完成；开展了12吨以上货运车辆和半挂车辆卫星定位终端的加装。

3. 加强了道路运输行业信息化引导

按照交通厅要求，参与拟定《甘肃省交通运输十三五信息化发展规划》，通过与兰州、白银等市道路运输管理机构、各类运输企业的座谈，准确把握道路运输行业信息化需求，并将其纳入到省厅统一规划中；通过制定《甘肃省机动车二级维修企业、机动车综合性能检测站联网工作建设要求》、《全省高清视频会议改造技术规范》、《运政系统数据清理操作手册》等标准、制定，进一步规范行业信息化建设、管理、应用等工作。

（三）路政管理信息化

2014年，甘肃省路政执法局为提高省路政管理工作的精细化、规范化、高效化水平，以推广OA办公系统的全面应用为主，提升了全系统的管理水平和公众服务能力，对办公高效性、资源使用合理性、办公模式标准化、资源配置最优化、行政管理统一化等，具有极为重要的意义。

（四）高速公路管理信息化

（1）针对全国高速公路ETC全国联网工作总体目标，甘肃省高速公路管理局已经按照部路网中心《全国高速公路电子不停车收费联网总体技术方案》及相关技术要求，正式立项并组织实施了甘肃省高速公路联网收费系统升级（一期）工程。

（2）加强“甘肃高速在线”网站信息管理工作，制定了《甘肃高速在线网站新闻宣传及信息发布管理办法》规范行业门户网站信息的发布。

（3）修订完善了《甘肃省高速公路机电系统维护管理办法》，同时配套该办法编辑印制了《甘肃省高等级公路机电系统标准化管理及运行维护指南》，从信息化设备的管理、维护及病毒防御，安全防护等方面作了明确规定，以便指导信息化设备及收费机电维护标准化管理工作。

青海省

2014年是青海交通信息化建设关键的一年，青海交通信息化二期工程顺利收尾，信息化三期工程全面启动，青海省交通信息化发展的步伐明显加快。

（一）动态行业监管水平得到全面提升

1. 搭建了路网监测及应急处置初步架构

2014 年，青海省路网运行监测与应急处置平台建设基本完成，并投入试运行。通过补充和新建 122 套公路视频监控终端，30 个公路交通量调查站点，33 套公路路侧情报板等外场监测终端以及建设全省交通系统统一数据中心机房、青海省交通应急处置大厅等内容，初步构建了青海省公路运输运行监测、安全监管和应急处置基础体系及公众出行信息服务体系。

2. 启动了水运海事安全监管平台建设

针对青海水运信息化水平低、安全监管难的特点，2014 年，省厅结合青海水运业务开展的实际情况，搭建了青海省通航水域三级安全监管应急救助体系总体构架，在黄河重点通航水域及青海湖周边重点码头，布设了 VHF 通信子系统、CCTV 视频监控系统、船舶 GPS 系统和 7 个水上应急救助中心。

3. 开发了路政执法管理平台

截至 2014 年底，青海省路政执法业务系统中的路产管理、人员管理、资产管理、路政许可、路政执法、路政巡查等模块都已基本完成，达到试运行条件。依托省监控指挥大厅，路政巡查、治超站点视频监控联网系统、路政总队指挥中心和支队监控分中心等系统建设正在有序推进。

（二）公众服务能力水平得到有效提高

开通了“12328”交通运输服务监督呼叫服务中心。青海省“12328”交通运输服务监督电话已开通试运行，初步实现了投诉举报、信息咨询和意见受理三方面的功能；青海交通公众交通出行信息服务网已正式开通。充分整合公路、水路、铁路、民航和旅游等各类交通服务信息资源，集成了动态路况、城际交通、出行天气、图形青海、运政信息查询、高速公路通行费查询、行业服务等信息服务内容，为社会公众提供准确、动态、实用、综合的出行信息服务。

（三）重点项目建设

1. 建设交通运输信息管理平台

构建全省统一的交通运输政务管理系统、建设项目管理系统、养护管理系统、路政执法管理系统、超限信息管理系统、交通气象服务系统综合信息业务平台，并对厅属各单位已有的管理系统和厅信息化二期工程进行完善和数据整合。

2. 建设全省交通通信网络

根据《青海省交通信息化建设总体方案（2013—2015）》，通过对现有高速公路通信系统网络的扩容、改造、升级，构建全省通信专网，并对具备“最后一公里”接入条件的其他交通部门（如公路总段、公路段、路政支队、路政大队等）建设无人值守通信站，接入省交通通信专网，并建设视频会议系统、程控交换、通信光缆等工程。

3. 建设通航水域交通安全监管系统

青海省通航水域水上交通安全监管应急救助系统由 1 个中心、4 个分中心和 3 个应急救助基地组成。水上交通安全监管及应急救助系统由船舶 GPS 系统、甚高频 VHF 通信系统、视频监视系统和水上安全应急反应系统4部分组成。在重要水域航段和码头建设7套应急救助包、12个VHF基站、44个监控点。

宁夏回族自治区

2014年，宁夏在办公信息化环境营造、公路管理及道路运输管理信息化、公众出行服务信息化、重点道路综合监控等方面取得新的成果。

（一）交通公众服务信息化建设

目前，交通公众服务主要通过网站、电台和可变信息标志实现。交通运输厅及公路管理局通过门户网站实现了基本政务信息的公开，并提供全区公众出行对最基本交通信息的查询、浏览和在途告知等交通出行服务。交通运输厅与宁夏广播电台交通音乐频率部合作，在宁夏交通广播台提供宁夏干线公路路况信息等相关的交通出行服务。同时，在高速公路沿线建设有可变信息标志，可动态发布路况、事故、交通气象等实时信息，为公众交通出行提供实时信息服务。为进一步提升交通运输服务能力，构建“智慧交通”，开展了宁夏干线公路运行监测与信息服务系统工程建设。

（二）加强交通运输系统网站群建设

交通运输厅从2014年5月开展门户网站改版工作，现已进入试运行阶段，待验收合格后，正式上线运行。同时加强系统网站群建设，提高安全技术等级和管理水平，增强网站服务保障能力。

（三）积极开展多项课题研究

针对公路信息化应用中的难点、新技术应用等方面，交通信息监控中心等单位积极开展技术攻关，2014年，共有公路货运车辆电子不停车计重收费系统（EWTC）的实施、公路交通气象灾害监测预警服务系统及高影响气象因子预报技术研究、公路机电工程施工管理规程编制等多项课题获交通运输厅批准立项。

（四）交通企业信息化建设

宁夏交通国际物流港率先在交通运输行业推出“宁夏手机物流”网站，即时读取网站车源、货源等相关信息，提供更加快捷、方便的信息获取通道。

（五）完善网络与信息安全体系建设

交通运输厅党委专题研究网络安全与信息化建设工作，成立网络安全和信息化建设领导小组和办公室。开展信息系统安全状况分析与解决方案项目研究，保证交通运输业务应用系统在各个层面和各种环境下能够进行正确的数据交换，保证交通运输信息化高质量、秩序化的运行。组织编制了《宁夏高速公路联网系统网络安全建设规划方案》，包括系统现状、信息安全建设需求分析、信息安全规划总体设计、技术体系改造规划、管理体系规划、实施效果等。

新疆维吾尔自治区

2014年，新疆交通运输厅始终坚持以科学发展观统领交通信息化工作，以交通运输数据中心建设、统计分析项目建设和“阳光交通”建设为抓手，以软硬件结合齐头并进为手段，从业务管理应用、网络与信息安全、社会公众服务等几个方面不断提升交通监管部门的管理水平和公众服务能力。

（一）统计分析监测和投资计划管理信息系统

为切实提高新疆交通运输统计和投资计划管理业务效率，提升经济运行及行业监管能力、数据综合利用和公众服务水平，保证数据报送可靠性及共享能力，新疆交通运输厅以5个应用系统和7个数据库建设为抓手，综合利用日常业务系统、企业直接采集、专项人工调查等多种手段，构建覆盖全区的统计分析监测与投资计划管理联网作业体系，实现区级统计与投资计划数据精细采集与上报、经济运行监测和统计信息共享服务联网处理，并实现与部级统计和投资计划管理系统联网。项目于2014年2～6月陆续开工建设，9月以运管局为试点单位，深入伊犁地区运管局、乌鲁木齐交通局开展统计业务的数据采集业务调研和用户反馈工作。目前硬件方面已完成大部分设备的采购和安装部署工作；软件方面已在需求调研的基础上完成系统的设计工作，正在开展统计业务的数据采集分析、加工处理及系统开发等工作。

（二）开展交通电子政务信息安全体系课题研究

结合新疆交通电子政务信息安全的实际需求，新疆交通运输厅与新疆大学联合组成“新疆交通电子政务信息安全体系研究”课题组，以新疆交通电子政务信息安全体系研究为重点，以国家电子政务、信息安全技术相关标准和信息安全理论为指导，采用现场调研、技术交流、案例研究、技术研讨等手段，规划信息安全体系，为新疆交通信息化建设提供技术保障。该课题于2014年10月通过验收，此次研究取得的成果为：完成新疆交通电子政务信息安全现状分析、体系设计、实施建议、开发安全规范、信息安全标准研读和信息安全培训教程等六项研究报告的编制；通过数据控制、应用控制、信息控制及身份管理，确保新疆交通电子政务的安全；按照信息系统等级保护要求，将新疆电子政务系统划分为核心域和接入域，为不同的子域设置不同的安全等级；构建以安全管理为核心，安全计算环境、安全区域边界和安全通信网络的安全框架，并提出新疆交通信息化参考模型。

（三）口岸运输信息化管理能力初步实现

通过在霍尔果斯、阿拉山口、塔克什肯、都拉塔4个一类口岸和碾子沟长途客运站、西域轻工2个二类口岸国际客货运场站部署管理系统终端设备，实现对客货配载的源头管理；建立国际道路运输监管与服务系统，实现对4个一类口岸进出关车辆的监管与查验和国际道路运输车辆实际运行线路的监管。2014年6月开展人员培训及系统试运行工作，11月完成4个一类口岸和2个二类口岸的现场验收工作。通过加强国际道路运输监管，提高新疆对外开放水平和国际竞争力，加强重点营运车辆的联网联控工作。

新疆生产建设兵团

2014年，新疆建设兵团交通局把信息化工作作为促进兵团交通运输事业发展的动力，继续推进“优化资源整合、强化行业管理、提升服务水平”的发展目标，有效提升了信息化服务水平。

（一）规范信息化标准建设，优化系统运行环境

编制完成《兵团交通运输智能信息化发展规划（2014—2020）》，《兵团交通运输应急指挥信息系统日常操作规范》、《兵团交通运输服务监督电话管理办法》和《兵团交通服务监督电话“12328”

话务服务流程》等相关规划和管理制度，有效的推进了信息化工作的制度化和规范化发展。并实施了兵团交通局机房搬迁整合（信息安全等级备案），完成兵团交通网网站、兵团路况评定系统、兵团交通建设市场信用评价管理系统等四套系统的国家二级等保的评测和整改工作，主要整改了原有机房空调，UPS，网络安全审计、备份及网络安全设备，整改和优化了原有系统运行环境。

（二）交通运输统计分析监测和投资计划管理信息系统建设

评审通过兵团交通运输统计分析监测和投资计划管理信息系统工程可行性研究报告的评审工作，目前项目进入调研和设计阶段。建设兵团交通运输统计和计划管理业务网络和数据共享，并与部级系统实现网络和数据对接。实现行业运行状态检测体系，重点建设交通运输经济分析、行业节能减排监测分析等监测分析功能。

（三）加快客运站实名制联网售票建设

2014年9月1日开始正式建成并运行兵团三级及以上客运站实名制售票系统，目前，兵团已有21个客运站实现实名制售检票和数据上报功能，总体数据上传情况良好，并实现联网数据中心在与各客运站和公安厅进行数据交换。

（四）大力推进交通监督服务电话系统建设

在各师暂不具备建设“12328”呼叫中心的前提下，兵团交通局先行建设兵团统一的“12328”交通运输服务监督电话呼叫中心。目前利用兵团交通局现有的服务监督电话资源，以利旧形式纳入“12328”系统建设，以系统接口方式实现信息对接，确保满足各地个性需求以及业务连续性。建设“12328”呼叫平台安全系统和配套场所的建设已经完成施工并投入使用，其中包括按照等级保护二级要求新建47平方米机房、升级改造UPS不间断电源（断电情况下能保障4小时供电时间），调整原有机柜位置空间为“12328”业务服务器预留足够安装位置。改造“12328”服务受理工作间60平方米，同时配备电脑、耳麦、打印机等服务受理装备及相关办公设施，中继线路和座席数量，确保满足社会服务监督、投诉举报、咨询服务的需要，同时预留未来业务发展空间。

（五）完善应急指挥系统建设

在原有兵团交通应急指挥信息系统基础上，建设包括六师、七师、十三师交通综合指挥系统和兵直货运中队应急调度指挥系统与为兵团交通应急指挥系统提供基础数据支撑的分平台。升级原有客货运场站视频监控系统软硬件，实现实时全天候实时监视视频监控，提高处理各种突发事件的反应速度，给应急指挥系统和日常巡检提供第一手真实准确的资料，确保了日常检查和应急调度的需要。

青岛市

（一）综合交通运输信息平台建设取得突破

启动了“青岛市交通运输公共信息服务中心”项目。项目以服务公众出行、服务企业运营、服务行业监管、服务政府决策为宗旨，致力于搭建全市交通运输行业光纤通信骨干网络，建立“大交通”数据中心，实现对全市综合交通数据信息资源的集中管理，形成交通大数据应用平台。目前，平台已实现了对全市4973辆公交车、11000辆出租车、2960辆长途客车、1620辆危险化学品运输车、每天150余艘进出港船舶等的动态监测。交通业务数据中心和骨干传输网络，可面向全市行业用户提供计算、存储、GIS/ENC、GPS 等云服务。项目新建手持执法记录仪 165 套、车载执法记录仪 29 套、执法车辆配备 GPS/北斗双模卫星定位系统 100 套，执法可视化程度和应急调度能力大大提高。通过与市直相关系统的互联互通，实现综合执法管理过程中对车辆信息、违法信息、执法数据库的实时衔接查询，有效降低了一线执法人员工作强度，提高了工作效率。

（二）行业信息化建设得到进一步发展

1. 集装箱海铁联运物联网应用（青岛港）示范工程建设进展顺利

在交通运输部批复《国家集装箱海铁联运物联网应用（青岛港）示范工程初步设计》后，开展了标准化相关内容的研究和港口、内陆无水港信息网络基础系统的建设工作。与济南铁路局进行深入探讨，研究信息交换与平台传输方案，为实现平台对接做好准备。

2. 青岛市城市公共交通智能化应用示范工程可行性研究报告获交通运输部批复

主要建设内容：一是建设统一的青岛市城市公共交通数据资源中心；二是建设包括公交智能调度管理系统（含快速公交运行监测与智能调度管理）、企业资源综合管理、系统、客流统计分析系统、视频监控及企业信息服务等系统的开发区公交公司应用平台；三是建设公交行业管理系统、公交综合运行监测与安全应急响应系统、公交统计决策分析系统、公交出行信息服务等系统；四是为 1880 辆常规公交和 60 辆 BRT 车辆安装车载智能服务终端、视频监控、IC 卡刷卡机、智能投币机等设备，安装 50 套电子站牌、90 套站台视频监控设备，建设 32 套 BRT 站台监控、信息查询、信息显示等设备；五是配套完善软硬件支撑平台、网络、安全系统等。通过示范工程建设，将进一步落实市公共交通优先发展战略、提升城市公共交通系统运输服务效能，更好地满足公众安全、便捷、舒适的出行，促进城市经济社会可持续发展。

3. 青岛市出租车服务管理信息系统建设

截至 2014 年底，已完成监控指挥中心、数据资源中心、电召服务中心的硬件建设。11 月 10 日正式启动车载终端安装工作，截至 12 月 23 日共安装车载 GPS 智能终端 6335 台，占市区出租车总量的 63. 2%，发放驾驶员电子 IC 卡服务资格证 2. 1 万张，顺利完成各项工作任务。

4. 青岛市公路管理局路网监测与应急处置平台项目

完成项目建议书编制，获青岛市发改委批复立项。该项目的实施，将进一步完善青岛公路信息化基础建设，逐步建立具有“高效路网监测、灵活应急指挥、完善出行服务、科学行业管理”特征的路网监测与应急处置体系，全面提升公路服务水平和应急处置能力。

宁波市

根据宁波市 2014 年智慧交通工作计划和任务，市交通运输委牵头联合宁波市交警局和宁波市城市管理局，加快推进智慧交通各个项目建设，做好委属各事业单位的交通信息化项目建设与智慧交通总体规划的统筹对接。

（一）立足服务民生，优化和提升“宁波通”的服务功能

一是接入了长途客车网上售票系统；二是根据用户调查反馈，新增了宁波通静态公共自行车点

位查询系统；三是对接了市公交总公司的统一无线公交数据接口，进一步完善了市区的实时公交数据；四是新增了定制公交的功能模块，根据用户需求，开通了定制公交1号线。目前“宁波通”累计下载量达已达到150万次，注册用户60万人，日均使用量突破10万次。

（二）联合交警和城管，推进智慧交通一期项目建设

根据《宁波市智慧交通建设规划》建设内容和实施部署，《宁波市智慧交通一期项目可行性研究报告》（以下简称《可行性研究报告》）通过了市智慧办组织的专家评审，《可行性研究报告》和《初步设计方案》通过了市发改委批复和立项，项目概算总投资达到4325万元。宁波市智慧交通交警业务支撑平台一期于2014年9月完成项目招标，10月正式启动建设；智慧交通高位视频监控系统一期项目正在进行采购计划申报和技术标书的起草；智慧交通停车诱导管理系统项目一期于2014年2月21日得到发改委批复，项目概算总投资500万元。

（三）统筹行业资源，推进综合指挥中心一期项目建设

根据《宁波市智慧交通建设规划》和《宁波交通运输综合指挥中心建设方案》，完成了宁波市交通运输综合指挥中心一期项目的工可和初步设计编制，于2014年10月通过了市智慧办组织的专家评审，11月通过市发改委工可批复。

（四）加强业务指导，跟进全系统智慧交通项目建设

一是市运管局积极开展机动车维修检测数据采集应用系统的协调和推广；完成与交警违章数据的联网对接工作，实现营运车辆和从业人员的交通违章信息接入；积极推进视频信息与市交通委的对接；二是市港航局积极推进全市港航综合数据平台项目、全市港航视频资源的标准化接入以及港口设施数字化维护管理系统的应用工作；三是市公路局数字公路项目建设加快推进，实现了数字公路视频资源管理平台与省交通厅应急指挥平台的共享互通，数字公路平台基本建成，路网与应急模块逐步完善应用推广工作稳步推进；四是市客管局启动宁波市城市公共交通智能化应用示范工程项目建设，并起草了《宁波公共交通客运管理运行监测中心建设方案研究》（征求意见稿）。在出租车方面，市民可持市民卡、具有电子现金功能的银行IC卡及甬城通互联互通卡支付车费，实现快捷支付。2014年电召业务累计完成324450笔，电召成功率60.13%。在公共自行车方面，完善公共自行车信息调度系统，对中控箱离线地图进行优化和升级，提高系统安全性及稳定性，并实现了600多个网点的WiFi全覆盖，委托专业机构对公共自行车后台系统进行信息安全等级评测，提高租用系统可靠性。

厦门市

2014年，厦门市交通运输局基于行业应用系统，积极优化改善原有信息系统，开创具有鲜明特色的智能服务，整合当前丰富的信息化资源，建设城市级的交通应用管控平台。

（一）综合交通运行信息指挥中心

厦门市综合交通运行信息指挥中心作为厦门市城市交通、公路、铁路、空港、邮电一体的综合交通信息化、智能化建设的牵头单位和应用载体，面向政府、企业和公众提供综合交通管理、交通运行态势监测、运输行业动态监管、应急协调指挥调度、交通科学决策支持、交通信息发布等服务。

（二）客货运驾驶人信息管理平台

该平台依托厦门市城市交通信息公共平台和厦门市运政信息管理系统，采集汇聚客货运的各类

业务及车辆运行数据，实现客货运车辆/企业/驾驶人综合信息管理、车辆实时监管、客货运诚信考核、教育培训、维修检测、交通违法、稽查违法、投诉等功能，实现道路运输管理部门对企业车辆及驾驶员的动态管理，全面提升日常业务的准确性和工作效率。

（三）电召出租车智能调度服务平台

2014 年 11 月 16 日，首批电召出租车上路，该电召服务启用新的智能调度服务平台，通过服务热线 968890 来电绑定平台显示乘客信息，为乘客提供每天 24 小时不间断的服务，市民有出行需求时可以通过拨打电召服务热线或使用电召软件进行即时或预约召车。平台可实现服务人员、乘客、驾驶人员三方通话的功能。厦门市计划投放 200 部电召出租车，目前已投放 100 辆，于 2014 年 11 月中旬、12 月下旬和 2015 年 1 月中旬分三批投放。

（四）交通运输管理系统

基于厦门市城市交通信息公共平台（智慧交通云平台），整合公交、出租、BRT 等公共交通的静态管理和动态运营数据资源，建设厦门市城市公共交通出行统计分析系统、交通运输行业服务投诉管理系统和交通综合执法基础信息管理系统，其中厦门市城市公共交通出行统计分析系统对采用公交车、出租车、BRT 等公共交通出行方式的客流情况进行统计分析，实现对各种出行方式的实时动态数据汇总，并且可以按照交通方式、区域、时段等多种模式进行客流的历史数据统计分析，为交通运输局的城市交通规划和决策提供数据依据；交通运输行业服务投诉管理系统对全市公共交通服务资源进行整合和共享，实现出租车、公交、BRT、交通综合执法等交通服务的统一管理，对群众投诉、咨询问题的实时受理、完成情况和服务质量评价进行管理，可以按投诉类别、处理情况等进行追踪和统计分析；交通综合执法基础信息管理系统为新成立的交通综合行政执法支队提供执法管理手段，实现交通行业的营运企业、营运车辆、从业人员、处罚记录等基础数据管理功能，可对一定时间段内的违章案例进行统计分析并自动生成各种报表，有利于规范执法行为，提高执法工作的效率和准确率。该项目作为厦门市交通运行信息指挥中心的应用支撑系统，目前处于正在建设阶段。

交通运输部长江航务管理局

2014 年，长江航务管理局信息化工作稳步推进，资源整合共享、数据服务能力进一步显现；应对监管改革、信息化支撑能力进一步拓展；系统研发应用、综合办公效率进一步提高；网络运行维护、安全保障能力进一步增强；管理规范有序，通信运维能力进一步夯实。

（一）完成了长江干线数字航道综合信息服务平台建设

完成了工程工可报告的修改完善工作，结合交通运输部最新要求和长航信息资源整合的工作要求，以及数字航道工程建设及电子航道图建设和应用要求，优化了建设方案，细化了数据中心建设。

（二）完成三峡升船机航运调度系统建设

构建涵盖坝区升船机、葛洲坝船闸、三峡船闸、锚地等通航设施于一体的综合调度模型。并在此基础上，充分利用已建设网络系统、GPS 综合应用系统和在建数据中心等资源，开发一套通航指挥调度系统软件，实现包括：智能化调度方案生成、船舶定位与报到、船舶过坝申报、船舶动态管理、调度计划、调度管理、锚地管理、运行管理、气象水情管理、基本信息管理、违章黑名单管理、翻坝管理、日志管理、权限管理、统计分析、接口管理等功能。

（三）快报系统建设

开发了“快报系统”，系统开发完成后，方便沿江省市港航管理局远程上报本辖区内老旧船舶改造数据和示范船建造数据，长航局和各省港航管理局管理人员能够快速了解长江水系和本辖区内的船型标准化工作完成情况，快速的导出各种统计报表，提高管理人员的工作效率。截至2014年底，快报系统已经建设完成并且完成了试运行阶段。

（四）完成局属单位核心网络及安全设备建设

为保障长江海事广域网信息系统的平稳可靠运行，尽量减少二级单位节点的安全威胁，本次工程中将包括12个局属单位（重庆、宜昌、荆州、岳阳、武汉、黄石、九江、安庆、芜湖海事局，以及信息中心、培训中心、引航中心）核心网络及安全设备的建设内容。

（五）长江航道局信息安全等级保护设备购置工程

工程的工可通过了交通运输部审查，为有效推进信息系统安全等提供了保障。另外，先期开展的内网网站、OA系统、外网网站、基建管理系统4个应用系统，完成了信息系统安全等级测评工作，并取得了湖北省公安厅颁发的备案证明。

（六）金盾网派出所接入工程

该工程主要建设长江航运公安局派出所的接入网络并配置相关终端设备，建成76个基层派出所的接入网络，实现与长江航运公安金盾信息网的互联互通，形成长江航运公安金盾信息网完整的架构体系。

交通运输部珠江航务管理局

2014年是实现珠江水运“十二五”规划目标与任务、推动珠江水运科学发展、完成工作目标的攻坚之年，珠江航务管理局按照建设畅通、高效、安全、绿色的珠江水运体系要求，对内加强自身信息基础建设，对外推进水系综合信息服务系统建设等工作，信息化发展取得了关键进展。

（一）综合信息服务系统建设工程获得部立项

开展珠江航运综合信息服务系统工程建设工可立项工作。珠航局在广州召开珠江航运综合服务系统工程建设协调会并印发《会议纪要》，明确了项目的主要建设内容和“整体立项，统一设计，分工建设”的建设模式以及数据的共享和交换机制等问题，并签订了与广东、广西交通运输厅三方共建协议；经不断完善，工程可行性研究报告最终得到交通部的认可，目前已经通过获部正式批复。珠航局和广东、广西航运管理部门不断努力争取的珠江航运综合信息服务系统建设工程获得立项，珠江航运从此开启了跨部门、跨区域的信息化发展新阶段，该工程项目的顺利实施对于珠江航运信息化发展必将为、促进珠江航运大发展将起到良好的推动作用。

（二）组织开展综合信息服务系统工程信息资源共享研究项目

组织开展信息化项目研究，启动珠江航运综合信息服务系统工程建设信息资源研究项目。“珠江航运综合信息服务系统工程信息资源研究”项目已于签订正式合同。此项课题研究的成果将为珠江航运综合信息服务系统试点工程建设初步设计的编制和以后的项目实施提供信息资源和技术标准的指导。在配合交通部及相关单位信息化项目研究方面，完成部数个行业信息化标准的意见征求、宣贯等工作。

（三）高度重视信息安全等级保护和保密工作

全年按照国家信息安全等级保护二级的要求对信息系统进行运维，组织实施网络漏洞扫描并及时整改更正；定期进行信息系统数据备份检查和网络安全检测，及时更新局内外网防病毒服务器病毒特征库；协同局办公室（保密办）派员参加了交通部组织的加强机要通信培训，完成信息网络安全保密自查及填报工作；按部、省要求，多次组织开展信息安全检查并上报检查结果。

（四）全面加强门户网站的使用与管理

协同办公室等部门按照交通运输行业政府网站绩效评估要求和工作需要，修改完善局政务外网和办公自动化系统，完善政务外网信息发布审查工作。

（五）积极推进局内部信息化建设和管理工作

提前做好项目实施准备，完成部已批复珠江航务管理局办公信息系统及视频会议系统设备购置项目实施方案报局审批并协调部规划研究院编制技术规格书，一旦项目资金下达，可以快速开展项目实施工作；实施完成 OA 内网与覆盖广西办、云贵办连接建设工作，目前广西办连接工作已建设完成，云贵办连接工作正按有关程序实施建设工作；完成对 OA 系统使用情况意见的汇总梳理并联咨询开发公司改版事宜。

交通运输部职业资格中心

2014 年是部职业资格中心信息化工作成效显著的一年，中心进一步推进了“交通职业资格管理信息系统（二期）工程”（以下简称二期工程）建设，基本完成了建设任务，交通运输职业资格信息化开创了新局面、迈上了新台阶。

（一）继续教育、注册（登记）管理平台上线

上线运行了注册（登记）管理平台、继续教育管理平台，实现了公路水运试验检测人员、公路工程造价人员、道路运输驾驶员网上继续教育，及 iPad 和 iPhone 上的泛在学习，开展了水运工程造价人员网上注册工作，交通运输职业资格信息化增添了新内容、新技术。截至 2014 年 12 月底，3 个继续教育网站累计有 12.3 万余人在线学习，网站累计点击量 482 万余人次。

（二）信息发布平台优化

全面改版了交通职业资格网及其后台发布系统。新版职业资格网考试服务大厅、注册（登记）大厅、继续教育大厅、证书查询大厅分类登录，网站格局既考虑了不同职业资格的特点，也考虑职业资格考试、注册、继续教育的特点，信息发布效率显著提高。

（三）考试平台修改完善

新建了水运工程造价工程师考核认定测试系统、道路运输从业人员从业资格证件打印系统、公路水运工程试验检测人员考试考务管理系统，升级优化了公路工程造价人员考试考务管理系统和道路运输从业资格考试考务管理系统，考试平台对职业资格考试的支撑作用越来越凸显。特别是公路

水运工程试验检测人员考试考务管理系统 2014 年投入使用，经受了报名并发人数达到 5000 以上大用户数量并发报名的考验，增加了手机找回密码的功能，方便了考生报名，得到了部安监局和从业人员的好评。

（四）题库管理系统和主观题阅卷管理系统应用

新建了题库管理系统和阅卷管理系统，实现了命题工作组织管理，命题、初审、复审、组卷、主观题阅卷、试卷分析等各环节的信息化支撑，职业资格中心命题和阅卷工作全面实现信息化。公路水运工程试验检测人员、公路工程造价人员、机动车检测维修人员等考试采用了题库管理系统进行了命题、审题和组卷，采用阅卷管理系统进行主观题、客观题阅卷，大大提高了命题、阅卷工作效率，保障了命题、阅卷的安全性、科学性。

交通运输部管理干部学院

近年来，交通运输行业的快速发展和全面整合，带动全行业人力资源快速扩充，也使得行业管理干部知识体系快速提升，培训业务持续扩大。目前行业干部教育培训规模已由“十一五”时期的 200 万人次，提升至“十二五”时期的 220 万人次，管理和技术类干部每人每年需接受不少于 12 天和 72 学时的继续教育培训。传统的面授培训模式受制于培训场所规模和学员工作时间等客观因素限制，已经无法满足全行业培训业务需要。线上培训具有投入少、产出多的现实价值，未来“十三五”期间预计将有 40% 的人员利用线上完成培训工作，基于互联网的远程继续教育培训已经是全行业的集体基本共识。

行业干部教育培训信息化目前已经建设内容包括中国交通教育培训网，多媒体制作及演播系统，学习支持服务及网络服务器存储等内容。其中培训网主要实现软件平台建设任务，多媒体及演播系统实现学习资源建设任务，学习支持服务是满足软件系统平台和资源建设平台的信息化网络硬件支撑。

（一）中国交通教育培训网

中国交通教育培训网是集国家人才继续教育基地、交通部网上党校、交通远程大学于一体的交通运输行业管理干部网上培训教育平台，其主要公网板块内容包括：首页、平台概况、通知公告等，属于对外信息发布平台。通过登录系统可实现干部在线学习及辅导答疑等具体工作。

（二）学习资源建设

学习资源建设包括三库建设，即项目库、课件库和师资库。项目库是介绍各类培训项目完成的基本情况；课程库是学习平台主要内容，目前已上线各类课程 217 门；教材库为学习平台主要的电子文档阅读和下载模块，目前陆续上线各类电子教材 37 部；师资库是学习平台另一个了解培训师资的窗口，目前已经陆续上线各类培训师资 97 位。

（三）学习支持服务及网络布线工程

学习支持服务及网络布线工程规划采用开放式应用体系，拟在部管理干部学院建设资源的核心元数据中心节点，进行统一管理。课程库和业务资源采用分布式布局，分布于各省级节点。整个资源服务管理系统系统的核心是中心节点，主要负责完成发布扩展后资源描述元数据规范，保证所采用的规范的统一性，提供教育资源注册服务，管理公共资源库。

交通运输部公路科学研究院

2014 年，交通运输部公路科学研究院（以下简称“部公路院”）全面开展了“十二五”科技发展规划的中期评估工作，优化学科布局和研究方向，强化基础研究和前沿技术研究，信息化工作取得新的进展。

（一）推进智能运输系统标准化建设

1. 加强智能运输系统国家及行业标准制修订工作

2014 年，进一步梳理、修订了智能运输系统标准体系；发布、实施了 9 项国家及行业标准，其中国家标准 6 项、行业标准 3 项；完成相关国家标准及行业标准审查报批工作；完成了 2014 年标准复审工作；完成 6 项国家、3 项行业标准立项申报工作。截至 2014 年底，ITS 标委会已发布国家标准 74 项、行业标准 5 项；制定中国家标准 37 项、行业标准 6 项。

2. 加强“实质性参与国际标准化”工作

ITS 标委会是国际标准化组织智能运输系统技术委员会（ISO/TC 204）技术对口单位，2014 年参与国际标准化组织标准草案投票共 95 项；完成了由中国主持的国际标准 ISO/CD 13111 – 1《智能交通系统（ITS）支持 ITS 服务的便携终端应用　第 1 部分：通用信息与用例》草案的制定工作；参加国际标准化组织工作组会议，全面提升了我国在国际智能交通标准方面的话语权。

3. 积极为委员及社会各界服务

部公路院与标委会积极开展智能运输系统技术交流与培训、研讨会议 3 次，加强标准的宣传和普及；并于 2014 年 12 月 15 日组织召开了 ITS 标委会年会，进一步加强为委员和行业的服务能力。

（二）完善交通运输行业密钥管理和证书认证系统

截至 2014 年底，交通运输行业密钥管理和证书认证系统已为行业提供的各种密钥和安全认证服务有：

（1）为全国不停车收费系统（ETC）提供了统一的对称密钥服务，既保障了 ETC 用户的缴费和资金安全，又为 ETC 跨省市联网和异地交易安全提供了基础条件。目前全国 26 个省份 ETC 用户已超过 1300 万户，ETC 车道 7000 多条，2014 年底实现 14 个省市高速公路 ETC 系统互联互通。

（2）在道路运输证照电子化示范工程中，为营运车辆道路运输证和驾驶员从业资格证提供统一的对称密钥服务，为实现证照防伪和异地证照稽查提供了技术条件。目前全国 10 个省（市）试点已发放 IC 卡电子证件 400 多万张。

（3）先后为 8 个新建公交“一卡通”的城市提供了公交“一卡通”对称密钥服务。这一服务的开展为今后将原建设部组织建设的交通“一卡通”系统过渡到使用交通部统一的密钥提供了经验和条件，也为今后交通“一卡通”跨地域服务提供了安全基础条件。

（4）为长三角地区内河航道网及京杭运河水系智能航运信息服务物联网应用示范工程提供统一的对称密钥服务，可以实现船舶身份标识与认证服务，目前发行安全存取模块（ESAM）用于试点船舶 3300 余艘，岸基 PSAM 卡近 200 张。

（5）为交通部路网中心“重大节假日免费通行数据报送系统”、“国家干线路网信息系统”、“台湾海峡两岸航运网上行政许可系统”、“ETC综合业务管理平台系统”提供数字证书服务、身份鉴别和授权管理等服务，为路网运行数据安全传输和访问等提供保障。

交通运输部天津水运工程科学研究院

2014年，交通运输部天津水运工程科学研究院（以下简称“天科院”）信息化建设呈现出良好发展态势，院网络基础设施得到进一步完善，“沿海码头健康检测与信息处理关键技术研究”项目有序推进，港口设施台账管理信息系统在全国港口推广应用，天科院新闻手机客户端上线试运行。

（一）沿海码头健康检测与信息处理关键技术研究

开展沿海港口码头健康检测与信息处理技术研究总的目的是要将码头健康检测（监测）技术与信息处理技术进行融合，有效解决沿海港口码头健康监测系统中的数据处理与信息应用问题，为开展码头结构安全隐患排查、预防提供新的技术方法，从而提升港口设施维护管理水平。

通过开展沿海港口码头健康检测与信息处理技术研究，拟达到以下具体研究目的：

（1）通过对我国沿海港口码头健康检测技术方法进行全面调研和梳理，确定不同类型码头健康检测项目、关键指标和技术方法。

（2）针对特定关键检测指标，开展基于传感器、互联网和物联网技术的码头健康监测数据采集、数据传输、信息处理等关键技术研究，掌握码头健康远程在线监测技术。

（3）建立码头健康检测（监测）系统数据库和信息处理软件平台，对码头健康检测（监测）数据进行深入分析和挖掘，为港口设施维护管理工作提供有效的技术手段。

（4）形成具有一定操作性的《港口码头健康检测数据处理技术指南》，在行业内推广，指导码头健康检测数据处理工作规范开展。

（二）港口设施台账管理信息系统

港口设施台账管理信息系统是面向港口集团方便其对下属设施的管理工具。按照《交通信息基础数据元（JT/T 697—2007）》和《港口设施维护技术规范（JTS 310－2013）》等规范（以下简称《规范》）对港口常见的十类设施如泊位、防波堤、护岸、航道、港池等设施进行基本数据和维护数据的管理，极大方便了港口设施管理的效率，提高了设施使用安全性，推动了交通行业安全、科学、高效发展。目前为止该系统为水运行业首款免费专业管理软件，具有友好的用户体验并涵盖了港口设施管理的基本功能。

全国港口设施维护管理信息服务平台。为贯彻落实《港口设施维护管理规定（试行）》（交水发）〔2012〕728号），提高港口设施维护管理工作信息化服务水平，交通运输部水运局组织天科院开发建设了“全国港口设施维护管理信息服务平台”。

该系统根据《规范》对不同种类设施分别确定了十分详细的属性名称及相应的数据类型，并实现对港口的常见十类设施进行添加、查看、搜索、编辑、删除和打印等相关操作。在系统主界面点击相应的设施名称后进入本类设施的管理页面。

该系统还具备数据导入导出功能，实现了港口数据的共享，方便多人同时填报数据。可以在多台电脑上填报数据，然后导入汇总到一台机器上。数据导入导出功能位于界面右上角，其极大提高了数据填报的效率。

（三）天科院新闻手机客户端

该客户端实现了院内新闻、科研动态、党建工作、行业要闻 4 个栏目的资讯加载及浏览功能，并提供自动缓存、意见反馈、清除缓存等辅助功能。针对当前流行的手机系统，该软件制作了 Andriod 和 IOS 两个版本。使用 http 协议与后台服务器进行通信，使用主流的 JSON 数据格式传输数据，并且优化传输机制和算法，流量小效率高。合理使用 IOS 自身提供的控件，保证了程序运行的流畅稳定，并且最大限度提升用户体验，清晰全面展现资讯信息内容。

中交第一公路勘察设计研究院有限公司

2014 年，中交第一公路勘察设计研究院有限公司（以下简称“中交一院”）重点推进了协同设计项目管理系统、一体化经营管理等项目系统的开发、部署实施工作，取得阶段成效。

（1）以《中国交建信息安全管理体系》为依据，全面推动信息系统安全等级保护工作，建设 CA 认证系统，并完成了 CA 系统与信息化系统的整合。

（2）以“管理提升，内控体系建设”为切入点，基于内控体系建设与流程再造，结合中国交建顶层设计，完成了现有已建信息系统的改造升级。

（3）建设《协同设计项目管理平台》一期。协同设计平台是信息化规划系统中最重要的生产管理系统之一，为扁平化设计组织变革提供支撑，一期实现统一设计平台的搭建，项目的立项策划，专业的分工，提资管理，任务跟踪，设计校审等生产过程管控。通过统一的制图模式、专业设计软件、通用图形成标准的设计环境，便于任务离散化、成品模块化，将设计人员从繁杂的重复劳动中解脱出来，提高生产效率与成果质量，为下一步中交一院转变生产模式创造条件。

（4）完成了《勘察设计企业计划经营》系统的改造升级工作。结合集团的顶层设计规范，进行系统的整合升级，使得系统更加适合集团化管理，为系统推广应用奠定基础。

（5）智慧交通建设方面，面向全国强大的停车服务需求，围绕停车场、车位信息与用户之间存在信息断层问题，基于多模式无线传输技术，以西安市高新区发展智慧交通为突破口，通过整合停车场资源信息，构建网络化诱导停车解决方案，并提供专属用户服务功能。车联网服务方面，针对多样化的用户车辆信息服务需求及强大的服务群体，基于 M2M 技术，构建集团用户 APP 服务、无线传输及后台中心服务为一体的车辆信息服务平台。公路基础设施信息化管理方面，依托院科研优势，承担了国家科技支撑计划“道路交通安全智能化管控关键技术与集成示范”项目课题二“高速公路网运行状态智能监测与安全服务保障关键技术研发及系统集成”中“公路设施安全状态监管技术及系统研发”课题工作。

（6）加强信息化组织与运维保障体系建设。随着中交一院信息化建设工作的深入推进对信息化支撑组织要求越来越高，为了适应信息化规划的有序推进与健康发展，在信息化领导小组的支持下，科信部统筹各级信息化资源，积极加强部署人员，目前已经形成信息化规划分析、开发实施、运维保障的一体化建设队伍。抽调精兵强将组成 23 人专业服务团队，其中开发实施投入 12 人、运维保障人员 11 人，为院里信息化的规划发展，做好了人员的准备、数据的准备、培训的准备。

中国交通通信信息中心

2014 年，中国交通通信信息中心着力推进智慧交通建设和发展，并通过智慧交通的建设促进综合交通、平安交通和绿色交通的发展，在以下五个方面取得了新进展。

（一）积极参与国家战略实施

一是配合交通部有关司局研究推进智慧交通建设有关工作，深入行业一线调研，提出针对性意见和建议。二是全力推进"12328"系统建设。配合300多个地市完成了电话全国性开通验证工作，编写了《工程建设指南》、《管理办法》并广泛征求各方意见。三是深化全国重点营运车辆联网联控系统应用。配合开展《道路运输车辆动态监督管理办法》政策宣贯工作。初步搭建了数据分析平台，开展数据的分类统计，为道路运输安全监管做好支持保障。四是大力推进公共交通"一卡通"工作。重点推进京津冀、长江经济带等多个区域的互联互通工作，建立了京津冀互联互通推进工作协同机制。编制完成了《公共交通IC卡技术规范（试行）》，并开展试点验证工作。搭建了全国交通"一卡通"清分结算验证平台，实现了清结算业务流程的验证，正在试运行。完成了向国际标准组织申请IC卡发行机构标识号（IIN）和应用服务提供机构标识号（RID）的工作。目前，正在推进成立交通"一卡通"行业协会工作。

（二）推进行业应用示范工程建设

一是"基于北斗的中国海上搜救信息系统示范工程"有序推进。承担行业数据处理系统建设和组织建设基准站等任务。二是探索高分遥感技术在交通运输行业的应用。联合总装及西藏、湖南、北京等省区市，启动了"高分、北斗专项公路交通领域军民融合应用示范项目"。针对农村公路核查、危桥沉降监测等开展了先期的应用示范，打造交通遥感综合应用服务平台，提升对重大交通基础设施的安全监测能力。

（三）做好行业服务保障

一是保障部机关通信信息系统稳定运行和工作开展。圆满完成了李克强总理视频慰问我国参与马航MH370客机搜寻工作人员、马凯副总理视察山东时的视频连线保障任务；完成了64次部和行业视频会议保障任务（其中国务院点名会议23次）；处理较大系统故障12起；对交通部内网在线设备进行2000多次软件升级；对部新版OA系统进行了37项整改；为部机关搬迁调整设备780余次、维护保养设备4300多台。二是继续做好部机房搬迁工作。完成了虚拟化平台38台设备的安装与测试，搭建了虚拟资源池；为32个重点应用系统建立系统档案和维护手册，制定了管理和运维制度。三是协助完成了水路运输建设综合管理信息系统、长江危化品运输安全动态监管系统、渤海湾水路客运实名制联网售票和电子客票试点方案、集装箱海铁联运部级信息平台等重大项目的研究开发和技术支持工作。四是加快交通安全应急信息技术国家工程实验室建设，推进成果管理和应用。

（四）做好交通运输行业信息安全工作

一是编制了行业重要信息系统《交通运输行业信息系统安全等级保护定级指南》和《安全风险评估指南》，推动行业信息安全建设。二是配合交通部有关司局，对56个单位的156个信息系统进行了远程检测工作，发现了约20 000个安全漏洞，对长江航务局、救捞系统等多家单位进行了现场检查和安全评估。三是与公安部网络安全保卫局等国家核心信息安全管理和技术支撑机构建立了沟通交流机制。四是为相关单位敏感信息泄露提供技术支持。

（五）行业通信信息标准化工作稳步推进

设在中心的部信息通信及导航标委会秘书处组织开展了5项国家标准及26项交通运输行业标准的复审、12项标准的意见征求、14项交通运输行业标准的审查、9项交通运输行业标准的报批等工作。

中国交通建设股份有限公司

2014 年，中国交通建设股份有限公司（以下简称“中国交建”）启动了一系列统管统建的重大信息化项目，各业务板块、各单位积极开展各类分建、自建项目建设。

（一）生产经营数据采集及辅助决策系统

生产经营数据采集和辅助决策系统实现了生产经营数据“统一采集、一次填报、一数一源、一源多用”目标，系统横向上覆盖了主要生产经营业务板块，纵向上覆盖从总部到项目的全级次机构。一期工程中的投资、房地产、港航、路桥、海外、装备制造业务板块已进入试运行，其中房地产板块已完全取消纸质报表，通过系统数据进行生产经营分析。

（二）生产调度指挥管理系统

中国交建生产指挥管理系统以“看得见、听得到、指挥有效”为建设目标，实现了公司大型装备调动有序、轨迹可循，重大项目远程可见。系统建设了调度指挥中心、安全生产监控中心、应急指挥中心、交通战备指挥中心“四位一体”平台基础框架，一期工程完成了全集团 800 余艘船舶基本信息、施工动态查询统计以及 450 余艘大型船舶的动态监控和调度，接入 53 个重点项目部的 112 路施工现场监控视频。

（三）物资采购管理平台

物资采购管理信息系统由中国交建自行研发，覆盖了采购计划、采购方案、采购寻源、合同管理等核心业务，在集团总部、各子公司、供应商之间搭建了信息桥梁和交易平台，实现了采购交易公开，操作透明，过程受控，全程在案，永久追溯，进而达到降本增效的目的。该系统运行 8 个月以来，有 22 家子公司在线采购交易 1272 次，实现采购金额 124.09 亿元。实践证明，该系统操作方便，运行安全、高效、稳定，有效推动了物资集中采购工作，实现了预期目标。

（四）审计管理信息平台

建立了覆盖审计计划、审计项目、审计档案、审计资源等业务全周期的审议业务管理平台，规范了审计作业标准，固化了审计工作流程，加强了审计档案的管理；实现了审计与财务核算系统对接，网上财务阅账中心从空间、时间上极大地提高了审计人员的工作效率。2014 年 1 月，在集团总部、三公局、四公局、路桥建设 4 家单位上线试运行，目前已在全集团分期推广。

（五）安全质量环保监督管理系统

安全质量环保监督管理系统，将集团及二级单位的安监管理水平延伸至项目部，切实把控了安全生产的红线。系统基于公司现有的“集团—二级公司—三级公司—项目部”四级架构，建设了安全生产监督、工程质量监督、节能减排信息报送等子系统，实现了对全集团在建项目重要危险源实时掌控，强化现场人员管理和安全事故快速直报及短信自动辐射式的同步快报；实现了质量检查、质量控制、质量月、质量通病和不合格品台账管理；满足了国资委、交通运输部要求的节能减排信息报送。

（六）人力资源管理系统

人力资源是企业的核心资源，系统设计满足了公司矩阵式组织机构管理模式，实现人员多维度的信息采集，合同管理、人员异动流程监控，实现了人员按需查询、静态结构分析和动态趋势分析。目前一期系统原型已完成开发，共包含100多个功能点、32个信息子集、133个分类指标项。

（七）财务、资金、预算类管理系统

财务、资金、预算类管理系统进入全面深化应用阶段，财务核算覆盖各级单位，管理会计、全面预算系统在各单位全面铺开，资金系统、财务分析BI在各单位推广应用，财务共享信息化支撑财务管理机制重大变革，财务核算数据交换服务平台建设取得积极成果，网上报销、债权债务等系统应用也在加快推进。通过开展一系列建设推广工作，强化了财务数据管控及信息共享能力，实现了对公司账款的全面监控，进一步提升了公司资金归集、预算管理和财务分析水平，有力地支撑了公司“三驾马车”的管理变革。

中国船级社

2014年，针对行业变化与需求，中国船级社（CCS）相继完成了海工固定设施管理信息系统（OEMIS）、国内航行船舶管理信息系统（DSMIS）、中国船级社客户关系管理系统（CRM）建设；启动了能效在线智能管理系统、多标体系管理系统，船舶安全、技术、管理系统（STMES），钢板质保书电子签证平台（ECP）等，对所在业务领域信息化发展起到了强有力的助推作用。

（一）海工固定设施管理信息系统（OEMIS）

OEMIS系统是CCS第一个使用B/S结构的检验管理系统，探索出了B/S结构下FORM填写、预览、输出的一整套技术解决方案；其审图管理模块填补了海工审图无IT系统支撑的空白，并在船舶审图系统的基础上优化结构、提高可用性、扩展功能、沟通内外部、极大地提高审图工作效率；OEMIS系统基于固定设施检验类库与检验模型思想，使检验过程与检验报告输出成为一个整体，降低现场验船师的工作量、提升管理水平；同时贯穿检验记录、工时统计和项目周月报等过程，信息集中共享并提供自动化功能，帮助验船师高效完成工作。

（二）国内航行船舶管理信息系统（DSMIS）

DSMIS项目采用了J2EE的技术路线，从分布数据库改为集中部署，符合今后的技术发展，是对今后生命周期系统的一个试验；此次证书报告生成模式采用了模板生成方式，实现了模板与数据的分离，有利于业务人员独立掌控模板格式；通过与海事局接口进行模块化开发，为CCS今后系统应用的独立接口奠定了良好的基础；将国内船和入级船做了全面的数据比对，为今后业务发展和新的船舶生命周期整合开发做了一个重要前期试验；通过充分整合现有业务系统资源，建立了以记录为中心的船舶检验模型（集船舶结构设备、产品信息、检验项目、技术资料、测试测量信息），对国内船舶检验有了很大的提升。

（三）中国船级社客户关系管理系统（CRM）

CRM项目于2014年6月11日通过设计评审，于11月进行试运行评审和用户培训，进入试运行阶段。CRM系统是CCS目前最大、最复杂的JAVA系统，系统功能点810多个，涉及主要业务系统13个。

（四）能效在线智能管理系统

系统通过对船上船舶主机、副机、锅炉等能耗设备常规工况参数、耗油量、油舱测深仪、风速

仪、GPS、倾斜仪等输出信号进行接收处理，可实现对船舶航行参数以及主要能耗设备工况及耗能数据在线监控，使船舶更好地符合 SEEMP / EEOI 国际强制规定，指导公司、船舶明确能源管理方案，提高整体运行效能，寻找最佳节油方案，进一步降低船舶的营运成本，用燃油消耗的确切数据来证明船舶整体运行能效的提高和船舶航行安全。

（五）多标体系管理系统

该系统是同香港明华船务公司合作，打造一款基于 IT 智能化、简洁、易检索、易操作、易修订完善的满足多个标准的整合型中英文管理体系。岸基版实现多标体系的维护、管理和执行情况分析，船端版实现多标体系的智能查询、报警、数据采集以及按格式输出数据。

（六）船舶安全、技术、能效管理系统（STEMS）

该平台以船公司、船舶为主的船岸信息服务平台，实现船岸一体化的安全、技术、能效的管理。目前该系统已完成顶层规划。

STEMS 系统以客户需求为导向，以船舶管理为中心，以 IT 技术为支撑，可以使客户全面了解船舶运营状况，辅助船员做出最佳操作，支持管理人员进行科学决策，有效地提升企业管理效率，保障船舶运行安全，降低企业运营成本。STEMS 系统由安全环境、技术管理及能效管理 3 大部分组成。

（七）钢板质保书电子签证平台（ECP）

启动了“钢板质保书电子签证平台（ECP）”开发项目，并与鞍钢集团、首秦公司等共同开展了项目研发。经过努力，2014 年 ECP 项目具备了运行条件。在 ECP 平台上，CCS 与工厂之间实现了以电子形式进行数据交换、证书签发、证书发布、证书查询、数据统计分析等多项工作。

中国远洋运输（集团）总公司

2014 年，中国远洋运输（集团）总公司（以下简称“中远集团”）全年信息化工作为集团全年扭亏为盈提供了有效的技术支撑和保障，做出了应有的贡献。

（一）制定中远集团信息化发展规划

2014 年初，中远集团与德勤咨询公司密切配合，结合集团管理提升活动，通过与国际和同行业信息化水平先进企业的对标，从集团发展战略、主要业务、风险管控等方面制订和完善《2014—2018 年五年信息化发展战略规划》编制工作，实现了集团信息化工作的顶层设计。

（二）稳步开展重点统建项目建设工作

根据信息化发展规划，中远集团未来五年需要建设包括核心管控类、业务协同类、业务支持类、决策支持类、安全生产类、二级单位系统在内的六大类信息系统。经信息化规划实施专职工作小组充分研究、论证，确立了 2015 ~ 2016 年第一批实施的信息化项目，并提出了有关实施计划和步骤。目前，已完成非班轮经营管理通用平台的需求分析项目，在此基础上启动了招标工作；同时，积极筹备人力资源管理等项目的招标工作。

（三）促进信息化投资集约化管理

根据信息化规划总体要求，集团总公司加强了信息化投资项目的管控并逐一审核，共审批 98 个项目，涉及投资金额1.61亿元。一方面，对各公司投资金额在50万元以下的74个信息化投资项目进行了集中和审批，有效提高了信息化工作管理效率、支持了各公司信息化建设；另一方面，对下属公司请示的重大信息化项目进行重点审核，有效加强了中远信息化建设管控力度和资源集约化程度。重点项目共计36个，总投资金额1.9亿元，分布集装箱、物流等中远集团的重点业务板块。

（四）推动各业务板块信息化协同发展

财务管理方面，中远集团以SAP系统为主构筑了财务核算体系。中远集团1134家控股子公司中，689家应用SAP系统作为核算系统，主要启用财务会计、成本控制、资金管理等模块。目前，SAP系统在建有北京、上海、美国等地建有7个数据运维中心，总数据量达到6.4TB。航运板块方面，中远集运在核心业务系统IRIS－2的基础上，完成了覆盖国内主要业务的货代系统CORIS的建设，并逐步建成了五大类外围辅助系统，形成遍布全球的内部网络。非航运主业方面，中远集团围绕物流、修造船和码头业务加强信息化建设，有效提高了非航运板块的信息化水平。

（五）推动业务发展和市场开拓

1. 破冰航运电商，开创航运电商业务

在集装箱运输业务板块，中远集团下属集装箱运输公司于2014年上半年推出“泛亚航运电商平台”，成为第一家具备支付功能和完整航商功能的航运电商平台。

2. 建设推广网上客服平台，提升营销能力

在码头业务板块，下属公司充分利用互联网技术，建设了基于门户网站的客户服务平台。通过与码头内部生产操作管理系统的对接和协同，客户可以在企业门户网站上得到全面业务服务，并可对码头货物和作业动态进行实时查询。

3. 建立沟通平台，提升市场拓展效率

在燃油业务板块，通过引入即时通信工具，为各营销团队建立了移动沟通平台，实现市场动态和业务进展的便捷交流和讨论。

中国外运长航集团有限公司

2014年，中国外运长航集团随着各业务板块管理关系的明确，主营业务信息化应用系统继续进行建设及完善，并随着业务发展模式的变化，不断探索新应用模式。

（一）开展数据中心建设

2013年，启动了中国外运长航集团数据中心建设项目。数据中心是根据集团发展战略，满足未来10～15年的发展对信息化建设的要求来考虑的，并按照国际tier3标准和国家A级机房标准设计，目前已进入全面施工阶段。

（二）继续优化和完善管理应用平台建设

管理应用平台，包括：财务、人力、审计、合同管理、客户信用管理、税务管理、资金管理、办公管理、资产管理、报表管理、考勤管理、运营监控等一系列系统和平台已经上线运行。2014年，

继续对以上平台进行优化和完善，优化了NC集中账务、资金、报表平台，完成了客户信用、税务管理平台建设，实现了账务、资金、信用、税务、月报、预算及决算的统一管理；运营监控平台实现了对集团下属企业船舶和车辆的动态监控；资产管理信息平台全面收集了企业工商、资产登记信息并进行集中管理；启动了内控管理信息平台的实施，目标是实现内控体系管理、评价工作全流程的信息化。

（三）继续深化主营业务信息化平台的应用

1. 物流业务

物流业务板块应用系统基本建成覆盖各业务的应用支撑体系，实现总部系统间、总分系统间和内外系统间集成对接与数据交换。2014年，海运平台支持近200家水运货船代业务单位，营业额约每天1亿元，用户超过7000个，并对该平台进行了功能完善及提升；网上服务支持13家子公司的33家订舱业务单位，网上开户客户超过5000个；空运平台支持用户超过3000个；物流系统平台支持12家子公司330个物流业务项目，用户超过1800个；EDI平台支持130多家经营单位与1500多客户、合作伙伴数据交换，日均处理报文数65000个；启动物流在线服务统一平台建设，整合各主营业务信息系统，使客户能够一站式采购和体验物流服务的全过程，该平台将于2015年投入使用；在以上平台建设基础上，积极推进物流电子商务工作的开展，电商平台建设取得了较好的进展，电子商务得到了有效的提升，积累了宝贵的实践经验。

2. 航运业务

航运板块建设了综合船舶管理平台，实现纵览企业经营全过程，辅助经营决策，实时掌握船舶动态，规范船舶设备保养，满足船级社认证要求；有序推进业务财务信息化平台集成项目，实现经营管理、船舶管理与财务平台的集成；推进公司船舶能效管理信息平台建设，保证了船舶、经营和能效系统的数据一致；并建设了“汽车滚装物流信息管理平台”，实现了生产经营、成本控制、财务分析、船舶管控及客户服务等方面的诸多功能。

3. 船舶重工业务

2014年，重工板块信息化应用平台建设继续推进，供应商管理、钢板管理、财务管理平台实现上线运行，提高了堆场作业人员现场入堆、翻堆效率，实现了供应商准入、新项目准入、黑名单、等级评估等流程管理；实施了数字化产品设计，提高了企业产品设计开发周期和设计方案的成功率；启动了供应链管理平台建设，包括计划、采购、制造、配送、退货五大基本内容，通过与ERP的数据接口，加强了对物资供应的价格、合同、供方的规范管理，提高效率及供货质量，降低了运营成本；协同设计和管理平台实现船舶设计管理工作，从前期的跟踪、投标、合同下达、生产计划的安排、设计人员工作分配、图纸目录的导入、图纸的校审批准过程、各专业之间的互提、图纸的送退审、图纸的档案管理、项目的来往文函和电子邮件管理等，全部在该系统中完成，提高了管理水平、设计质量及设计周期。

青岛港

2014年，青岛港信息化建设紧密围绕提升港口智能化水平、促进物流一体化、实现集团办公管理现代化等重要领域，积极攻关，港口信息化建设取得了显著成效。

（一）提升港口智能化水平

1. 促进集装箱生产的智能化

集装箱闸口空箱验放改造。集装箱闸口空箱验放系统，将海关备案车辆的车重信息导入系统，并在空箱车辆出闸时，将地磅采集重量信息与备案车辆信息及集装箱标准重量之和进行比较，比较出的误差在合理范围内，系统自动抬杆放行，超出合理范围再转入人工验箱模式；集卡提箱排队管理系统，系统为每个集装箱场区设置外集卡车最大容量，并在入闸口实时检测、控制每个作业场区的入闸集卡数量，为被限制入闸车辆打印带有排队序号的排队小票；集装箱可视化理货系统，系统通过在桥吊上安装高清摄像头，理货员通过全程监控，读取箱号、抓拍残损、确定装箱位置、确认装卸信息，完成集装箱理货工作。

2. 加强散杂货生产作业管控

散货堆存费计收及货物管控系统系统将矿石、煤炭按照船舶卸货完毕后，根据在港口的堆存时间计收堆存费；董家口干散货智能化系统，实现了从门禁、地磅、堆场到搬捣作业的智能化。

（二）全面促进物流一体化建设

1. 加强物流信息服务与共享

青岛港根据海关新舱单的监管规定，建设了物流信息服务系统，系统实现了进出口作业单证全面电子化，为口岸物流客户年节省物流与信息传输服务费，满足了海关监管、码头作业、外轮理货等多方作业要求。

2. 延伸内陆港信息网络

青岛港不断完善东营、淄博、洛阳、西安等内陆港系统，建设开通新疆内陆港系统，实现了青岛港与新疆国际内陆港的信息“无缝直通”。

3. 打造港口物流电子商务平台

积极研究建设网上支付平台，完成矿石过磅费网上缴费系统研发和实施，将矿石过磅费由原来货主现场缴费，变为网上随时缴纳，系统的实施理顺了业务流程，形成了计划、交费、放货、计费、财务自动化流程处理，提高了工作效率；同时，提高了为货主服务的意识和水平，减少了货主在港办理业务的时间。

（三）全面促进集团办公现代化管理

设计研发了青岛港综合管网管理系统，建立起了统一的综合管网数据共享平台，实现了管网的标准化、数字化、可视化管理。系统汇集了涵盖装卸公司及供电、港投等12个基层单位所辖港区的八大类共约800公里管线、1.8万个附属设施的管网数据资源入库，基本实现了将青岛港四大港区现场管线实体信息转化为电子信息，填补了对地下综合管网信息化、规范化管理的空白。

第四章 典型案例

2014 年，交通运输行业各单位、各部门继续开展行业信息化重大工程和重点领域试点示范工程建设，加大推进行业信息资源整合与应用力度，不断扩大信息资源共享与整合应用范围，同时进一步积极开展大数据、云计算、物联网、“北斗”卫星、高分辨率对地观测卫星等在行业的应用创新。在此基础上，各地均涌现出一批值得借鉴的经典案例，并可归结为三类：一是数据分析与利用，二是运行监测与管理，三是信息共享与服务。现摘录部分案例如下。

一、数据分析与利用

目前，行业统计工作主要还是依据各种定期统计报表制度而开展，自下而上逐级上报各类统计数据，统计内容、统计周期相对固定，数据的时效性受到一定的限制，鲜活性不足。随着行业信息化建设的不断推进，许多行业业务信息系统已能够实时、动态采集行业运行的各类动态数据，能为交通行业运行状态监控提供大量的动态鲜活数据，这为开展行业运行动态监测提供了可能。与此同时，各省正在逐步建成全方位、多方式、跨地区的交通运输云数据中心基础设施平台，满足交通政务、行业监管、信用管理、公众服务、应急处置和决策分析方面的需要。“十三五”将是加快发展现代交通运输业，构建我国综合运输体系的关键时期，在新的发展形势下，交通运输业更加需要紧密跟踪行业的发展动态，准确把握行业发展的阶段特征与新动向、新问题，这就要求各类行业统计数据能够更及时反映宏观经济和行业发展的趋势，为行业管理决策提供科学依据。

国家干线公路交通情况调查数据采集与服务系统试点工程

为提高公路交通情况调查数据的采集、处理质量，获取真实、及时、准确、全面、集成的国家干线公路网交通流量、车速、车型等交通情况信息，改善公路交通情况调查统计工作效率和服务水平，加强交通经济运行分析能力，提高国家干线路网协同运行管理和应急联动处置能力，交通运输部以京沪公路运输通道和长三角地区涉及的北京、天津、河北、山东、上海、江苏和浙江等省四省三市作为试点地区，由部规划院作为承担单位，开展本工程的建设工作。

（一）实施过程

通过贯彻统一基础，放开应用的系统建设思路，为规范公路交通情况调查业务管理，促进其可持续发展准备了条件。工程建设完成了公路交通情况调查动态数据与统计数据基础管理平台，统一并开放基础数据标准，下发基本的交通情况调查数据中心软件，满足部和省交通情况调查业务管理最基本、最重要的需求；各省可根据自身的实际需要，基于该基础平台开发相关应用，满足各省个性化需求。工程建设完成了综合应用系统，面向统计计划部门提供基于交调数据的交通经济运行分析功能，面向路网运行管理部门提供反应路网运行动态的运行质量评价功能，面向交调业务主管部门提供业务辅助决策分析功能，面向公众及科研院所提供出行服务和数据的查看服务。

通过建立资源共享，分级服务的功能体系，可充分利用现有的各种公路交通情况调查数据采集、处理、传输等设施和设备，实现现有各种资源的共享，另外，可根据路网运行管理和对外服务的需要，实现部省间、省际间、业务间的公路交通情况信息资源的共享。

经过近两年半的建设，交通运输部规划研究院、四省三市共8个承担单位按照预期的要求通过了交付验收，2014年10月完成了试点工程的竣工验收。

（二）应用效果

自2012年3月以来，通过本工程研发的“部省两级交调数据报送与管理平台”，顺利完了成全国31个省市的11期交调数据季报、2期年报、2014年度月报等报送工作，明显改观了原有数据报送及时性差、层级审核反复工作量大、数据质量参差不齐等不利局面，大大减少了基层人员的数据填报、导入、处理校验等工作量，节约了大量人力成本和宝贵时间。

2013年以来，本工程开发的“综合应用系统”，辅助部级完成了月度分析简报的编制、报国务院月度交通简报的编制、交通运输量校验、重大节假日路网运行播报等交通经济运行及路网运行监测方面的工作，为实时、精准掌握交通行业运行态势提供了可靠的技术支撑基础。

总体来看，试点工程使交调业务实现了从调查统计为主向调查统计和分析应用并重的转变。这种转变，对于交调工作而言，是根本性的、具有变革意义的转变。具体来说，包括五个方面：

一是实现了交调数据采集从人工向自动的转变。长期以来，交调数据采集一直以人工观测为主。试点工程将建成442个自动化调查站，全面实现京沪通道和长三角区域交调数据采集从人工向自动的转变。此外，还带动了全国自动化调查站点的建设，现在部级中心在线传输的站点达到了1500个，据不完全统计，全国的自动化站点至少有3000个，为实现全国范围的交调自动化采集奠定了很好的基础。

二是实现了交调数据处理从多样向一致的转变。目前，交调数据的处理主要采用分级处理、逐级汇总的方式，存在处理方法多样，上下级不一致的问题。通过工程建设，全国交调数据从站点到部级，实现了处理原则统一、处理方法一致，简化了处理流程，提高了数据的准确性，提升了交调工作的效率。

三是实现了交调数据分析从基础向专题的转变。交调数据分析目前主要是站点、路线、路网交通流量的基础性分析。通过工程建设，形成了面向用户的专题应用，开发了重要区域和通道的交通经济运行分析功能；开发了从微观、中观和宏观进行路网运行质量评价的功能；开发了为路网规划设计提供交通流特征分析功能等。

四是实现了交调数据服务从封闭向共享的转变。传统的交调信息服务方式主要是统计报表和汇编资料，仅限于公路规划、设计等部门使用。试点工程实现了周边省份100公里范围内交调动态信息的交换共享；在部级层面，实现了交调动态数据接入部公路局路网中心，为路网运行管理和应急处置提供路网动态信息支撑。

五是实现了交调设备管理从无序向规范的转变。随着交通流量攀升、人工观测难度增大，调查设备逐渐在行业中得以应用；但设备种类五花八门，设备质量参差不齐，规范标准严重缺失，影响了交调工作的健康发展。为此，部颁发了《关于加强公路交通情况调查设备技术管理的指导意见》（厅规划发〔2007〕52 号），开展了“推荐质量合格的公路交通情况调查设备”活动，并在山东淄博和广东肇庆分别建设了标准环境和实际环境的检测场，规范了交调设备的检测、建设、运行监测。

（三）下一步推进思路

根据试点工程的建设经验，部决定启动“国家干线公路交通情况调查数据采集与服务系统工程”，准备力争用两年半左右的时间，完成全国范围的推广工作，实现五大目标：

一是推广自动化调查技术，实现自动化站点，在现有国道全覆盖，规划国家公路网 44% 覆盖，国家级交调站点数据 5 分钟内到达省级中心和部级中心。

二是推广多级分布式平台，实现 31 个省级中心的建设，鼓励融合建设、集成建设等多种建设方式，实现公路交通情况调查统计数据自动生成和报送，构建部省多级协同联动的一体化交调业务管理平台。

三是推广部省协作的运行模式，各省份负责本省和所属站点的稳定运行，建立部省协作的运行维护制度，督促各单位配全保障队伍，出现故障立刻响应。

四是推广交调数据有效应用，进一步探索公路交通情况调查与公路建设、运行管理、交通经济等领域的深层次应用关系，进一步明晰并增强公路交通情况调查数据对公路交通行业发展的支撑作用。真正拿出几个与行业业务管理紧密结合的应用实例，让交调工作参与到业务管理中来。

五是推广信息共享和信息服务，与路网运行监测、应急处置共享，跨区域一定范围信息共享，向交通统计、宏观政策制度、路网管理、养护管理、交调业务管理、科研机构、社会公众等不同用户提供更加及时有效、丰富专业的交通动静态路况信息服务，提高调查数据利用效率。

（四）相关图片及说明

“国家干线公路交通情况调查数据采集与服务系统工程”相关图版说明见图 4-1 ~ 图 4-11。

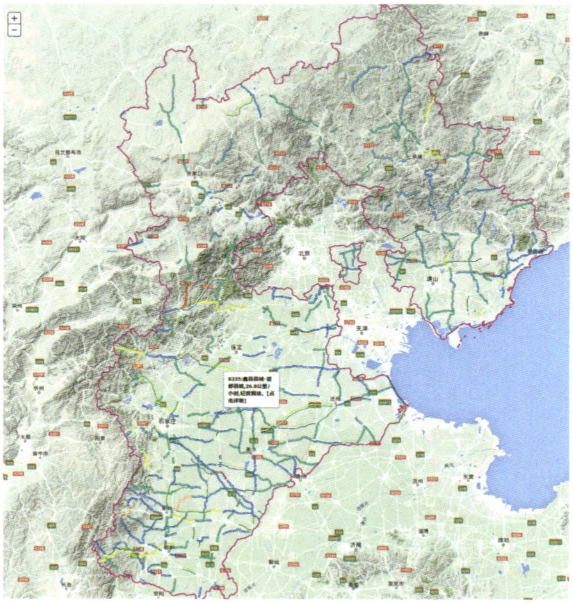

图 4-1　使用路线桩号生成调查站点的地图位置信息

说明：在录入站点信息后（需导入公路数据库的地理信息坐标数据），软件可根据填入的调查站点中心桩号确定调查站点的空间位置，根据填入的调查站点起点桩号和终点桩号确定调查站点代表路段的空间位置。国道路线数据由部级交调主管部门统一维护，其他行政等级公路数据（省道、县道、乡道、专道等）由省级维护。国道路线数据的更改需向部级交调主管部门提出修改申请，由部中心调整后下发至省级，保证部、省两级国道数据的一致性。公路路段信息按照“全国公路电子地图”的路段划分原则进行分段。

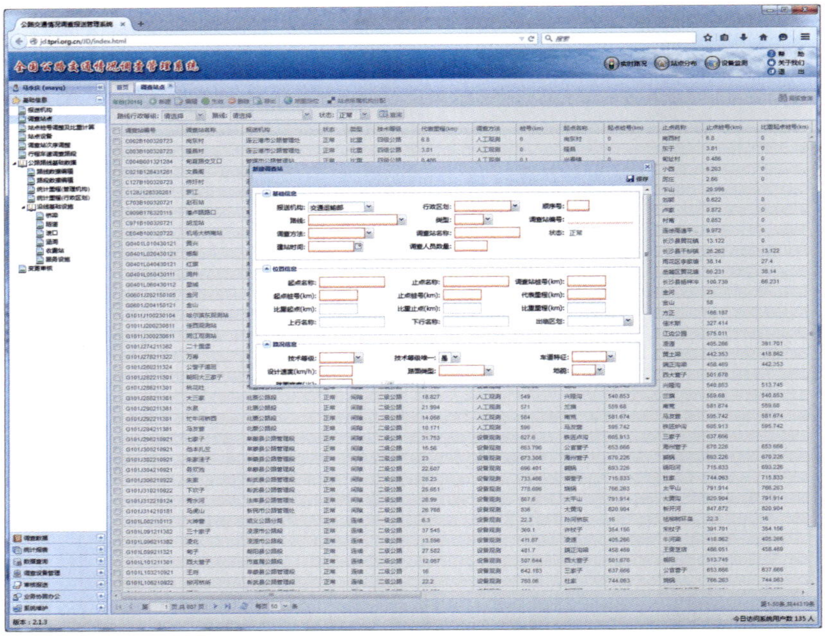

图4-2　数据录入过程校验

说明：数据录入时系统自动进行录入数据的过程校验，这个校验包括3种类型：必填项校验，输入框有“红色波浪线”如：，这类数据是必须要填写的数据；单指标校验，如果数据录入格式不对，不允许保存数据；关联逻辑校验，如两个调查站点的桩号有交叉系统会自动提示修正，起点桩号大于等于止点桩号时提示修改等。

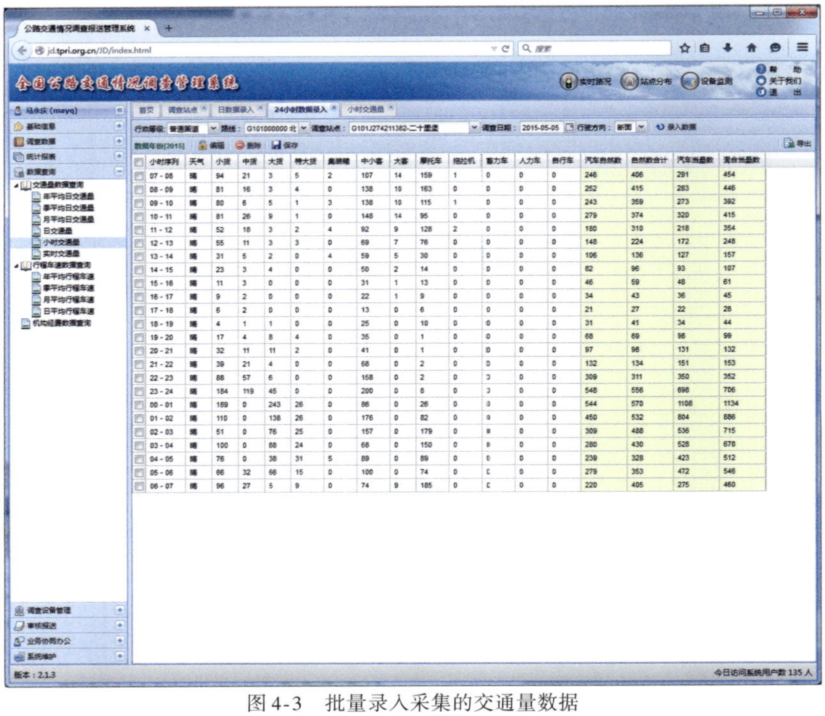

图4-3　批量录入采集的交通量数据

说明：数据批量录入可以使用小键盘和回车键操作表格快速录入数据；系统设定交通量数据的阀值，如果越值报警；用户提交审核或已审核上报的数据不允许用户再次进行修改，只有上级给出修改意见后自动激活可修改状态。

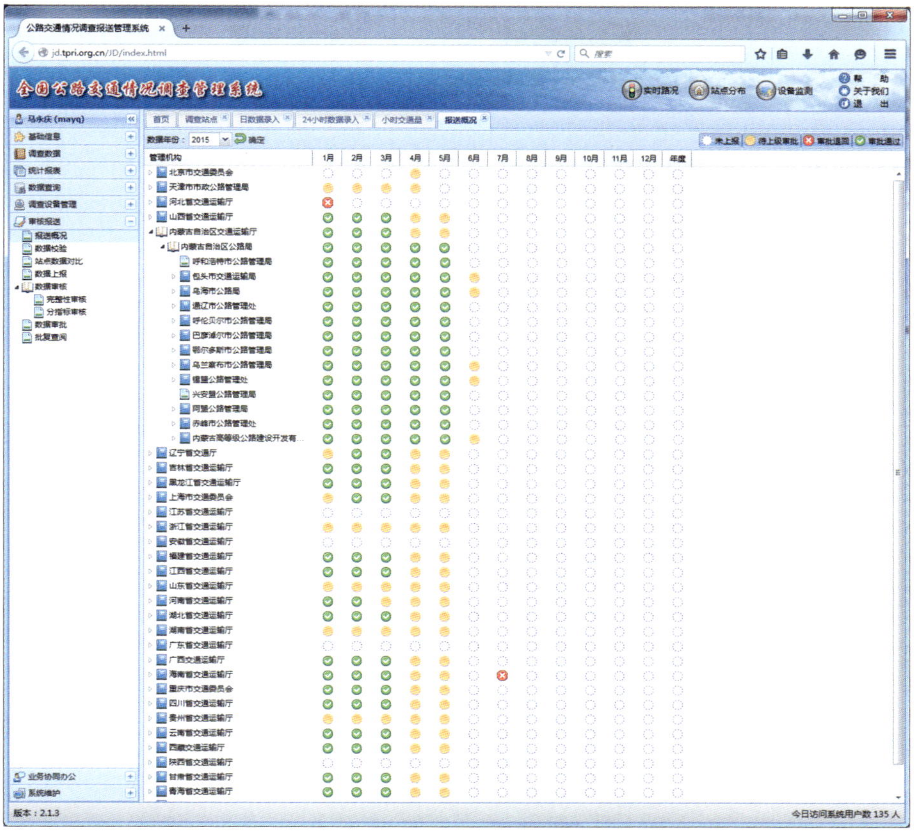

图 4-4 本级和本级所属下级的数据上报进度情况

说明：不同的图例表示不同的上报状态，动态显示所管辖管理机构的数据报送情况。

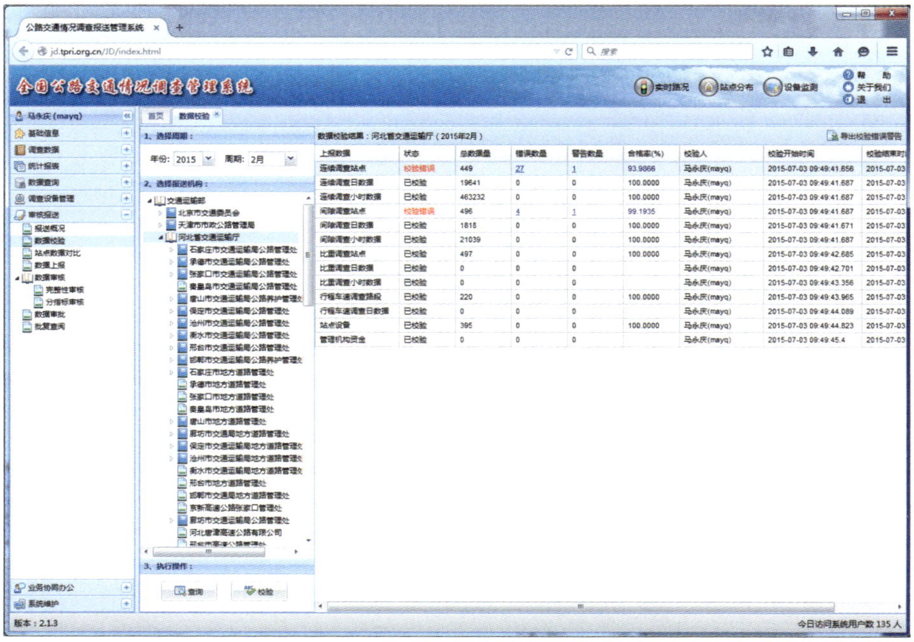

图 4-5 管理机构数据上报前要进行数据校验工作

说明：本级数据上报前可针对数据分类对指定的数据内容进行数据校验，系统自动合计得出上报数据错误的数量、警告的数量，用户可进一步查看错误或警告的详细信息。

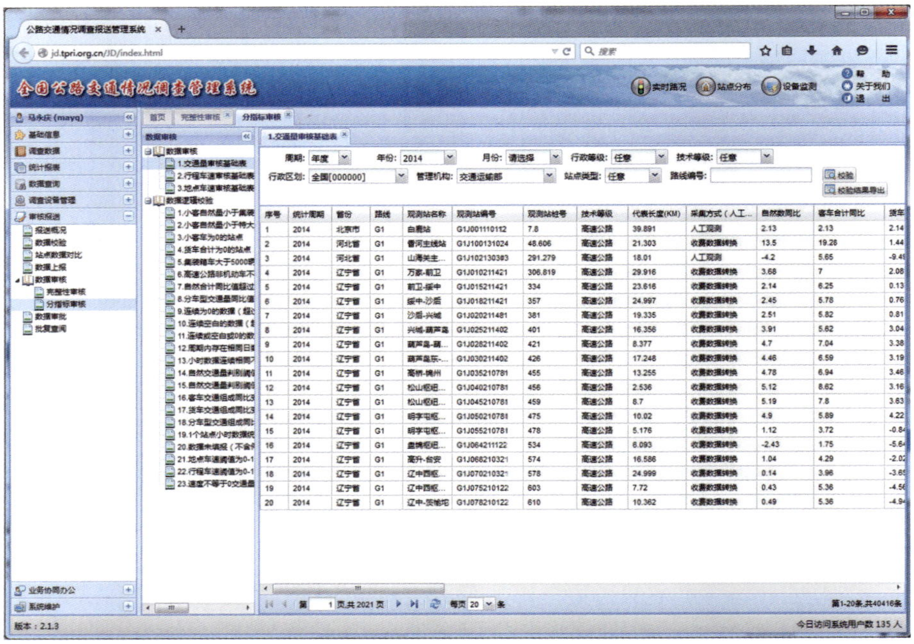

图 4-6　上级数据审核

说明：上级对下级上报提交的数据进行审核，通过数据的校验信息确定上报的数据是否通过审核，审核通过即完成上报，不通过则需要下级机构对提出的修改意见进行数据修改后，再次上报，直至审核通过。

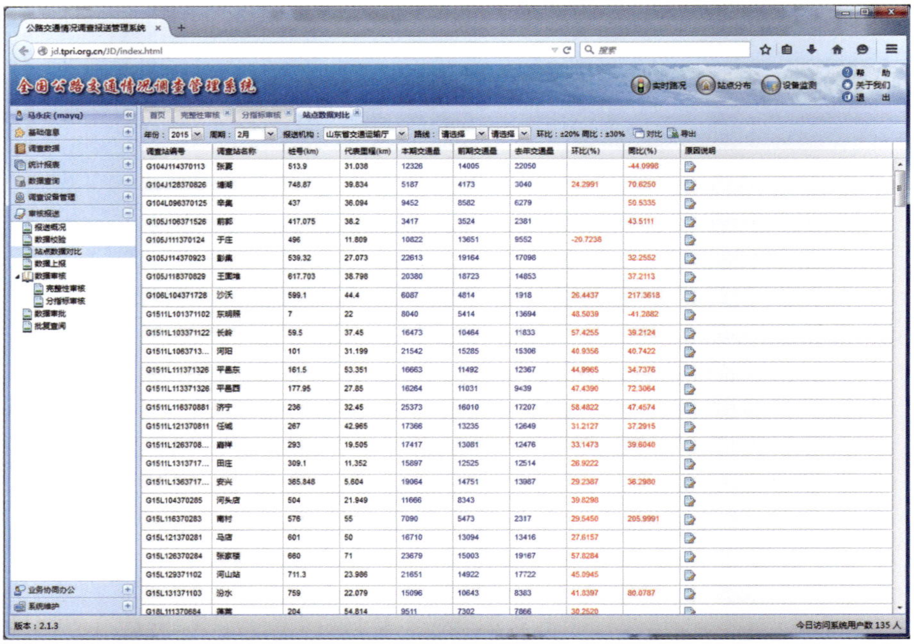

图 4-7　数据波动要填写说明

说明：与上年数据比较，出现波动幅度超过 20%（界限值可以调整），同一条线路相邻站点交通量波动超过 30%（界限值可以调整）的情况，系统自动列出这些数据。用户需对这些异常数据填写原因说明，否则审核将不能通过。

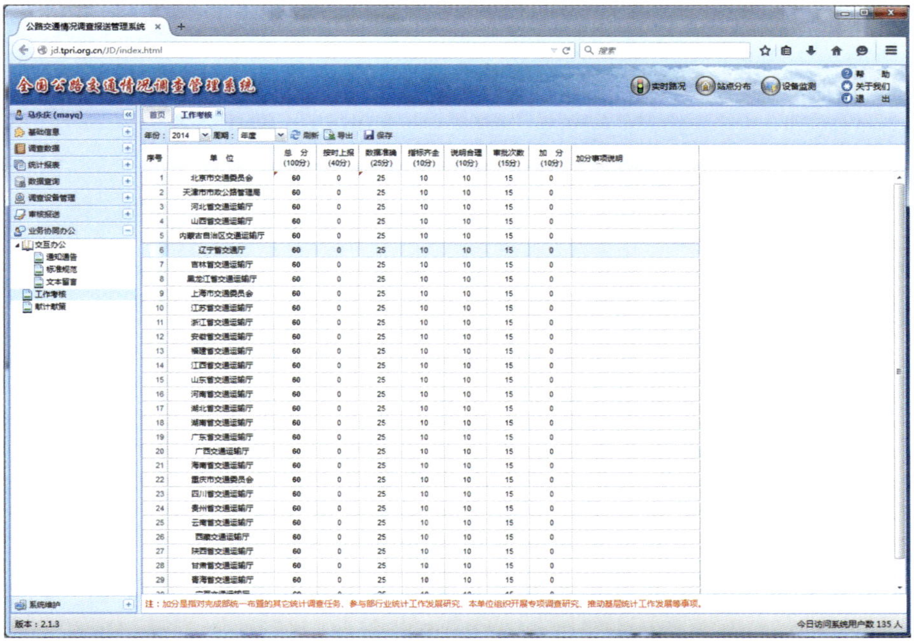

图 4-8 统计业务工作考核和评定

说明：使用上报数据准确性、报送及时性、数据指标是否齐全、说明是否合理、审核次数的多少作为统计业务工作考核评定的指标，生成业务工作考核表，在网站定期公布。

图 4-9 报表自动生成

说明：主要满足各级管理机构日常工作需要的统计报表的制作，完全符合交通运输部《公路交通情况调查统计报表制度》（2011 年）的要求，根据基层交调业务工作的需要，系统同时提供了基层报表功能。

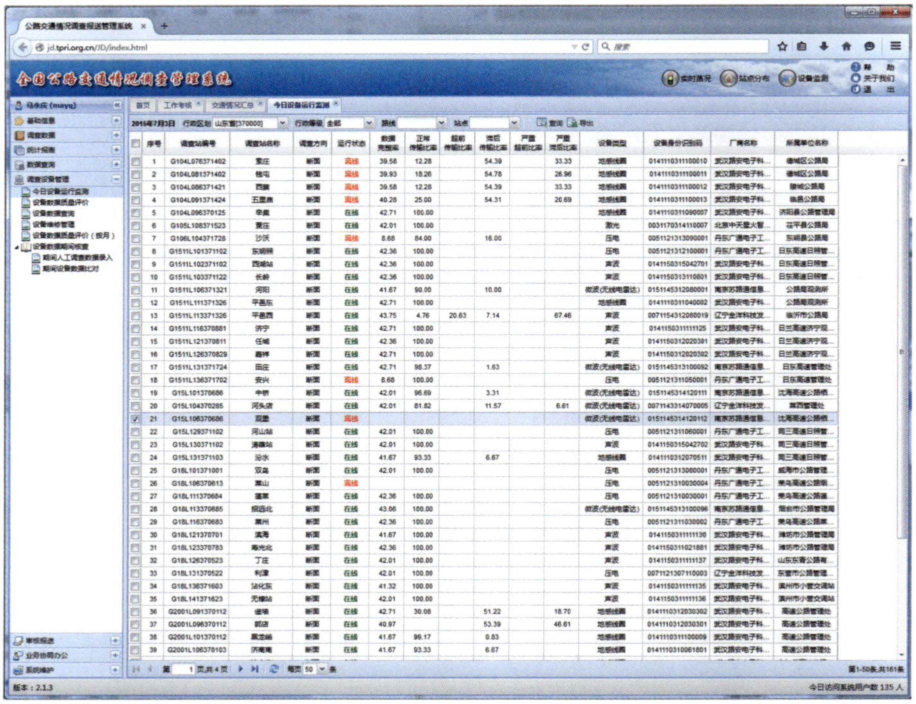

图 4-10　设备运行监控

说明：定时自动刷新调查设备的运行状况信息，使用不同的运行状态图标显示，对于故障设备闪烁显示，提示设备管理人员尽快进行维修，并填写设备维修记录信息，评定设备维修的及时性。

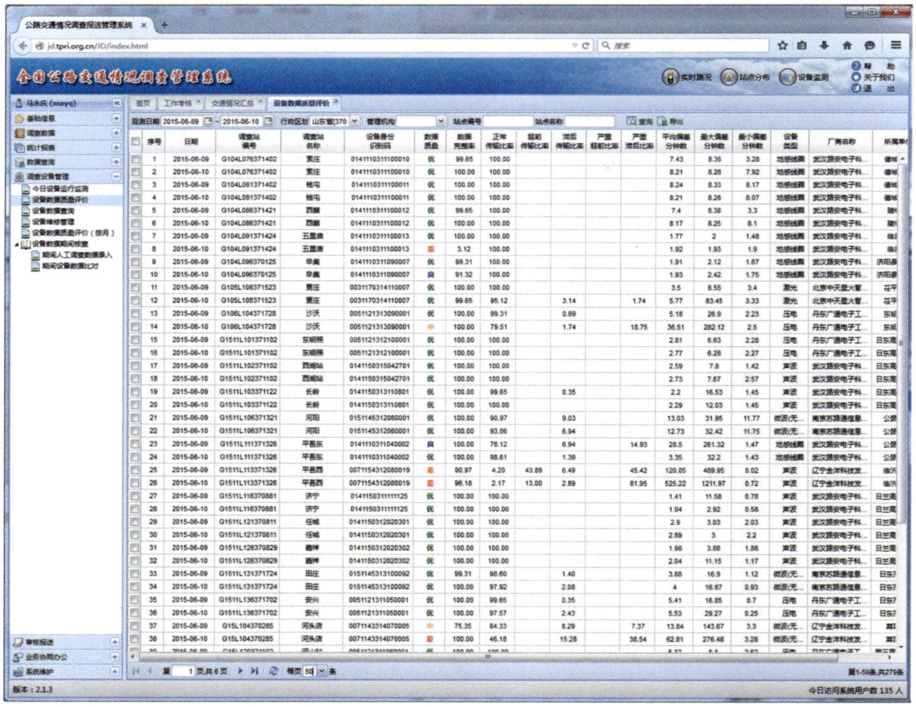

图 4-11　设备数据质量评价

说明：根据设备传输数据的质量对设备进行“综合评价”，评价的结果包括：优、良、中、差四个等级。

（供稿：交通运输部规划研究院）

基于北斗的中国海上搜救信息系统示范工程

交通运输部将“基于北斗的中国海上搜救信息系统示范工程”（以下简称“示范工程”）作为行业第二个北斗民用示范项目启动实施。示范工程紧密结合北斗卫星导航系统服务特点和海上搜救应用需求，通过政府引导、市场主导、平台建设、政策扶持等手段，建立新型海上搜救信息系统，有效提高应急处置能力，促进海上交通现代化管理服务水平，保障涉海人员生命财产安全。根据中国第二代卫星导航系统重大专项“十二五”规划和交通运输部公路交通运输信息化“十二五”发展规划，总装备部和交通运输部同意建设示范工程。

（一）项目建设内容

1. 研制、推广北斗海上遇险安全终端

研制基于北斗的船载自动识别系统（AIS）、船载应急无线电示位标（EPIRB）和人员落水报警装置（MOB）3类船载安全终端，完成型式认可，选取20艘船舶进行AIS和EPIRB示范应用，选取2艘船舶进行2套MOB基站和40套MOB终端示范应用。在救助船舶、海事船舶安装应用200套北斗无线电测定（RDSS）智能船载终端。研制基于北斗的海上遇险报警手机，联合中国联合网络通信集团有限公司，向涉海用户推广40万台套海上遇险报警手机和3000套具备北斗RDSS通信功能的手机终端或配件。

2. 建设应用系统、支撑平台和数据库系统

以海上搜救信息化建设已有成果为基础，建设基于北斗的海上遇险报警管理系统、基于北斗的海上搜救指挥辅助系统、海上综合信息服务系统3套应用系统；建设位置信息监测平台、遇险报警通信信息处理平台、电子海图平台、数据交换平台4套应用支撑平台；完善电子海图数据库、救助力量基础数据库、遇险对象基础数据库3个基础数据库，以及运行监测数据库、搜救调度数据库、信息服务数据库3个应用数据库。应用系统和支撑平台按照交通运输部、海区涉海机构（包括北海、东海和南海3个海区）两级部署。

3. 完善网络及软硬件基础设施

充分利用现有服务器、存储、网络和安全设备，配置满足系统应用功能、数据管理和安全保障要求的主机及存储系统、备份系统、网络系统、安全系统等硬件设备82台（套），配置系统软件、支撑软件等外购软件14套。

4. 完善海上移动通信基础设施

在现有海上移动通信网络基础上，联合中国联合网络通信集团有限公司部署15套固定基站，完成海上移动通信系统陆地系统建设，配置移动交换中心、基站控制器、电源等硬件设备67台（套）。

5. 制定北斗海上遇险搜救应用标准

针对北斗海上遇险安全应用特点，依据国际海事组织海事遇险安全船载终端设备标准要求，制定基于北斗的海上搜救终端技术标准和遇险报警通信协议规范等。建立北斗海上遇险搜救应用标准体系，奠定北斗在海上航行安全领域应用基础。

示范工程拟投资15420万元，计划2年内完成建设。其中，总装备部投入北斗重大专项经费5000万元，用于北斗终端设备研制、基于北斗的遇险报警手机北斗模块补贴、具有北斗RDSS通信功能的手机终端或配件补贴；交通运输部配套5000万元，用于行业应用系统、四大应用支撑平台、系统集成、RDSS船载智能终端采购及安装部署；中国联通配套5420万元，用于手机补贴、沿海固定基站以及海上移动通信系统陆地系统的建设。

（二）项目实施

1. 应用软件原型系统开发

按照总装备部和交通运输部对《工可报告》的联合批复，示范工程需要建设3个应用系统及相应应用支撑平台，为了验证设计方案的可行性，同时为配合终端产品的测试，项目组组织开发了基于北斗的海上遇险报警管理系统（图4-12）和海上综合信息服务系统（图4-13）的原型系统。

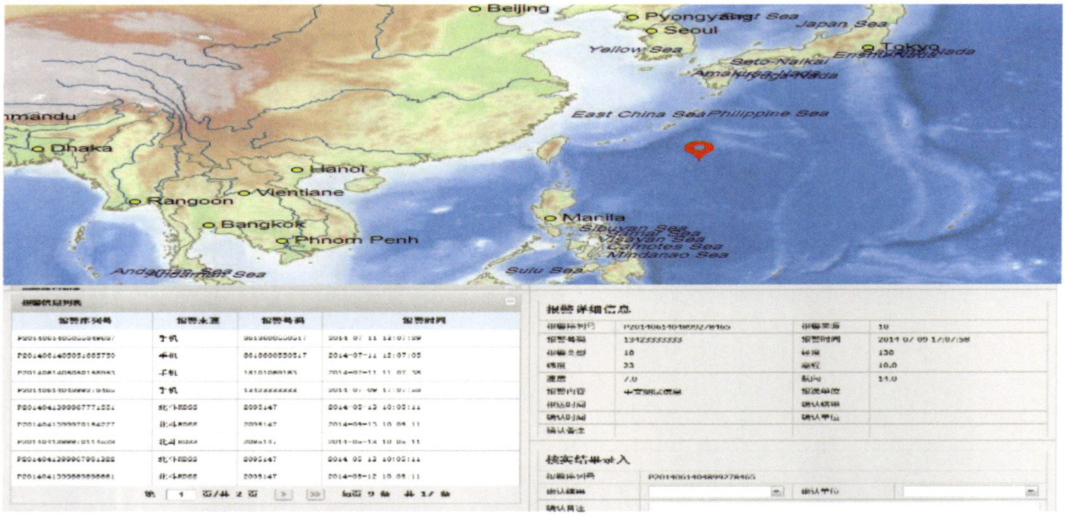

图4-12 基于北斗的海上遇险报警管理原型系统

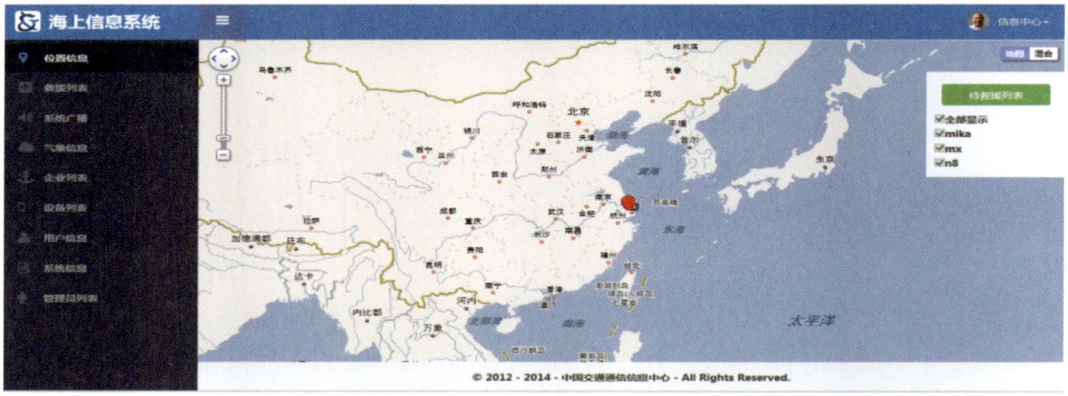

图4-13 海上综合信息服务原型系统

基于北斗的海上遇险报警管理原型系统可接收从手机或北斗用户机发送的报警信息，并在海图上进行显示，支持报警信息、船舶位置的查询和统计等功能。

海上综合信息服务原型系统提供图形化界面，集成丰富的数据资源接口，支持船舶动态监控、电子海图查询、船舶位置查询等功能，实现船舶历史轨迹的回放等。

2. 北斗手机产品研发

为了配合北斗应用示范工程“基于北斗的中国海上搜救信息系统示范工程”建设，在手机领域推广应用北斗卫星导航系统，交通安全应急信息技术国家工程实验室投入力量，开发了一款具备北斗/GPS 兼容定位功能，且能够在水上环境及遇险报警情况下有效发挥作用的手机产品（图 4-14）。目前，北斗手机、内部软件和搜救模式软件 APP 等均已开发完毕，并完成了小批量样机的生产和试用，目前正在进行批量生产准备工作。

图 4-14　北斗手机

（三）预期效益

1. 经济效益

系统建成后，通过提高海上遇险对象搜寻效率，提高人命财产救助成功率，从而减少海上事故造成的人身意外伤害赔偿费用及财产损失。本工程的实施每年减少的海上人员死亡和失踪数量，能为政府节约近 1.5 亿元的人身伤害赔偿费，同时为涉海企业和人员减少数十亿元的遇险财产损失。

2. 社会效益

本工程建设将显著提高海上遇险对象（特别是个体遇险对象）搜寻效率，搜救船舶到达出事海域后，搜寻/定位遇险个体所需时间缩短 30% 以上；同时，切实提高海上救助调度能力，险情和救助情况信息获取及时、准确，人命救助成功率达到 98% 以上；从而进一步减少海上遇险伤亡人数，保障海上作业群众的人身和财产安全；增加救捞系统对救捞力量运行状况、海上遇险事件、海上作业船舶、海洋气象的动态运行监测能力，显著提升救捞系统的管理能力；同时，增强海上搜救业务领域跨区域、跨部门的业务协同效率；提升搜救系统面向社会公众的安全信息服务能力；将加快北斗系统的产业化进程和国际化程度，满足国际组织对远洋船舶上使用北斗系统的技术要求，为后续大规模的海上船舶示范应用奠定技术基础。

（供稿：中国交通通信信息中心）

高速公路联网收费大数据动态监测系统

"十二五"期间，依托于交通行业信息化建设重大工程之一的"交通运输统计分析监测和投资计划管理信息系统工程"建设，交通运输部组织建立了部级交通运输动态监测系统，实现了对部分省份高速公路联网收费数据的动态采集、分析，为部开展行业经济运行分析、高速公路客货流量监测分析及公路货物运输量统计提供了重要支撑。

（一）系统数据采集流程和主要内容

高速公路联网收费数据来自于各省高速公路联网收费系统，部级交通运输动态监测系统通过部署在各省交通信息中心的前置机，动态采集分布在不同省份的异构数据，并利用ETL工具对数据进行转换、清洗，使用数据交换中间件将各省数据传输到部中心机房，再使用ETL工具进一步对数据进行分析、汇总，按时间周期从不同车型、车种、轴数、行驶区域等多个角度分析高速公路车流量，客、货车行驶量，货物发送量、到达量，货物周转量、货运密度等的变化趋势，及时反映行业运行的态势。目前系统所采集的数据内容包括车辆进出高速公路的入口收费站信息、入口时间、出口收费站信息、出口时间、车牌号、车型、车种、行驶里程、总轴数、轴型及轴重、车货总重、限重、超限率等22个指标。

（二）应用情况

部级动态监测系统是交通行业管理部门动态采集行业运行业务数据的重要尝试，系统已于2014年正式建成并投入使用，截至2014年底，已实现对天津、河北、山西、辽宁、吉林、黑龙江、上海、江苏、浙江、安徽、福建、江西、山东、河南、湖北、湖南、广东、广西、重庆、四川、陕西、宁夏共22个省高速公路联网收费数据的动态采集。数据量超过4亿条/月，2013～2014年度数据量已达100亿条，容量超过2TB。

目前，系统成果已在行业经济运行分析、高速公路客货流量监测分析及公路货物运输量统计数据核查中得到了得到了应用，进一步丰富了统计分析工作的广度和深度，提高了行业决策支持的快速反应能力。

（三）下一步推进思路

（1）继续扩大监测范围，实现对全国高速公路联网收费数据动态监测的全覆盖。

（2）进一步发掘数据应用需求，从行业宏观管理决策、运行管理、公众服务等多个角度对数据进行深入应用。

（3）利用大数据技术，进一步提升系统的数据采集和分析能力，充分挖掘数据的潜在价值。

（供稿：交通运输部科学研究院）

贵州省智能交通云建设工程

贵州省交通运输厅启动贵州省智能交通云建设，通过构建全省统一的云计算服务平台，实现交通运输行业基础设施一体化、运维管理集中化、技术支撑平台化、数据资源整体化、业务应用协同化、公众服务人文化和大数据产业化，为政府决策、交通管理、企业运营、百姓出行等提供智能交通服务。

（一）建设目标

2015 年，全面建成稳定可靠、安全高效、动态扩展、弹性伸缩的云基础设施平台，基本形成可视化、人性化、开放化、标准化的云应用支撑平台，建成统一的行业数据资源中心，逐步实现公众出行信息服务系统、公路养护统计管理平台等现有业务系统云化迁移。到 2017 年，形成完整的具有贵州省交通运输行业特色的业务组件体系，整合全省铁路、航空等数据资源，实现与公安、城管、气象等单位的信息资源共享，推动交通运输大数据资源的聚集，建成统一的智能交通云服务平台，向全社会提供交通诱导、应急指挥、智能出行、出租车和公交车管理等服务。

（二）建设情况

“智能交通云”是贵州“7 + N”云工程建设、加快发展大数据产业的重要组成部分。工程规划出基础设施及服务层、平台及服务层、软件及服务层、大数据资源整合应用及商业模式设计五大层面建设方案。现已编制完成《智慧交通行动方案》，完成项目总体建设方案编制并通过省大数据办审查，同时申报交通运输部科技示范项目。

1. 完善外场数据感知设备方面

对交通行业信息化现状进行调研，梳理交通信息行业资源，完善外场数据感知设备，提出高速公路重点路段监控设施 100% 覆盖、交通量调查设施 80% 覆盖、ETC 车道 90% 以上覆盖、“两客一危”车辆定位设备 100% 覆盖的目标。

2. 打通数据传输通道方面

依托 2013 年建成的联通部—省—市（州）—县以及各高速公路项目部的交通行业专网，完善现有省、市两级的视频会议系统，打通行业数据传输通道，夯实交通云数据汇集基础，目前共建成省厅（总中心）、4 个二级局、9 个市（州）、威宁、仁怀及 17 个高速公路项目办的交通运输视频会议系统。

3. 整合数据资源方面

依托 2013 年建成的贵州交通数据中心系统，继续整合行业已有数据资源，完成全省交通行业数据资源及共享交换需求资源梳理，编制行业数据资源目录。展开与公安系统、交通管理局资源的交换共享建设前期工作。与省公安厅交警总队就信息化合作事宜进行多次座谈、调研，提出包括交通视频监控信息、交通管制信息、交通事故信息、车辆驾驶员信息及违规信息、交通流量数据在内的数据共享需求，并明确了资源交换工作任务，双方达成共同推动数据资源共享、系统共建共用、平台互连互通、业务高效协同和信息统一发布的共识，旨在创建交通管理共建共管共用的新模式。

4. 加快信息系统迁移方面

启动智能交通云云化迁移工作，成功迁移数据中心项目、GIS 平台、道路运输信息管理系统、公路养护管理系统、“黔通途”平台等业务系统至“云上贵州”平台。“黔通途”平台的上线、“12328”交通服务监督电话的开通，极大地方便了公众出行。

（三）下一步推进思路

一是通过基础设施统一建设、统一运维管理，最大限度利用资源，减少基础设施投入，实现全行业IT资源集中运维，提高效率，降低成本，破解行业管理部门运维费用、专业人才匮乏的难题；为业务应用提供统一的开发框架和业务功能组件，实现应用的快速开发、整合，降低开发部署投资，帮助政府聚焦主要业务，推动向服务型政府转变。

二是抓好信息系统的迁移、开发和应用。继续将其余系统迁移到云上，正在开发的系统直接放在云平台上的应用。

三是聚集和共享行业内外数据资源，形成交通大数据，避免信息孤岛问题，满足各级业务部门信息化互联互通的需求，实现业务协同，提升行业管理水平；通过对数据资源的深度挖掘和分析，为行业管理和组织提供辅助决策。

四是承载广大群众的“交通梦”，以“以人为本，服务为先”为理念，提升交通服务质量，为公众提供丰富的、定制的、个性化的信息服务，实现公众服务的人文化。

五是开放交通运输行业数据，进一步打通行业内外的数据资源通道，加强与其他“6朵云”之间的信息资源和服务的共建共享。在云平台运营、大数据应用、信息服务、感知终端等方面带动培育一批企业，形成大数据产业集群。

（供稿：贵州省交通运输厅）

吉林省交通运输信息化顶层设计

吉林省交通运输厅按照顶层设计思想和方法进行总体规划，解决当前信息化建设中存在的“统不起”、“联不通”的问题，统筹推进全省信息化建设从关注局部单一项目向重视全局整合发展转变，推进跨部门、跨系统的互联互通、业务协同和信息共享，充分发挥电子政务项目促进多部门协同解决经济社会问题的作用，避免重复投资、重复建设，充分发挥投资效益。

（一）设计思路

1. 目标导向

顶层设计要始终以行业管理部门履行经济调节、市场监管、社会管理、公共服务等政府职能，满足社会对安全、便捷、高效、绿色交通运输服务的需求为导向。

2. 业务驱动

顶层设计要以政府的核心业务为主线，收集、整理与描述业务需求并按层次呈现，形成业务框架，以此为出发点构建信息化总体架构。顶层设计中的业务，不是进行业务决策，而是以丰富清晰完整的业务资料，辅助业务决策，推动业务职能转变和改革。

3. 注重整体

顶层设计要跳出局部环境的束缚和影响，从全行业互联和全网协同的全局视野，分析和构建信息化总体架构。

4. 统筹协调

顶层设计的主要目的和功能是解决信息化建设中各个要素的协同问题，统筹考虑业务、应用、数据、技术和实施环境等各要素之间的关系，达到信息化建设效益最大化。

（二）设计方法

目前国内外信息化顶层设计的方法主要包括美国联邦总体架构框架（Federal Enterprise Architecture Framework，FEAF）、英国电子政务互操作框架（e－Government Interoperability Framework，e－GIF）、德国面向电子政务应用系统的标准和体系架构（Standard and Architecture for e－Government Application，SAGA）。各种顶层设计方法的主要特点如表4-1所示。

主流信息化顶层设计方法主要特点比较一览表 表4-1

比较项目	FEAF（美国）	e－GIF（英国）	SAGA（德国）
基本思路	基于企业架构理论； 强化大政府概念，淡化部门概念，促进流程整合和业务协同；考虑信息化建设所处的外部环境和内部条件是不断变化的，该框架强调顶层设计需要动态发展和完善	以数据交互和元信息管理理论为基础	从系统观点，为实施电子政务提供方法、标准和产品
基本架构	以业务和绩效为驱动，以技术和数据为平台，以服务构件为组件	以XML为核心进行数据定义和数据分类	以项目为驱动，从不同视角提供实施电子政务的方法、标准和产品
主要内容	业务架构、应用架构、数据架构、技术架构（含安全架构、运维架构）	政策规范和XML模式文档	SAGA标准文档

交通运输信息化建设具有典型的业务驱动特点，吉林省交通运输信息化顶层设计强调基于系统论思想，围绕吉林省交通运输行业总体业务需求、战略目标和信息化发展形势进行统筹设计。因此，基于吉林省顶层设计的要求，以及上述各类顶层设计方法的特点，确定吉林省交通运输信息化顶层设计采用美国FEAF方法进行设计和分析。

按照美国FEAF架构方法及吉林省交通运输信息化建设现状和发展形势，吉林省交通运输信息化顶层设计理论框架如图4-15所示。

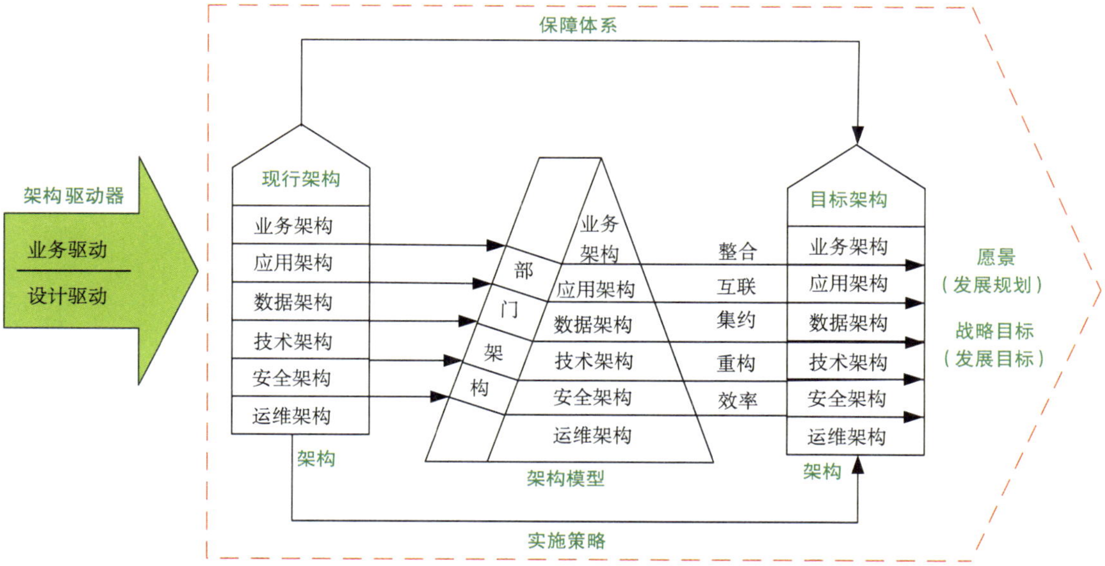

图4-15 基于FEAF的吉林省交通运输信息化顶层设计框架

吉林省交通运输信息化顶层设计以业务和设计（信息化总体发展目标）为驱动，通过对现行信息化总体架构（业务架构、应用架构、数据架构、技术架构、安全架构、运维架构）进行分析，打破部门架构之间的壁垒，按照整合、互联、集约、重构的设计思路，在保障体系、实施策略的支撑下，基于吉林省交通运输信息化发展规划和战略目标（发展目标），破解当前信息化建设中面临的“统不起”、“联不通”的瓶颈问题，统筹设计吉林省交通信息化目标架构（业务架构、应用架构、数据架构、技术架构、安全架构、运维架构），明确各架构建设要求，为信息共享与业务协同、信息化工程组织、管理与建设提供建设指南、服务和运维指南，促进吉林省交通运输信息化建设工作有序、可持续开展。

（三）技术路线

根据上述顶层设计方法，吉林省交通运输信息化顶层设计的内容包括目标需求分析以及总体架构设计两个环节，其研究技术路线如图4-16所示。

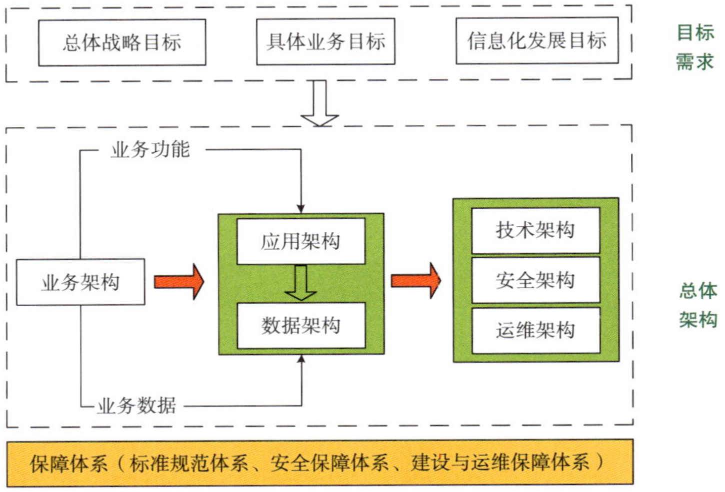

图4-16 吉林省交通运输信息化顶层设计研究技术路线图

1．目标需求分析是顶层设计的依据和灵魂

从行业发展全局和战略高度制定的总体战略目标和具体业务目标是分析和制定信息化发展的目标和方向的基础。围绕行业发展需求和战略规划，结合信息化规划目标和发展思路，对战略目标进行任务分解与细化，作为信息化顶层设计的重要依据，形成顶层设计的总体架构。

2．业务层面是顶层设计的根本

从组织机构和业务职能入手，系统梳理现行的业务，确定关键业务项；按照“业务域—业务线”的逻辑关系，对业务项进行逐层分解和聚类；结合业务管理现状和未来发展趋势分析梳理行业内外的协同共享需求；在此基础上形成相对稳定的业务框架模型，以便系统地、本质地、概括地把握总体业务需求，为科学、合理地进行顶层设计奠定基础。

3．技术层面是顶层设计的核心

结合行业特点及发展需求，以业务框架和业务需求为驱动，进行技术层面的顶层架构设计，包括统一的技术架构、数据体系架构、业务应用体系架构、安全体系架构、运维体系架构等内容。整个技术架构应灵活、稳健、可靠，符合未来发展趋势。

4. 保障体系是顶层设计“落地”的基本保证

主要从建设运维、标准规范、信息安全等方面进行全面规划设计，包括政策法规、规章制度、运行机制（协调机制和推进机制）、标准规范等要素。

（四）总体架构设计

吉林省交通运输信息化总体架构由业务架构、应用架构、数据架构、技术架构、安全架构、运维架构6个部分组成，如图4-17所示。各部分之间具有较强的逻辑连贯性，是一个渐进推导的过程。

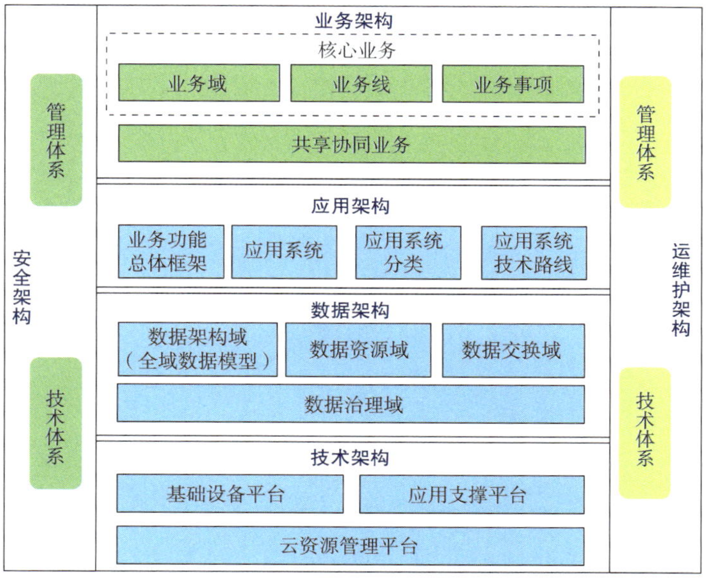

图4-17　吉林省交通运输信息化顶层设计总体架构

1. 业务架构

基于全省交通运输行业职能职责，以业务对象为核心、以管理组织结构为依据、以管理职能和业务流程为主线、以业务间共享互联和未来可能的变化趋势为着力点，明确业务关系，构建相对稳定和清晰完整的业务层次架构，为优化业务流程和建立稳定的信息化架构奠定基础。

2. 应用架构

基于对业务模式及其关联关系的分析，遵循“联”的建设思想，梳理业务功能并进行应用系统切分和集约整合，分析共性和个性的信息化建设内容，分析各系统之间的关联关系，明确技术路线和已有系统的集成方式，梳理确定应用系统的部署方式。

3. 数据架构

在业务架构分析的基础上，分析吉林省交通运输行业统一的数据资源体系、数据交换体系和数据管控体系的建设原则、建设思路、技术路线，形成包括数据架构域、数据资源域、数据管控域相互作用、相互支撑的数据架构，实现未来新建及改建系统的数据资源规范、按需、有序的接入管理与维护，促进吉林省交通运输行业数据资源“一数一源、一源多用”的规范应用。

4. 技术架构

基于面向服务的理念，推动数据和业务应用系统与承载的技术环境分离；基于“统”的思想，明确集约化的基础性运行支撑环境建设范围、建设内容、应用模式；确保专项信息化工程与基础性运行支撑环境无缝融合、统一管理。

5. 安全架构

根据《信息安全等级保护管理办法》（公通字〔2007〕43号）的要求，对吉林省交通运输信息化应用系统实施等级安全保护。明确管理体系、技术体系、安全响应机制、应用模式等建设内容，形成完整的安全防护体系，从管理层面和技术层面全面提升对数据、应用、技术的安全保障能力。

6. 运维架构

基于IT基础架构库（ITIL）的理念对吉林省交通运输信息化各类应用系统和相关软硬件支撑设施提出统一的运行维护实施流程体系，开展管理体系、技术体系和应用模式设计，明确不同信息化建设内容运维责任主体、运维范围及内容、运维工作界面、运维技术路线及要求，实现对系统和设备的全生命周期管理。

（供稿：吉林省交通运输厅）

公路交通领域军民融合应用示范项目

为推进军民深度融合，交通运输部与总装备部达成共识，双方共同推动高分专项和导航专项在交通运输行业的应用示范，打通高分专项在交通运输行业的应用示范链路，推进北斗卫星导航技术与高分遥感技术在交通运输行业综合应用效能，两部计划通过公路交通领域军民融合示范项目的实施，推动高分辨率对地观测系统和北斗卫星导航系统在民用领域的大量应用，形成规模效应，带动高分专项产业链的形成和发展，促进北斗卫星导航在公路交通领域的深入应用，为两个重大专项的健康可持续发展奠定坚实基础。

（一）项目背景

高分辨率对地观测系统重大专项（以下简称“高分专项”）与第二代卫星导航系统重大专项（以下简称“导航专项”）都是《国家中长期科学和技术发展规划纲要（2006—2020年）》所部署的16个重大专项。高分专项的实施对于加快我国空间信息与应用技术发展，提升自主创新能力、强化应用效能，建设高分辨率对地观测系统，满足国民经济建设、社会发展和国家安全需要具有重要战略意义。第二代卫星导航系统重大专项是中国正在实施的自主发展、独立运行的全球卫星导航系统，系统建设目标是建成独立自主、开放兼容、技术先进、稳定可靠的覆盖全球的北斗卫星导航系统，促进卫星导航产业链形成，形成完善的国家卫星导航应用产业支撑、推广和保障体系，推动卫星导航在国民经济社会各行业的广泛应用。为推进高分辨率对地观测卫星在各个行业的应用效能，打通行业的应用链路，总装高分观测专项办公室在2011年选择了3个部委开展行业应用需求研究，并根据需求研究情况推动高分辨率对地观测卫星在各行业的应用和示范工程建设。2011年，中国交通通信信息中心受总装高分观测专项办公室委托，开展了《高分辨率对地观测数据民用需求研究（交通）》科研课题的研究，经过一年多的研究论证，给出了交通运输行业对高分辨率卫星遥感影像数据（特别是亚米级遥感影像）的应用需求，在公路交通领域开展军民融合应用示范的建议。

遥感技术以其自身的优势在交通各领域具有广阔的应用前景，为目前一些交通问题的解决提供有效途径。首先，遥感技术具有图像覆盖范围大、时效性强、信息客观真实、可重复使用、便于计算机分析等优势，一方面能够实现交通要素自动化提取与识别，在交通网络、基础设施动态监测及管理方面的优势尤为明显；另一方面可以与 GIS、GNSS 等现代信息技术进行有效结合，从而在交通设施调查、交通规划、勘察设计、灾害应急、溢油监测等领域发挥重要作用。如 2008 年南方冰冻灾害公路损毁调查，2008 年汶川地震、2010 年玉树地震对地震区公路损坏情况进行快速评估，2009 年在全国大范围的洪灾中公路损毁的检查与评估，遥感技术在灾害应急方面发挥了重要的作用。因此，遥感技术在交通领域的应用，可以大大加快交通信息化建设速度，并且可以节省各方面投入。

通过实施本示范项目，将打通军用高分辨率遥感数据在交通领域的应用链路，将北斗卫星技术与公路交通领域的灾害应急等进行深度应用，提高两个专项在交通运输行业的应用水平，夯实两个专项在交通运输行业的推广基础。在交通运输行业广泛应用高分辨率遥感数据和北斗卫星技术，将有利于开展交通设施调查、道路损毁评估、公路施工核查与监督、危桥沉降监测、灾害应急响应等系列关键技术和应用；建立重大或国防道路工程的规划、勘察、选线、建设、监管、核查、监测与维护的动态管理示范应用系统，以公路交通设施作为具体应用示范对象，更好地服务公路交通业务需求。同时，对于降低对国外高分辨率卫星的依赖程度、促进自主高分辨率对地观测系统在交通运输行业的广泛应用具有重要意义。

（二）建设目标

通过公路交通领域军民融合应用示范项目，牵引交通运输行业遥感数据中心建设，推动交通运输领域大数据资源整合，打通交通运输行业横纵应用链路，重点解决交通运输行业设施调查、路灾监测、建设监管、辅助设计问题，服务于国防交通战备、边防道路建设及重大军事活动需要，实现高分资源与北斗资源在交通运输行业的融合应用，打造交通运输领域军民资源融合与共享新模式。

（1）深化公路交通领域军民融合水平，针对交通领域应用需求，实现军民遥感数据资源融合、高分遥感与北斗数据资源融合、遥感应用技术与公路交通应用融合以及交通信息资源军民共享。

（2）综合利用高分专项和北斗专项已有技术成果，进行适应性改造和应用，构建高分资源和北斗资源在交通领域的应用模式，推进两个专项资源在交通行业的应用产业化。

（3）依托高分军民数据交换中心，对资源共享服务平台进行适应性改造，打造交通遥感综合应用服务平台，初步建成交通运输遥感数据中心。

（4）打造移动应急应用服务平台，进行应急条件下高分遥感数据快速接收、存储、处理、传输能力示范，为重大道路灾害监测提供高分遥感数据保障和服务能力。

（5）在湖南、西藏和北京开展应用示范，验证高分资源对公路交通业务应用的支撑能力，为在交通领域开展业务推广奠定基础。

（6）为交通运输行业单位以及相关军事应用单位提供高分辨率遥感数据服务，为交通运输行业相关单位开展业务提供及时、高效的数据保障和咨询服务；支持向军民数据交换中心提供专题产品，反哺军事交通应用。

（三）进展情况

本项目工程可行性研究报告已获总装备部和交通运输部联合批复，目前正在进行初步设计，有望近期通过评审。

（供稿：西藏自治区交通运输厅）

二、运行监测与管理

2014 年，全国共启动建设了 9 个省级公路水路安全畅通与应急处置系统、11 个省级公路水路建设与运输市场信用信息服务系统和8个省级交通运输经济运行监测预警与决策分析系统重大工程。从各地提供的案例可以看出，各省市通过对采集的各类信息进行分析研究，强化信息的处理与应用，开展了示范项目的建设，应用信息化手段进一步提升交通应急事件的处置水平，建立应急事件预警机制，不断完善交通运行监测和管理体系的建设。

内蒙古交通运输统计分析监测和投资计划管理信息系统试点工程

内蒙古自治区交通运输统计分析监测和投资计划管理信息系统试点示范工程是交通运输部交通运输经济运行监测预警与决策分析系统的重点支撑项目，区级统计和投资工程计划管理信息系统，旨在合理优化区内统计和计划管理工作流程、提高工作效率、提升数据质量、共享以及深度分析统计数据，使统计工作与投资计划工作能互相促进、互相监督；能与部级统计和投资工程互联互通，顺畅上报和接收统计、投资数据；同时，工程还将尝试对能反映交通运输经济运行状态的鲜活业务数据进行监控，补充交通统计数据，提高统计数据的时效性。

（一）主要建设内容

初步实现区内统计报表管理业务与投资计划管理业务的自治区、盟市、旗县三级联网数据的处理与共享，同时与《部级统计和投资工程》做好衔接；初步实现公路交通量以及部分典型客运站发送量的动态监测；初步实现自治区与各直属单位以及盟市、旗县交通运输局统计数据的检索和共享服务；初步实现对统计数据、计划数据、动态监测数据的综合分析以及主要指标的短期预测；完善对交通运输统计数据的对外发布，提高统计、投资计划管理的工作效率和数据安全性，为交通运输经济运行分析、重点业务领域行业监管、投资计划管理决策提供支撑。

1. 建设六大应用系统

包括省级统计报表管理系统、省级投资计划管理系统、省级动态信息监测系统、省级统计信息共享服务系统、省级综合分析系统、省级统计信息公共服务系统六大应用系统，以及由数据接口、统计业务短信服务系统等共同构成的应用支撑平台。

2. 建设统一的统计及投资计划管理数据库

在内蒙古自治区交通运输综合信息网上建立统计基础数据库、投资计划基础数据库、动态监测基础数据库、汇总分析数据库、统计共享服务数据库、统计信息发布数据库、元数据库7个数据库，并相应对统计、投资计划相关的历史数据进行迁移转换。

3. 完善统计以及动态监测数据采集网络

将当前交通运输综合信息网覆盖范围以外的盟市、旗县级公路管理部门，以及15个一级客运站动态监测数据采集点通过互联网VPN方式连接到交通运输行业专网，为厅机关以14个客运站企业购置VPN设备，为14个客运站购置前置机设备（其中1个客运站已经在部级统计和投资系统中配置前置机，获取数据），为12个盟市级公路局配置VPN接入设备，以满足各级单位连接系统，稳定传输数据的需要。

（二）工程总体设计

1. 总体布局

根据内蒙古自治区网络系统现状，区交通运输厅机关、信息中心、区公路局、区运管局、区路政总队、高路公司、盟市交通运输局、旗县交通运输局均通过内蒙古自治区交通运输综合信息网连接使用系统。所建设的六大应用系统，除统计信息公共服务系统外，均部署交通运输综合信息网上，统计信息公共服务系统部署在互联网上，并通过防火墙、网闸等安全设备与综合信息网连通，并且实现由行业专网向互联网单向传输数据（图4-18）。

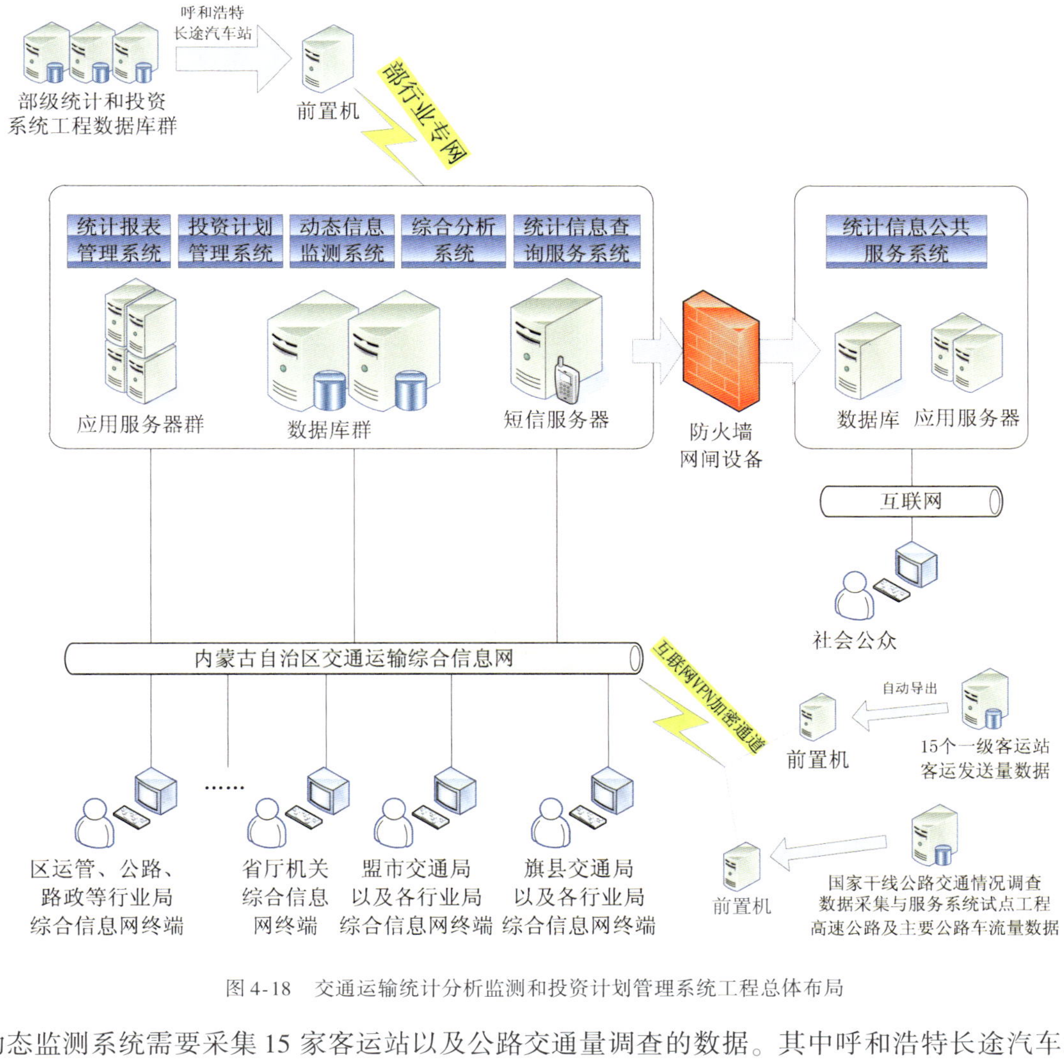

图4-18　交通运输统计分析监测和投资计划管理系统工程总体布局

动态监测系统需要采集15家客运站以及公路交通量调查的数据。其中呼和浩特长途汽车站的数据从部级统计和投资系统中共享，其余数据采集，为了不影响原业务系统的正常运转，采用部署前置机的方式，通过前置机，利用互联网的VPN专用通道进行数据的报送。

2. 总体构架

内蒙古自治区交通运输统计分析监测和投资计划管理信息系统总体架构分为基础支撑层、数据资源层、应用支撑层、业务应用层、客户端层以及信息系统的安全保障体系与标准规范体系，如图4-19所示。

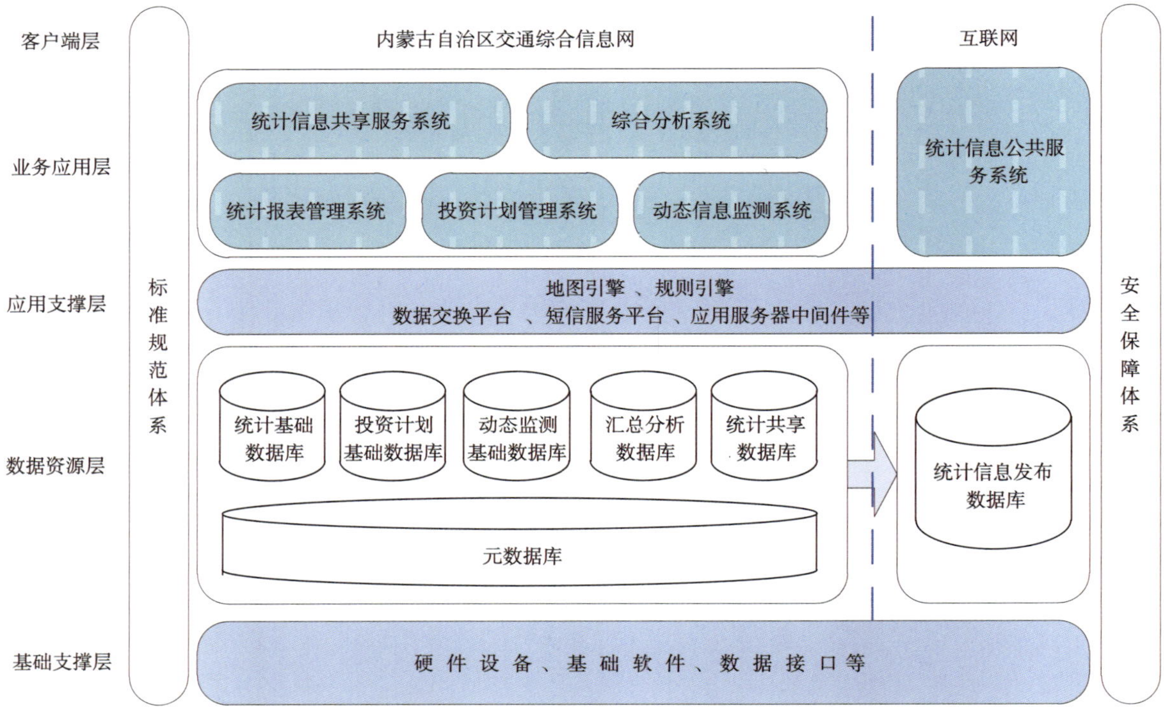

图4-19　交通运输统计分析监测和投资计划管理系统工程总体构架

3. 应用系统总体结构

本工程所建应用系统包括省级统计报表管理系统、省级投资计划管理系统、省级动态信息监测系统、省级统计信息共享服务系统、省级综合分析系统和省级统计信息公共服务系统，各系统又分别包含若干子系统，应用系统总体框架如图4-20所示。

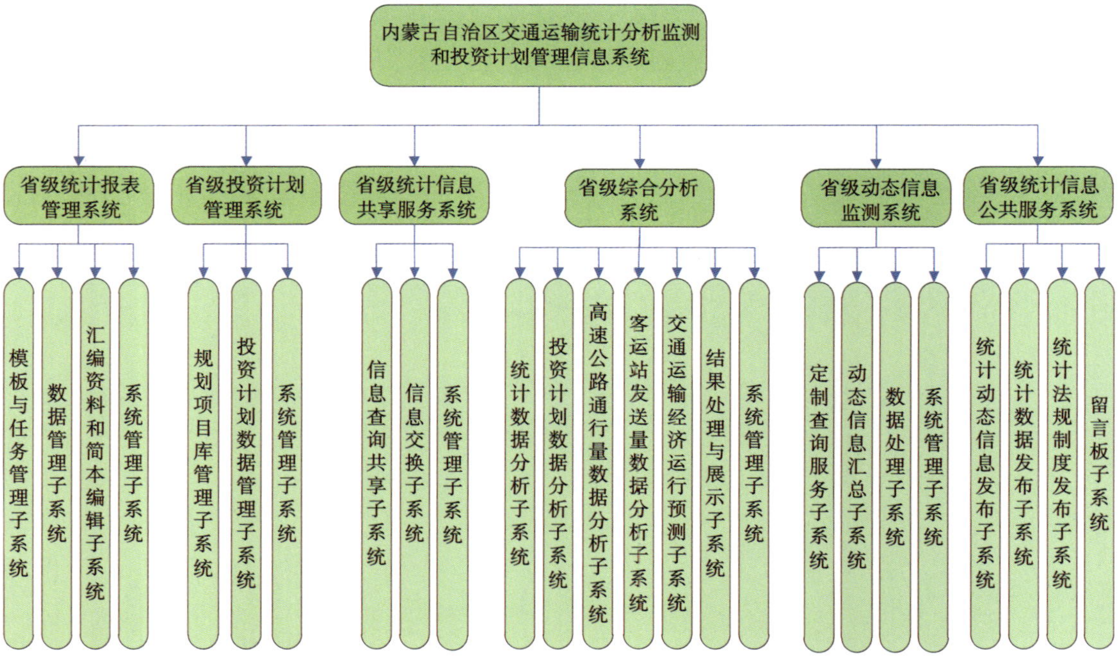

图4-20　交通运输统计分析监测和投资计划管理系统总体框架

（三）工程建设成效

（1）区级统计报表管理系统可替代目前区内各级交通运输主管部门使用的单机版交通运输行业统计系统，构建区内统一的统计工作网络化作业平台，实现自治区、盟市、旗县统计报表业务的全流程网络化作业，简化业务环节，减少人工操作与重复劳动，增强统计数据安全性，提高统计效率，并提高行业管理者利用统计信息进行科学决策的能力。

（2）区级投资计划管理系统通过升级原有内蒙古农村公路计划管理系统，可为自治区各级交通运输投资计划管理部门提供部投资计划管理专用工具，增强系统的功能，扩大系统覆盖业务范围，改变原有业务模式，简化工作流程，有效降低办公人力、物力和时间投入，提高工作效率与分析决策的科学性，从而提高自治区利用中央资金引导交通运输行业健康发展的能力。

（3）区级动态信息监测系统能够为内蒙古自治区交通运输厅提供准确、及时、细粒度的交通运输行业运行动态信息，以便各级领导掌握交通运输经济运行态势与特点；

（4）区级统计信息共享服务系统将为区内各级交通运输主管部门提供统一的统计信息检索与共享服务，方便数据获取，消除部门间信息壁垒，提高宝贵统计数据的利用率；

（5）区级综合分析系统能够为区交通运输厅提供更科学的分析结果，并能对交通运输主要指标进行预测分析，辅助各级交通运输管理人员更加科学的制定各项政策、措施，为加快调整结构、转变发展方式，建设畅通、高效、安全、绿色交通运输体系提供保障。

（6）通过实现自治区、盟市、旗县报表业务的全流程网络化作业，简化业务环节，减少人工操作与重复劳动，降低办公人力投入、时间投入成本。

（7）通过实现区交通运输厅及各直属单位、盟市、旗县级交通运输主管部门间统计数据网络化共享，避免以往人工问询、上门拷贝或复印资料的传统获取数据方式，有利于消除部门间信息壁垒，显著降低获取统计数据的人力成本与时间成本。

（8）通过实现区级投资计划管理业务的网络化作业，减少工作人员操作 Excel 软件所耗费的大量时间精力，而且基本能够取代目前邮寄光盘和人工送达的数据交换方式，有效降低办公人力、物力和时间投入。

（四）下一步工作思路

考虑到内蒙古自治区统计业务现状，以及工程建设周期和投资等方面的限制，还有大量在本工程业务范围外的统计报表制度，例如报交通运输部科技司、人事劳动司等部门的报表，未纳入本工程所建统计报表管理系统，仅在本工程中预留了与相关单位统计系统的数据接口。在后续工程中逐步实现这类统计报表的网络化作业，切实减轻基层统计工作人员负担。基于投资计划管理业务现状以及可实施条件，本工程并未涵盖区内投资，中央预算内投资等方面的投资计划业务，在后续工程中继续完善投资计划管理系统，实现区内全部投资计划业务的网络化处理，切实减轻计划管理工作人员的工作负担。

（供稿：内蒙古自治区交通运输厅）

北京市交通运行监测调度中心二期数据工程

北京市交通运行监测调度中心（以下简称“TOCC”）是全国首个城乡一体化的省级综合交通运行监测协调中心，旨在促进全市交通运行管理由各行业独立运行向综合协调转变。通过 2010 年启动的北京市交通运行协调指挥中心（TOCC）一期工程建设，初步构建了北京市综合交通运输运行监测协调体系，在缓解交通拥堵效果评估、公众信息服务、交通运行监测、交通应急指挥和春运保障，特别是多种交通方式协调联动方面取得了一定的应用效果，在推进全市综合交通运输的协调运行方面发挥了积极的作用。

（一）实施过程

TOCC二期数据工程与基础支撑系统建设主要针对TOCC现存数据接入和整合不够全面、数据管理不够完善、监测指标体系和标准缺乏等问题，并且为应用监测提供系统运行环境，以服务政府决策、行业监管、企业运营、百姓出行为宗旨，进一步支撑TOCC运行监测与决策支持的应用效能、提高多种运输方式之间协调联动水平、提升公众交通出行信息服务水平。

1. 建设内容

北京市交通运行协调指挥中心（TOCC）二期工程项目工程建设共分为五个部分，数据工程与基础支撑系统建设项目是其中之一，负责为TOCC二期工程项目各系统提供统一的基础支撑软硬件环境，以及满足各系统共性要求的数据工程建设。主要包括基础支撑软硬件采购和数据工程两部分内容，其中数据工程又包括数据库平台、可视化管理监测平台、大数据平台等几个部分。

2. 实施方案

本项目重点关注北京市交通行业数据中心的来自各类采集系统众多繁杂数据的数据整合和高效的共享交换，为TOCC监测、调度、协调、联动及公众出行服务提供数据保障和技术支持。构建数据扩展支撑子系统采用面向服务SOA的设计理念设计总体框架，将功能模块的独立开发和关联整合作为架构设计的关注点。基本出发点就是在一个统一的应用集成框架下，利用成熟的中间件和数据抽取工具来实现数据转换、信息传输、事务处理和消息收发，系统设计与开发过程中尽可能将系统提供对外服务的应用程序功能封装和发布为Web服务，使系统的功能可以采用松耦合的方式实现集成，并使平台提供功能服务具有可扩展性。

项目既有相对明确的业务需求，如：能快速实现数据接入和共享交换的需求；数据多元化存储的要求；可视化管理和运行监测的需求；对海量数据挖掘处理需求，又有相对明确的功能需求，如构建数据库平台；交通数据的接入与共享；构建可视化管理监测平台；构建大数据平台，还有明确的非功能需求，如易维护性、安全性、可移植性、可靠性等。

3. 具体方法

项目将采用瀑布式和原型法相结合的办法，同步展开项目各内容的实施工作。对于创建资源目录、开发数据抽取和共享模块，通过需求调研确认需求之后，主要采用瀑布式组织开发工作；而对于数据抽取、建设综合数据库以及数据监测系统，则拟采用“原型法”、迭代方式进行本项目的开发工作。

（1）调研与分析阶段。本阶段的工作目标是完成部分关键业务的业务梳理、资源抽取、元数据和目录体系创建，为后续业务梳理工作做好基础准备。方法是：选定关键业务，并对这些业务进行梳理，抽取出对应的资源目录和信息共享交换目录，创建与这些业务相关的元数据。在本阶段，通过各种方式收集资料，分析现有的行业业务系统和政务管理系统，对运输行业管理和政务管理进行关键业务梳理、信息资源调查，形成运输行业的业务、资源目录，为行业综合数据库的创建奠定良好基础。

（2）原型阶段。本阶段的工作目标是实现部分关键业务的数据抽取、共享交换，数据监控。方法是创建两个原型系统：共享交换原型系统，数据监测原型系统。在原型阶段，可以无须特别关注数据的真实性，但应尽可能保证数据库设计的合理性和科学性，以免后续迭代阶段需要返工。

（3）迭代阶段。本阶段的工作目标是以迭代方式，对原型系统进行完善，通过修正 bug，补充功能，以最终完成本项目的交付物。主要手段是：通过有计划的原型系统发布，更确切地获得用户方的项目需求，并采用经过“原型阶段”验证的方法实现这些需求。

（二）应用效果

1. 基础支撑软硬件系统

新增 8 台虚拟化服务器，通过虚拟化软件统一纳入北京市交通委员会综合虚拟化平台，用于部署应用或前置机使用；新增大数据服务器 24 台，构建起大数据服务器集群环境，用于分布式计算和大数据存储；新增数据库服务器 2 台，作为数据库平台中的业务库服务器，供本项目及其他各应用系统使用；新增 2 台防火墙设备，作为视频域的边界防火墙使用；新增存储 200T，用于支持数据中心及其他系统的存储需求。完成了服务器设备、存储设备、网络设备、虚拟化软件等的系统集成工作，从 2014 年 6 月联调测试通过进入试运行后一直平稳运行，为 TOCC 二期各系统提供了稳定可靠的基础运行环境。

2. 数据库平台

数据库平台部分根据不同数据类型、数据量、更新频率，对数据存储进行合理规划，实现结构化数据和非结构化数据分别存储，在技术上实现关系数据库和分布式存储并存的方式。关系数据库又按不同的业务需要分为业务库、历史库、备份库，各个数据库之间采用合理的数据同步策略，以保证数据的一致性和在异常情况下数据库的可用性。

（1）业务库：新增数据库，挂载新购 10T 高速存储设备，用于日常高频访问，只存储近半年的业务数据。

（2）历史库：利用原数据中心的数据库服务器，存储当前及历史所有的数据，用于历史查询和历史数据分析；由于数据量会逐年递增，在原来中速存储的基础上又挂载了 50T 的中低速的存储，并按时间实现分级存储，通过对数据进行层次划分，不同层次的数据采用不同的管理方法和存储档次，建立从高端存储、中低端存储、带库的从高到低的数据存放体系。

（3）备份库：新增数据库，部署在虚拟化平台上，数据与业务库完全一致，为业务库的镜像，实时同步，用于在业务库无法使用时能够快速启动保障业务的连续性。

3. 可视化管理监测平台

项目建立了交通行业大数据中心可视化系统，完成了应用服务平台、运维管理平台、运行监测平台、大数据服务平台的可视化建设。

应用服务平台包括资源目录系统和定制化服务、科学数据下载 3 个部分，多方位地为 TOCC 及其他有需要的用户提供目录查看、数据快速定制查询、数据下载地功能，满足用户日常工作、项目规划、课题研究等过程中对数据的需求。下图为资源查看和定制化服务界面：

运维管理平台可视化基于 ISO 20000 规范化管理流程，实现对数据中心的规范化运维管理，实现任务单、事件、问题、变更四大流程流转的功能。以数据中心更好地对外提供信息服务为导向，把运维工作中的保障系统可用性的故障排查、故障预防以及运营管理中承接用户的数据接入、共享、计算需求的任务派发等工作以可视化的方式管理起来，通过流程的流转，达到管理有序的目标。

运行监测平台实现了对数据中心全部软硬件的日常运行监测可视化管理，按照数据中心的架构，分别对大数据存储平台、大数据计算平台、共享交换平台、应用服务平台、管理支撑平台五大板块进行日常运行监测。对所有涉及的服务器、数据库、数据流、计算程序、ODI程序等都进行基础信息的采集，并设相应的探针，收集当前运行的状态信息，按照设定的阈值进行预警。管理人员可在系统中查看数据中心构成、基本情况、运行状况；运维人员可查看和配置软硬件的参数、报警信息，及时发现及处理数据中心的各类问题。

大数据服务平台可视化提供非结构化存储、分布式数据索引、分布式计算和服务接口；同时提供大数据工具集，包括数据源数据导入、预处理、数据处理结构，实现对海量数据的存储、管理和应用。

4. 大数据平台

大数据平台构建了24台机器的大数据集群环境。前期完成软件比选、技术验证、稳定性测试，后期选取了出租行业典型的业务进行了试算，在效率上的优势得到了很好的验证。

（三）下一步推进思路

继续完善和开发运行管理与监测系统、定制化服务系统的建设，资源目录系统和规范化运维系统进行试运行，试运行阶段，处理运行过程中出现的问题，并按照用户需求继续完善系统。配合“TOCC一期和TOCC二期”的整体进度和平台运行情况，为应用平台提供稳定的数据接入、共享、存储服务。

（供稿：北京市交通委员会）

安徽高速公路应急调度指挥管理平台

2014年，安徽在“交通地理信息系统”基础上，对采集展示的各类信息进行分析研究，强化信息的处理与应用，开展了“高速公路应急调度指挥管理平台”项目的建设，力求为应急调度工作提供一套完整的平台与工具，提高管理效力。

（一）项目背景

1. 整合资源、有序处理

有效整合高速公路各营运单位多个子系统和相关政府交通管理的资源，使得事故的处理过程变成有序、可控、快速。系统将指挥调度、网络监控、数据服务、信息联动、资源协调的多种关键业务功能整合在一个统一的平台上，避免了以往多套系统相互独立，无法兼容，多个用户终端无法共享信息，及时参与救助的现象。

2. 打造“综合性”紧急通信系统

信息沟通的方式由原来单一的电话方式拓宽为电话、短信、Web、图像和监控视频立体指挥等多种方式的结合，极大地加快了信息的传播速度，减少了基层员工的工作量，降低了事件延迟通知到相关领导和部门的可能性。

3. 预防为主、主动发现

变被动信息接收为主动的事故搜集和领导和主动分析决策，事故的处理流程大部分由系统自动实现，可以减少人力的投入。长期的突发事件记录将形成宝贵的数据资源，从中可加工形成各种文档，供管理者、研究者对高速公路的各种突发事件特征类型进行分析，得出结果，为进一步提高高速公路的管理水平提供依据。

（二）平台架构

平台的主要用户是信息中心及各管理公司监控中心，并可与各级公司领导、相关部门、相关工作人员、主管部门及其他信息系统建立沟通及联系渠道（图4-21）。

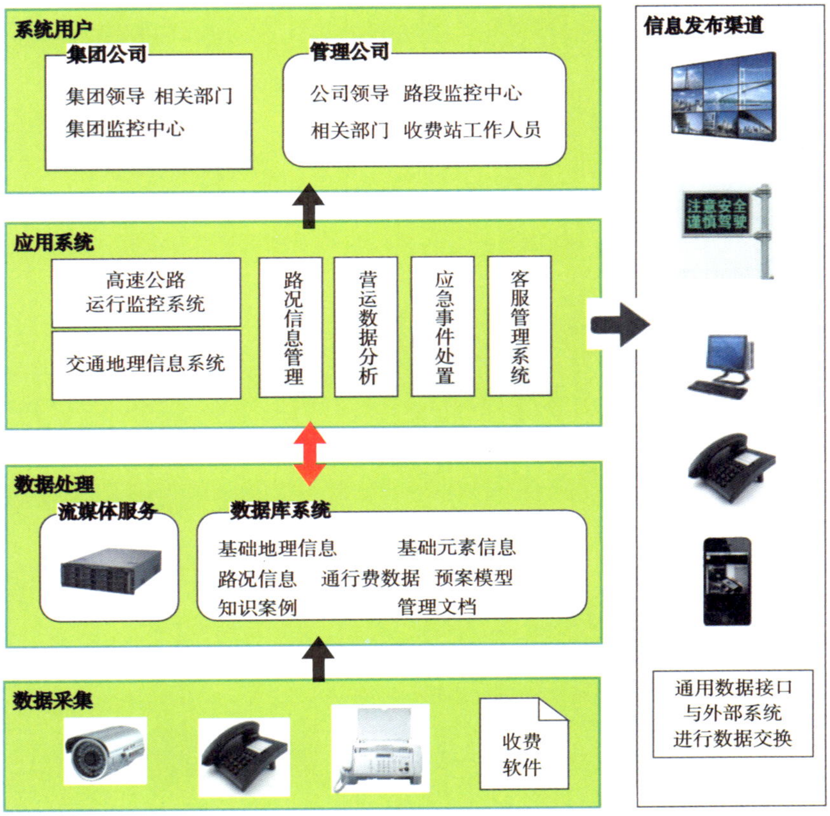

图4-21　应急调度指挥管理平台框架

（三）项目内容

建设高速公路应急调度指挥管理平台，利用先进的信息技术和现代化管理手段，开展集团公司内信息资源整合与综合利用，为集团所辖高速公路日常路网运行状态监测、应急处置和数据统计提供技术保障，为集团公司内各部门和所属各高速公路管理公司的协调、管理与决策提供会商平台与场所，实现多部门多单位对突发事件的协同处置，提升道路交通安全监管和应急保障能力，整体推进道路运营管理的信息化、智能化和规范化建设。

本平台将分期逐步实现收费营运数据整合、数据分析、流量分析、高速公路设备状态管理、综合信息管理、应急资源管理、风险隐患管理、应急指挥模块、应急预案管理等重点功能模块，全面整合地理信息系统、气象数据、路警中心管理平台、GPS平台以及集团所属的视频监控信息、养护信息、交调信息、客服呼叫信息、客服知识库等资源，建立Web、短信、电子邮件、移动终端、GPS定位等多种沟通定位渠道，并建成数据仓库，对多年的历史数据和实时数据进行智能统计和分析，根据企业经营管理需要，分析提炼出统计报表、数据结果与预警信息等内容，为集团公司后续的各类安全应急指挥工作及集团公司与各管理公司的经营管理决策提供有力的数据支持、工具支持和通道支持。

平台一期工程主要包括以下子系统：

（1）自建“地理信息系统”，取代目前引用的交通厅“全省一张图”数据信息，强化地图数据的可维护和可管理性，确保地图信息准确有效，解决目前新开路段更新极为困难以及系统访问网络受限的两大重要问题，向集团所属各单位开发应用接口，全面推广应用本平台。

（2）重整“高速公路路况信息报送系统”，取代目前直接报送至交通厅信息中心的路警联合指挥中心信息报送系统，通过本平台，将信息报送流程转为路段公司报送集团公司，集团公司审批汇总后将明确的信息自动传递至路警联合指挥中心系统中，整个流程和信息内容更易于管理与应用。系统将开发标准化数据接口，便于同步向其他信息系统进行信息传递和报送。信息报送系统也将根据实际需求进一步简化各类信息填报的内容和难度，通过计算机智能进行内容生成和组合，减少工作强度，降低工作失误的风险。

（3）整合收费联网网络，开发“高速公路营运数据分析系统”。依托本子系统，让各级领导第一时间掌握相关的收费和车流量信息，并可对各收费站收费数据、收费站及道口的车辆通行数量、车辆交通数据、特殊车辆信息等进行归集、统计和分析，为路段营运管理、安全管理、交通应急指挥提供数据支持。

（4）建立“客服知识库系统”，完善各类常见问题与标准应答，通过智能检索和快速匹配实现高效应用，进而提升客服服务标准，降低客服培训成本，提高集团整体服务水平和形象。

（5）建立“应急预案模型”，汇总和分析常见应急事件和事件处置方案，在应急事件发生后可进行应急处置方案的自动生成，为事件处理提供标准化解决方案。

（6）进行系统整合，形成综合应急调度指挥平台，将各类数据在地理信息系统中综合展示与应用，直观体现各类运行问题，实现预警及事件预案支持，让应急事件处置标准化、智能化，加快处置速度和效果。

（四）应用效果

平台已初步开发完成，并于2014年12月开始在铜汤高速公路管理公司投入试应用，在应用过程中，也根据路段管理公司的要求不断细化，截至目前试应用成功明显，不但能为高速公路路段管理公司相关员工提供实时的高速公路运行及营运信息及数据，更是在信息填报、信息审核环节提高了50－60%的工作效率，极大地减轻了基层监控人员的工作强度和工作风险。

（供稿：安徽省交通运输厅）

青海省公路水路安全畅通与应急处置系统

青海省初步构建了公路网运行监测与应急处置指挥中心的基本框架，形成了青海省公路网运行监测、决策支持和公众出行服务的基本模式，将普通公路外场、高速公路外场、车（船）载GPS移动等终端数据进行收集，利用通信链路把各类数据传输至应急指挥中心，通过各软件系统和显示终端对数据进行整合调用，形成“可视、可测、可控”的全省路网运行监测及应急处置系统，最大限度地为公众出行服务。

（一）路网运行监测管理系统

路网运行监测管理系统（图4-22）主要利用交通量采集、视频图像采集、GPS定位、沿线情报板发布等技术方式，实现对交通事件多发、自然灾害频发地段的监测预警，实现交通重点部位和关键节点的动态可测、可视、可诱导。

图 4-22　路网运行监测管理系统

（二）道路运输运行监测管理系统

道路运输运行监测管理系统（图 4-23）主要包含客运运行监测子系统和重点车辆监测子系统（图 4-24），主要实现全面掌握客运行业动态运行、客运站情况以及重点营运车辆、应急运输保障车辆、养护巡查车辆、路政执法车辆的在线监测，并满足交通应急条件下运输保障车辆实时的监控和调度指挥功能。

图 4-23　道路运输运行监测管理系统

（三）交通运输应急指挥系统

交通运输应急指挥系统包括：风险隐患管理子系统、应急值守接报子系统、辅助决策与指挥调度子系统、应急资源管理子系统、应急信息服务子系统、统计分析报送子系统 6 个功能模块，主要完成接警、信息上报、风险评估、预测预警、应急辅助决策、应急指挥调度、应急资源管理、应急信息服务、统计分析与事件评估等功能。

图 4-24　重点车辆监控系统

（供稿：青海交通运输厅）

（四）公路交通出行信息服务系统

公路交通出行信息服务系统主要服务于公众，向各种提供交通信息服务以及应急预警信息，服务手段多样，与工程其他许多系统都有接口。

福建省交通综合行政执法信息系统

（一）项目概述

建立总队、支队、大队三级联网联动执法体系。包括 1 个省级执法指挥中心、14 个设区市及港口支队指挥分中心，132 个执法大队，建设移动执法业务管理和综合指挥调度系统，实现案件信息共享和执法业务协同办理，实现各级调度中心与移动执法车辆、执法人员间联动作业。

（二）总体架构

省厅应急值班室、总队应急值班室、支队应急值班室、大队应急值班室、执法执勤特种专业技术用车五部分，通过因特网、政务外网、无线网络，在集中部署统一的管理平台、调度平台上形成一个集视频会议、实时监控、应急指挥调度、历史视频调阅为一体的系统。如图 4-25 所示。

（三）建设内容

1. 省级平台装备

省级平台配备有：3 台通信服务器（视频管理）、1 套综合视频服务器端管理软件、100M 光纤及固定公网 IP 地址、视频调度终端（含摄像机）、大屏幕电视、人工座席、视频存储设备、无线 AP。

2. 总队及市级平台装备

总队及市级平台配备有：1 套综合视频客户端管理软件、视频调度终端（含摄像机）、大屏幕电视、人工座席、视频存储设备、无线 AP。

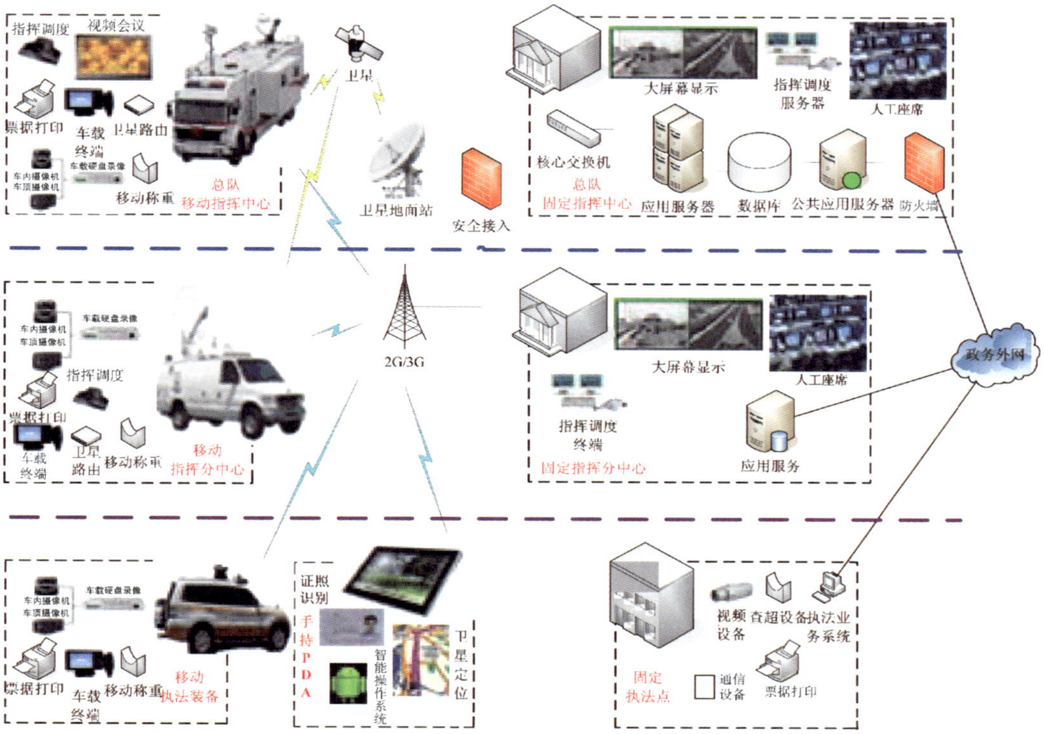

图 4-25 系统总体架构图

3. 县级平台装备

县级平台配备有：1 套综合视频客户端管理软件、人工座席、视频存储设备、无线 AP。

4. 执法车辆装备

执法车辆配备有：3G 车载硬盘录像机、车外云台摄像机（含减振支架）、车内摄像机、云台控制设备（含定制支架）、车载电脑、打印机、超限检测、对讲机。

（四）应用成效

完成 101 辆（艘）信息化执法车（船）建设，初步实现交通综合行政执法省、市、县三级联网联动。建立移动执法业务管理和综合指挥调度系统，实现案件信息共享和执法业务协同办理，实现各级调度中心与移动执法车辆、执法人员间联动作业；内外勤业务协同。安装在执法车辆上的外勤案件处理系统与案件处理中心实现业务同步，即外勤案件处理系统完成现场取证、笔录等法律流程后，数据自动同步到中心数据库，案件处理中心内勤案件处理系统，将自动获取前端数据，违章车户不用等待外勤人员回程就可以完成后继的法律流程，通过信息化手段提高交通执法效能和协作水平，加强交通执法全过程监督，并提升公众服务水平。

（五）下一步工作

将部署 1000 部单兵执法终端工作，新增 200 台执法完成车载信息化改造，建设全省不停车治超预检系统示范工程。

（供稿：福建省交通运输厅）

上海市城市交通运输综合管理与服务系统

在政府行政审批改革，职能转变及“公交优先”战略实施的背景下，为了推动交通运输行业转型驱动、创新发展，行业管理从重审批向重监管转变，上海市运输管理处根据交通运输部《公路水路信息化“十二五”发展规划》以及“部省运政系统联网工作部署”，省级运输管理系统需具备“全网联动、协同应用、全面监管”等一系列新要求，依据《市交通港口局“十二五”信息化规划纲要》和《上海市交通港航信息化顶层设计》，运管系统作为全市运管部门的核心应用系统，上海市城市交通运输综合管理与服务系统项目于2013年11月26日正式启动，并于2014年11月27日完成验收。

（一）建设目标

本系统服务于市区两级运管机构的日常业务，将为规范和优化管理流程，提升日常管理工作效率，为交通组织、安全监管、行政检查和协同管理提供信息化手段，为行业公共信息资源的发布和公众服务提供支撑。

（二）建设内容

（1）建设覆盖业户、从业人员、营运车辆、营业场所、线路、额度、运价、设施、票据等的上海市城市交通运输管理数据库，包括轨道交通行业数据库、公交行业数据库、出租行业数据库、省际客运行业数据库、道路货运行业数据库、汽修行业数据库、驾培行业数据库、公共停车行业数据库和道路清障救援牵引行业数据库等，为综合管理、公共服务和行业发展的决策支持提供数据支撑。

（2）建设覆盖市、区（县）两级运管机构的上海市城市交通运输综合管理与服务系统，覆盖本市城市交通运输全行业的基础管理、业务审核、行政监管、安全管理和行业发展的五大业务领域，依托市法人库，通过接入GPS信息、营运信息、培训信息、车辆检测信息等动态数据，实现基于动静态数据的城市交通运输行业一体化管理和服务。

（3）建设软硬件配套系统。在现有软硬件资源基础上，增配核心交换机1台、接入交换机6台、标准机柜1台，数据库服务器、应用服务器（政务外网）、Web应用服务器（因特网）各2台，磁盘阵列1套，中间件软件、数据库软件、数据备份设备各1套，并参照二级标准，增配安全审计系统和升级VPN功能模块各1套。

（4）建设全市出租汽车电子准营证系统。为全市12万名出租汽车驾驶员新配IC卡电子准营证。

（三）建设成效

通过本项目的建设和试运行，有力地提升了行业管理的应用水平，满足了现阶段上海市交通运输综合管理的需要。具体成效主要体现以下几点：

（1）管理上适应上海交通“十二五”规划所提出的新管理要求，支持未来业务管理持续完善和调整，有一定的扩展性。

（2）技术上突破现有信息技术架构的制约，通过新的SOA技术平台和国产中间件产品的支持，有效提高了运管系统的运行效率和质量。

（3）系统为运管部门提供的服务内容更加深入，实现了业务管理精细化与跨业态基础信息共享之间的平衡，在行业监管上实现动静结合，机构管理和服务功能体现行业特性和综合管理的有机融合，在细节上满足移动办公、人机交互直观多样等要求。

（4）遵循上海市交通信息化“十二五”规划中顶层设计的要求，符合行业相关信息技术标准，并为日后信息系统的建设和扩展提供基础数据、动态管理、流程定制等多方面支持。

（5）全面支撑市区两级运管机构的日常业务，提升日常管理工作效率和协同能力，为“安全，服务，供应保障”的监管工作提供信息化手段，为行业宏观决策，信息服务提供重要数据支持。

（供稿：上海市交通委员会）

厦门市交通运输管理系统

交通运输业服务质量缺乏统一的投诉平台，公交公司、运管处、路网中心、交通执法大队等部门的市民交通服务投诉信息无法共享，扯皮情况时有发生，投诉事件处理效率低下。针对以上需求并结合厦门市综合交通枢纽指挥中心应用系统建设，厦门市交通运输管理系统便应运而生。

（一）建设目标

基于厦门市智慧交通云平台的厦门市综合交通枢纽指挥中心的建成将通过统筹交通信息资源实现交通信息数据高度整合，形成一体化、综合化的交通信息采集发布平台，提高交通运输效率，有利于促进管理职能的转变和现代化交通管理的形成，更好的服务政府、交通运输局及相关单位的行业管理，向公众提供出行服务。

厦门市综合交通枢纽指挥中心建设是针对厦门市交通运输局的职能结构和信息化建设的实际情况而提出的，指挥中心规划建设遵循以下原则：整体统筹规划，统一标准，分模块建设实施；充分利用现有基础，整合资源，实现互联互通；建立相应规范以及网络安全、系统维护和管理体系；开发并建设有特色的实用的交通信息化应用功能。

厦门市综合交通枢纽指挥中心应用系统一期，即市交通运输管理系统的主要建设内容主要包括整合现有的厦门市智慧交通云平台数据，并开发以下三个应用系统的建设，各个系统实现的功能汇总如表4-2所示。

系统功能汇总表　　表4-2

序号	建设项目	服务对象	服务内容简介
1	厦门市城市公共交通出行统计分析系统	市政府、交通运输局、公众	动态显示各种公共交通出行方式、各个主要区域或路段、不同时间段的客流概况，并且可以根据需要设置输出日、周、月报表，便于交通运输局实时掌握城市公共交通的客流情况，为交通运输局的城市交通规划和决策提供数据依据，为其节假日和重大城市活动的交通出行和组织提供动态参考
2	厦门市交通运输行业服务投诉管理系统	交通运输局、运管处、综合交通执法支队、公众	实现365天24小时不间断运行，全方位、多角度为公众解答交通政务咨询、听取社会对交通工作的建议，实现对群众投诉的实时受理并完成服务质量的评价和统计，有利于提高服务投诉案件的处理率，提升市民对交通行业服务的满意度
3	厦门市交通综合执法基础信息管理系统	交通运输局、综合交通执法支队	系统建设内容涵盖交通综合执法所有基础信息及投诉处理的业务流程，还包括相关业务报表的生成等，可以为交通行政执法工作过程提供信息化手段，有利于提高执法工作的效率和准确率

（二）应用效果

综合交通枢纽指挥中心建成运行后，通过科学技术实现综合立体交通运输管理的科学化、智能化、规范化，实现交通运输信息共享、交通运输统一管理，实现综合交通枢纽指挥中心集中展示、统一监管、应急指挥、信息发布等职能，为厦门市科学组织交通、提高道路通行能力、协调处置突发性事件、缓解交通堵塞、增强快速反应能力等方面将发挥重要作用。

（三）系统架构

指挥中心的系统架构如图4-26所示。

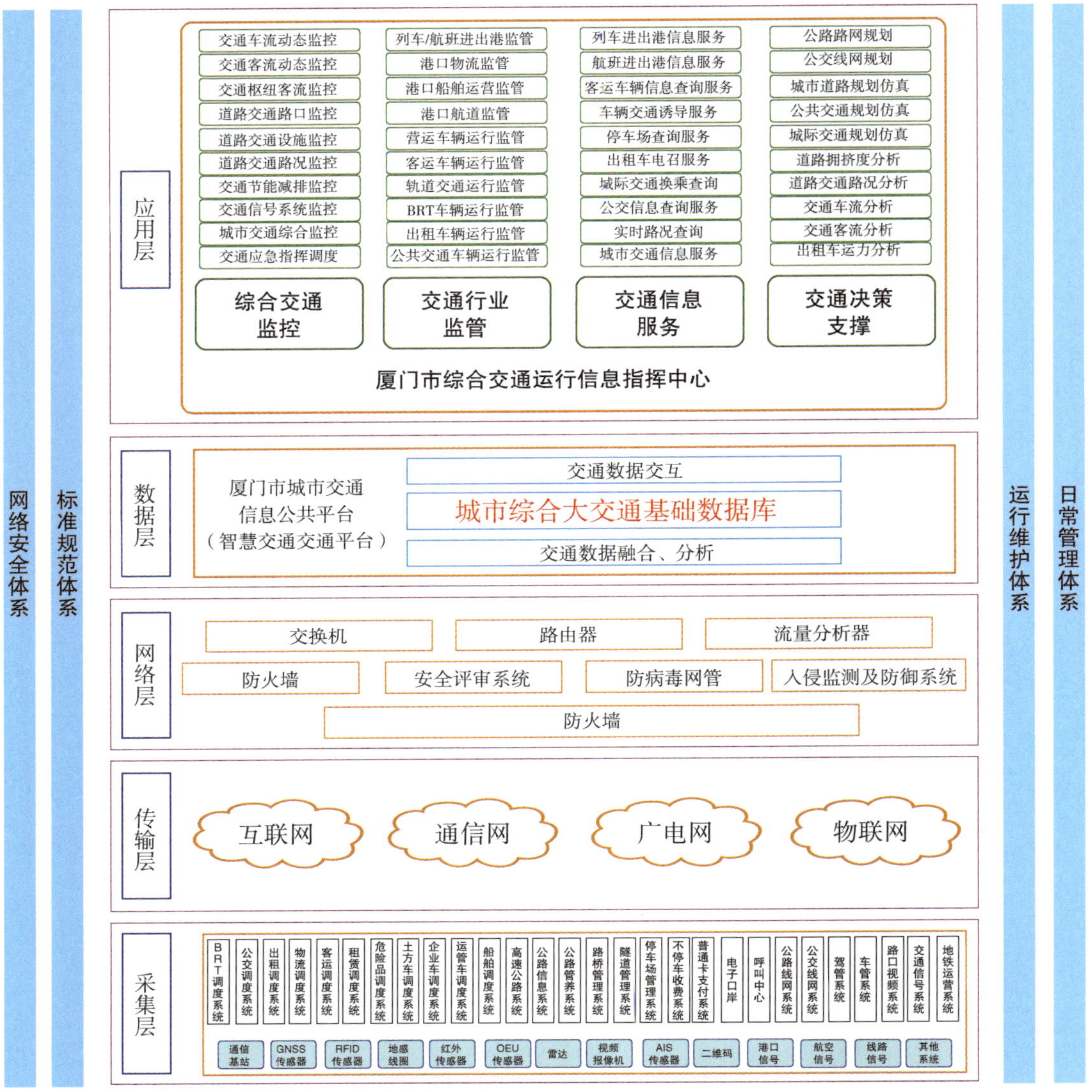

图4-26　系统架构图

厦门市综合交通枢纽指挥中心应用系统是一个庞大、复杂的系统，系统的规划和建设不可能一蹴而就，需要立足长远进行科学的规划和长期的建设，项目建设应该遵循以下原则：“总体规划、分步实施”的原则；能用、管用、好用的原则：应结合实际的交通信息化需求，确保能解决实际存在的交通问题，并为中心后续的完善提供动力；快速、节约、见效快的原则：中心建设应立足于当前已有的交通信息化成果，避免系统的重复投资建设，节约资源，并且可以快速出成效。

根据现有的交通数据资源和对业务的了解，接入现有的厦门市智慧交通云平台系统，整理当前需要开发的应用系统功能作为一期开发内容，功能结构如图4-27所示。

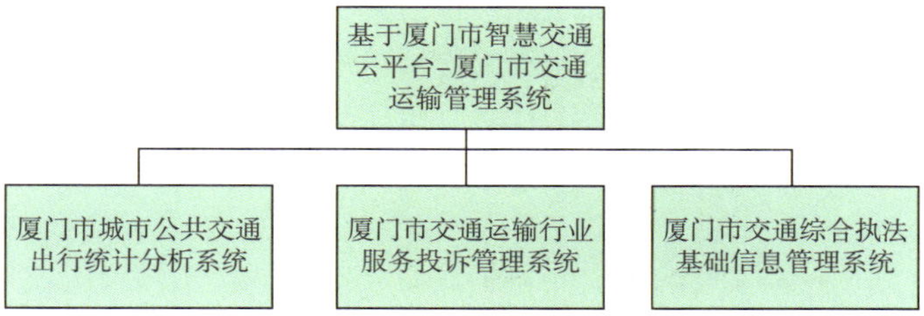

图 4-27　功能结构图

（供稿：厦门市交通运输局）

重庆市出租汽车服务管理信息系统试点工程

交通运输部 2010 年 5 月在杭州召开了城市出租汽车服务管理系统建设指导意见征求会，拟选择 15 个城市开展第一批全国试点，并进行资金补贴。经重庆市积极申请，成为全国第一批试点城市，对实现出租汽车行业的科学管理，服务民生，提高行业服务水平以及促进节能减排具有重要意义。

（一）主要建设内容

重庆市出租汽车服务管理信息系统建设严格遵循交通运输部相关标准规范和初步设计要求，并在此基础上进行创新和扩展，现已全面完成安装 1 部终端、建设 3 个中心（数据资源中心、监控指挥中心、电召中心）、实现 9 项功能（监控指挥、电召服务、动态稽查、服务质量信誉考核、公交 IC 卡刷卡付费、企业在线业务管理、综合运行分析、信息发布管理、浮动车交通信息）、编制一套标准的“1391”建设内容（图 4-28 ~ 图 4-30）。

图 4-28　重庆市出租汽车电召中心

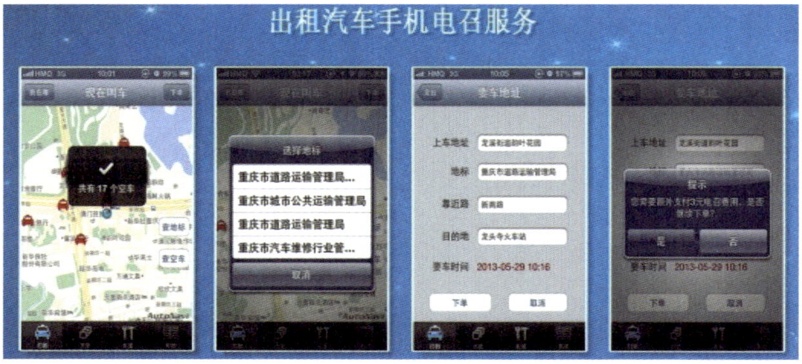

图 4-29　“重庆电召”APP 界面

图 4-30 "宜居畅通卡"刷卡付费

（二）主要措施和做法

1. 沟通协调积极顺畅

为确保本次试点工程中计价器改造环节能够得到市质监局的配合，通过市交委协调，主动与重庆市质监局联系召开专题研讨会5次，到市计量检测院沟通24次，历时一个半月，完成了6种计价器的全性能检测。为确保电召服务顺利实施，经与重庆市物价局沟通协调确定了电召收费标准，每笔电召业务由驾驶员加收3元电召服务费。

2. 项目管理严格规范

系统建设过程中，要求各施工单位统一使用专业项目管理软件（Oracle P6），将工作任务进行科学的分类，分解落实到每一个开发人员，对工程建设各阶段、进程进行严格管控，实现对项目管理文档的及时更新、共享，有效地控制了工程建设存在的技术性风险，保证了工程建设质量。

3. 系统测试全面细致

为确保车载设备使用的可靠性、稳定性，专门向长安铃木公司借用两辆天语型出租汽车作为测试车辆，在安装前，利用测试车辆，测试两种智能终端设备、3家计价器的六种组合共计27天，测试里程2100余公里，反复测试各项功能近千次。智能终端安装后，为收集了解驾驶员的使用意见，市运管局安排人员乘坐出租汽车164次，收集驾驶员意见建议72条，梳理有效建议11条，全部采纳落实。

4. 市场竞争公平有效

在数据传输通道建设中，将移动、联通、电信的线路全部接入数据中心，分别建立APN专用数据通道。在此基础上，通过出租汽车协会组织出租汽车公司，与移动、联通、电信三家通信运营商商定了统一的月度服务费标准（14元/月，包含150M流量、30分钟通话），出租汽车经营者可自由选择通信运营商，形成有效竞争，减轻了企业负担。

（三）技术攻关

1. 实时结算的公交IC卡

实现出租汽车公交IC卡T+0实时结算。刷卡消费金额根据驾驶员IC卡从业资格证号对应的银行卡号清分到驾驶员个人账户上，每笔交易实时清分到账（经实际使用，最长不超过 15 分钟），并免费短信通知驾驶员。

2. 跨行业部门的数据交换

通过建立跨系统、跨部门、跨行业的数据交换网络，将公安机关的驾驶人和车辆违章违法信息同步到出租车管理系统中，为驾驶员诚信考核、企业生产经营和行业安全管理提供了可靠的依据。

3. 创新设计的车载终端

创新设计了适合本地出租汽车实际需要的新型智能终端，将交通运输部要求的 4 种设备整合为一台 5 英寸屏的终端设备（图 4-31）。设计过程中，特别邀请了男女驾驶员若干名对终端的外观、大小、安装位置进行测试，广泛收集用户体验，完成了高度集成、功能全面的新型车载终端的设计生产。

图 4-31　车载智能终端外观

4. 整合规范的商业电召

针对商业电召软件对行业的影响，采取“统一标准、前端开放、适度竞争、规范管理”的原则，制定手机电召软件接入方案，开放出租汽车智能终端数据接口，统一通信协议和业务流程，规范引导其健康发展，实现车载终端和商业召车软件的联动。2013 年 10 月，“嘀嘀打车”和“快的打车”的数据成功接入电召管理平台，可使用出租汽车智能终端接收“嘀嘀”、“快的”订单，自动显示车辆状态，同步车辆和驾驶员信息，杜绝商业电召软件无法解决的“黑车”和“非法从业”的问题。电召成功订单见图 4-32。

中标车辆	乘客姓名	乘客电话号码	上车地址	目的地	订单状态	订单来源	下单时间
渝A7T326	乘客	15334553548	沙坪坝	新桥|西南医院	已完成订单	嘀嘀打车	2014-12-02
渝A09T36	乘客	13983909205	锦橙路28号|北岸新洲	江北机场	已完成订单	嘀嘀打车	2014-12-02
渝CU6827	谷谷	13983856007	汇龙东二路人民东路口	(请听语音)	已完成订单	快的打车	2014-12-02
渝A19T61	红叶	13594205157	兴科大道凯歌二支路口	国博数据库	已完成订单	快的打车	2014-12-02
渝A5T850	乘客	13618204590	建北三支路73号|耐德佳	沙坪坝梨树湾融	已完成订单	嘀嘀打车	2014-12-02
渝AT8597	乘客	18983001802	沙坪坝区和平山288号	双碑	已完成订单	嘀嘀打车	2014-12-02
渝BT7862	乘客	18523457671	财富大道星光大道(路	人和|黄泥塝市	已完成订单	嘀嘀打车	2014-12-02
渝A5T198	乘客	13908316113	经纬大道南|六店子气		已完成订单	嘀嘀打车	2014-12-02
渝A8T173	乘客	18696695592	杨家坪沃尔玛重啤花园	南平骏逸江南小	已完成订单	嘀嘀打车	2014-12-02
渝A9T365	乘客	18523371205	华龙大道华岩寺路(路		已完成订单	嘀嘀打车	2014-12-02
渝CU7327	谷谷	13983856007	汇龙东二路人民东路口	(请听语音)	已完成订单	快的打车	2014-12-02
渝A7T877	强娃	18580044193	五里店往朝天门桥头不	在打枪	已完成订单	快的打车	2014-12-02
渝C81530	小明	13983366606	红河中路6666号水木年	老街	已完成订单	快的打车	2014-12-02
渝AT9223	乘客	15215190293	金兴大道|园博园正门	弹子石小学	已完成订单	嘀嘀打车	2014-12-02

图 4-32　电召成功订单

5. 开放便民的三方支付

在使用公交 IC 卡付费的基础上，进一步开放支付结算的相关接口，改造升级智能终端，实现了银联闪付和支付宝的第三方支付应用。今后，乘客可以使用各家银行的闪付卡通过非接触方式支付车费，也可以使用智能手机扫描终端显示的支付宝二维码支付车费，将更加方便公众出行（图 4-33）。

图 4-33　智能终端支付界面

（四）系统运行成效

重庆市出租汽车服务管理信息系统通过近两年的运行使用，系统性能稳定，用户体验良好，对出租汽车行业科学规范管理、保障运营安全、提升服务水平发挥了重要的支撑作用。

1. 执法取证有新招

全程自动录音与轨迹回放、区域车辆查找等功能相结合，为执法取证提供了便捷途径。系统运行以来，有效认定驾驶员拒载、绕道等不规范经营行为 7558 起，出租汽车驾驶员的违法行为得到严格追究，乘客投诉持续下降，进一步提高了行业服务水平。

2. 决策支持有依据

出租汽车服务管理信息系统的建成，使重庆市出租汽车行业的精细化管理成为现实。在系统提供的决策数据（图 4-34）的支持下，2014 年，重庆市进行了运价调整和运力投放（新增运力 2087 辆），相关工作进展平稳、顺利，在维持行业稳定的同时促进了行业发展；科学测算出燃油附加费收取的平衡点，制定了合理的收取方案（超过 7 公里以上车次征收 1 元）。

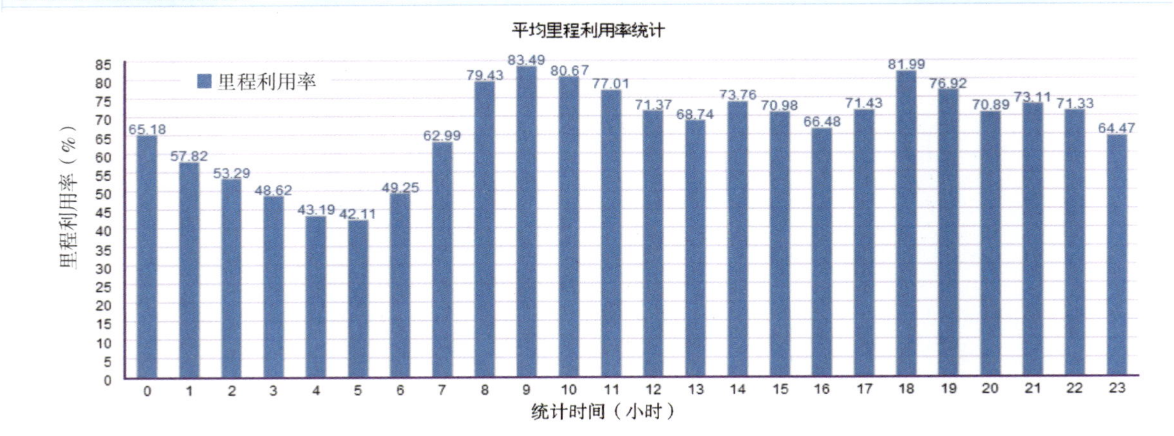

图 4-34　系统统计分析界面

3. 应急调度有手段

出租汽车服务管理信息系统同公交智能系统、客运站站务系统一起服务于交通综合换乘、行业安全保障和应急运力调度。在重庆市召开渝洽会、糖酒会时，调派出租车成功疏运数千名旅客。

4. 公众服务有措施

重庆市交通行政执法总队直属支队专门成立了出租汽车失物招领中心（图4-35），利用系统失物查找功能，已为7000余名乘客找回丢失的物品，备受乘客赞誉。

图4-35　失物招领中心

5. 信息共享有实效

为公安机关案件侦破提供数据查询分析，系统运行以来，提供有效线索上百条，破获重特大命案4起。

6. 节能减排有账算

通过本工程的实施，将提高电召入网车辆，为出租车提供更加可靠的电召信息服务和实时交通信息服务，优化行驶线路，降低车辆空驶里程，大大减少车辆油耗、磨损等成本费用。仅以重庆市主城区目前出租汽车空驶率30%（约空驶150公里）计算，在出租汽车服务管理信息系统的支持下，预计可降低10%空驶，即每车每日减少空驶15公里，主城区1.47万辆出租汽车每日可减少空驶22.05万公里，每年可减少空驶约8048.25万公里，可节约燃气消耗740.4万立方米，每年可节省2924.58万元（CNG单价3.95元/立方米，长安铃木天语型出租车平均气耗9.2立方米/百公里）。

（供稿：重庆市交通委员会）

广西西江黄金水道港航综合管理信息系统

西江黄金水道港航综合管理信息系统，通过全面推进港航管理信息化，提高行业的实时监测能力和信息服务能力、滞航事件预警和应急处置能力，实施滞航时期港航运输生产和船舶通航的综合调度，对于降低滞航事件的影响，确保重点物资的运输，构建和谐港航行业，也具有十分重要的意义。

（一）项目背景

本项目的研究目的在于通过采用先进的计算机、网络、数字通信、自动控制、数字交通、GPS等技术的融合应用，研究建设广西西江黄金水道港航综合管理信息系统，加强港航行业管理，提高船舶安全通航和过闸效率，提升行业主管部门的监管能力、应急反应处置能力和服务能力，加快水路交通数字化、智能化建设，促进西江黄金水道水运业的持续、健康、快速发展。具体拟实现以下目标：

（1）提高港航综合调度能力；

（2）提高行业实时监测能力；

（3）提高水路交通突发事件应急处置能力；

（4）提高船舶过闸效率，船舶过闸联合调度；

（5）提高行业信息服务能力。

（二）主要研究内容

1．西江黄金水道综合调度方案研究

针对西江黄金水道港航管理需要与通航环境特点拟采用机理分析方法建模，通过对综合调度特性的认识，分析其因果关系，找出反映内部机理的规律，建立具有现实意义的数学模型，主要涉及以下研究内容：

（1）建模准备。首先要了解综合调度的背景，明确建模的目的，搜集建模必需的各种信息如各梯级船闸通过能力、各港口（港点）堆存货物数量、航道水深、实载船舶分布情况，以及区域内其他重要气候、水文水调情况等。

（2）模型假设。根据综合调度的特征和建模的目的，对问题进行必要的、合理的简化，用精确的数学语言做出假设。

（3）模型构成。根据所做的假设的因果关系，利用综合调度的内在规律和适当的数学工具，构造各个量（常量和变量）之间的等式（或不等式）关系或其他数学结构。

（4）模型求解。采用计算机技术求解模型答案。如：对黄金水道范围内正常状态下各港点的船舶签证数和船舶吃水控制、各梯级枢纽上下航船舶控制数值等。

（5）模型分析。对模型解答进行数理的分析，根据综合调度的性质分析变量间的依赖关系或稳定状况，根据所得结果给出数学上的预报，可能的最优决策或控制，最后进行误差分析、模型对数据的稳定性或灵敏性分析等。

（6）模型检验。把数学上分析的结果翻译回到实际综合调度问题，并用实际的现象、数据与之比较，检验模型的合理性和适用性。如有必要还需修改、补充假设，重新建模，直至检验结果获得某种程度上的满意。

（7）模型应用。编制交付软件开发编程的实施方案。

2．西江黄金水道船舶过闸联合调度方案研究

为使系统的船舶过闸联合调度功能真正发挥作用，必须针对船舶通航和行业管理相关管理部门的职责，各船闸、各线的具体布置、锚泊地、归属、目前管理方式、软硬件配置情况等具体特点和过闸船舶的规律、船舶实际参数、航行状况、动态载货情况及枢纽区域内航道航标、水情水位等相关信息资源进行科学充分的论证，最后在论证基础上得出切实可行的、符合实际的、可操作性强的、具有一定前瞻性的实施推荐方案。推荐实施方案将是实体系统开发的框架和指导基础。

针对西江黄金水道各船闸的特点主要涉及以下研究内容：

（1）船舶过闸联合调度管理模式研究。作为多梯级多线船闸的船舶过闸智能调度模式，它与以往的传统事前调度模式有明显的区别，它是一种动态的、综合的、管控结合的综合指挥管理模式，在该模式中要充分考虑影响各船闸运行管理、调度的各种信息的收集，以及对被管理、监控对象的影响，这种模式，以整个西江黄金水道所有船闸为统一的考虑对象，以多线的综合监控、管理、调度为方向，以实时反馈数据为基础，动态指导各线的船闸运行，以达到科学有效调整枢纽内各线船闸的通航秩序，提高通航效率的目的。

（2）功能分析。通过对联合调度模式充分的分析，船舶过闸联合调度系统是运用信息技术及 GPS 等其他相关技术手段，对枢纽船闸进行集中监控、管理、调度，通过对船闸的关键参数与过往船舶密度、规律，航行的状况，航道航标信息，水文水位信息，天气信息、船舶具体参数、载货情况等具体信息进行分析，实现同时对多个船闸进行科学的通航调度，充分挖潜各船闸的通航能力，整体提高船闸的通航效率。因此本系统功能应包括：船闸、船舶运行及航道通航条件实时动态数据的收集功能，外围数据的采集功能，数据实时同步功能，以及最为重要的多船闸通航联合智能调度功能。

3. 基于 GPS/GIS/GPRS 的融合应用技术研究

（1）GPS 通信服务系统研究。GPS 通信服务程序相对于监控程序独立运行于（数据库）服务器上。当服务器操作系统启动时，系统将自动运行，以便提供实时的 GPS 接收和发送数据的功能。根据所实现的功能不同，GPS 通信服务程序分为以下 5 个模块：GPS 设备管理模块、数据解析模块、数据收接模块、数据发送模块、数据维护模块。

（2）信息资源收集与整合技术研究。本系统主要包括船闸运行、船舶航行及载货信息、航道航标、水情水调、船舶签证等数据的动态收集与整合，航道管理、水路运政管理、船舶检验、港口行政管理等行业管理信息的动态收集与整合。

（3）主要关键技术。多种传输类型网络互联关键技术；船舶标识的识别技术；综合信息数据同步关键技术；GIS、GPS 动态协同关键性技术；多硬件平台无缝接入技术；异构软件平台构建技术。

（三）经济效益与推广应用前景

广西西江黄金水道港航综合管理信息系统的开发使用，可通过计算机、通信设备，足不出户即可对管理对象的状况一目了然，可以有效地提高管理效率，降低管理成本；同时通过技术手段加强管理、优化船舶过闸调度，可以挖潜船闸 40% 以上的设计通过能力，提高船舶的航行效率，所产生的经济效率是十分可观的，其成果对于其他通航航道的信息化具有广阔的推广应用前景。

（供稿：广西壮族自治区交通运输厅）

湖北省随岳高速公路应急指挥调度管理系统

随岳高速公路管理处始终围绕“优化布局、信息流转、智能集成、快速反应”的工作目标，稳步推进管理和业务软件开发，于 2010 年初步建成集电子地图、预案管理和事件管理为一体的应急指挥调度管理平台，2011～2012 年度对应急平台进行升级，增加了日常信息报送、调度指挥、GPS 车辆及视频集成，2013 年制作指挥调度客户端，增加应急事件续报，2014 年成功整合应急管理平台和指挥调度客户端，并开发应急指挥调度管理系统掌上移动端“随岳通”，完善各项应急事件处置流程，实现了平台统一、数据共享、信息联动、无缝衔接，有效提高了应急指挥效率。

（一）项目建设依据

随岳应急指挥调度管理平台以 ISO 9001 质量贯标体系安全应急板块作为建设开发依据，坚持

“安全第一、预防为主、综合治理、统一部署、条块结合”的原则，通过开发应急管理平台，完善路段运行监测和信息报送系统，制定应急事件处置预案，实现了应急事件处置规范合理，提高处置突发事件能力，确保了道路的安全畅通（图4-36）。

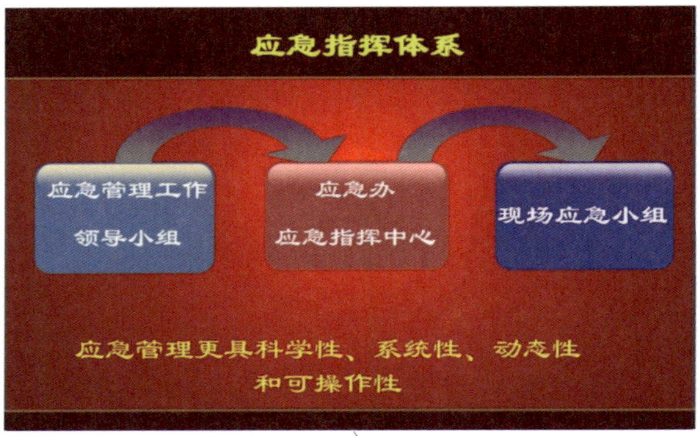

a)

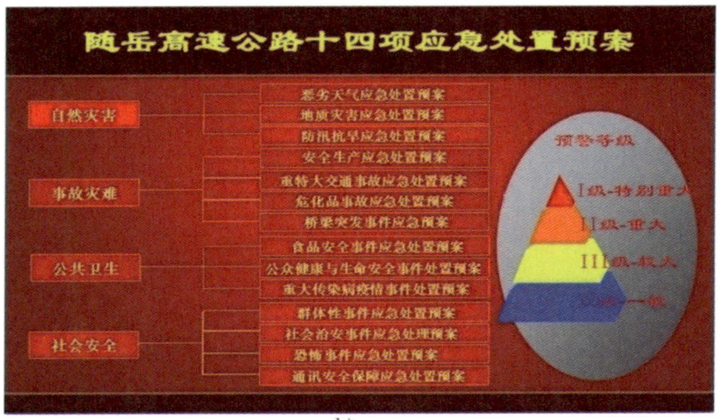

b)

图4-36　随岳应急指挥调度管理平台

（二）项目界面分布

1. 应急指挥调度管理平台界面

该界面主要分为：电子地图、应急事件、日常值守、信息采集、资源保障和统计分析板块（图4-37）。

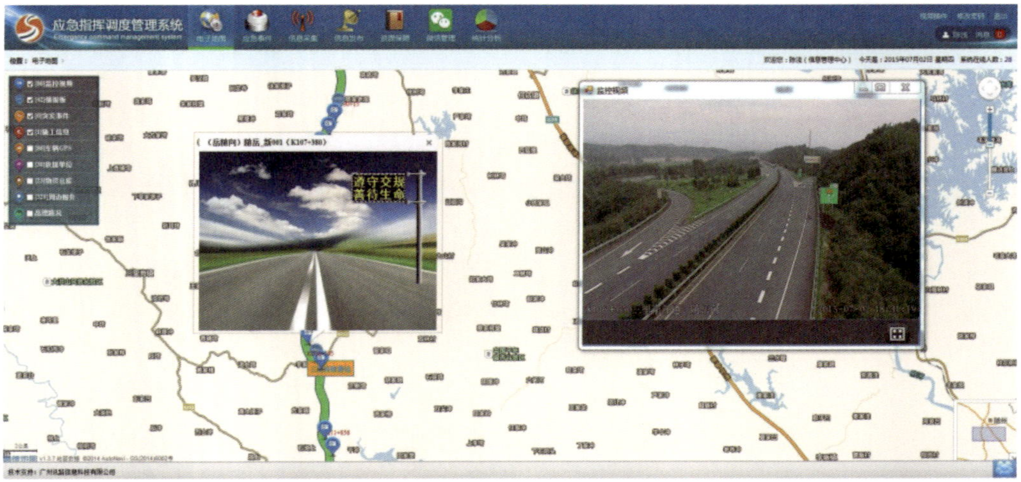

图4-37　应急指挥调度管理平台界面

2. 移动终端“随岳通”界面

该界面主要分为：路况简图、高速地图、物资仓库、接警处警、事件调度、历史事件及沟通、消息、通信录、设置板块（图4-38）。

图4-38　移动终端“随岳通”界面

（三）项目核心技术

1. 及时通信技术

应急指挥调度管理系统通过使用socket实现PC端与APP端、服务器端的实时通信技术。由于PC端是B/S架构，鉴于现有websocket还不太成熟，各大浏览器对websocket的支持并不规范，本系统并没有采用websocket作为技术手段，而是采用比较成熟可靠的flash来作为实现的载体。具体通信模式如图4-39所示。

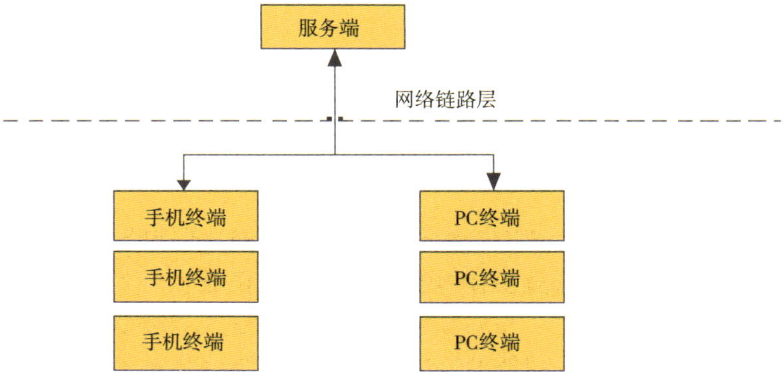

图4-39　应急指挥调度管理系统具体通信模式

2. 语音播报

随岳应急指挥调度系统 APP 端采用讯飞公司提供的在线文字转语音服务，实时将文字信息转换为模拟人声播报，实现在接收到实时通信信息时可自动以语音播报接收到的信息（图 4-40）。

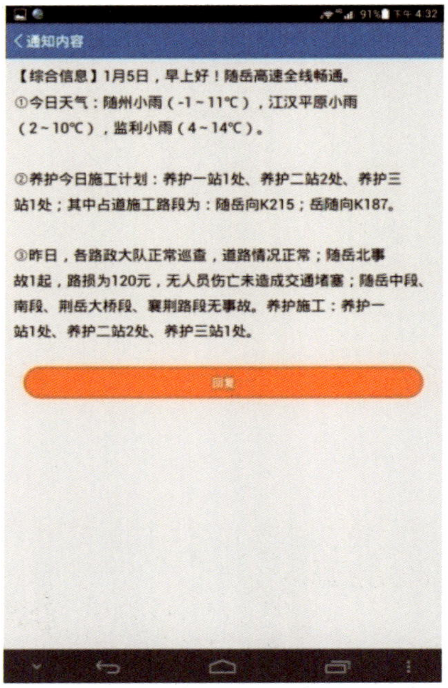

图 4-40　用语音播报接收到的信息

随岳应急指挥调度系统兼容外场摄像机（英飞拓）、情报板（三思）及路面温度检测器（CODEL－MCIR），为每种外场设备都设计单独适配器，用于适配所有外场设备的接口，并提供统一入口保证系统 UI 层的调用。

3. 自动采集和预警

应急指挥调度管理系统通过单独运行的服务器对外场气象工作站、能见度检测器及路面温度检测器设备进行自动采集，实现实现在温度、降雪量、能见度等信息超过阀值后系统会自动弹送消息给应急值班人员，同时自动判断预警等级（图 4-41）。

4. 事件“时间轴”

应急指挥调度管理系统通过将 14 项应急预案制作成“时间轴”的形式，集中全部功能模块，实现一个页面的全记录、一个页面的全指挥（图 4-42）。

（四）项目使用情况

应急指挥调度管理系统完善了应急指挥调度管理平台及移动终端“随岳通”的单点登录及数据整合，实现了移动终端“随岳通”与应急指挥调度管理平台的数据无缝共享，使工作人员可对突发事件进展情况进行实时跟踪、上报，并及时对所有上报信息进行统计和分析，强化了信息联控，大大优化了应急处置流程及信息流转。应急指挥调度管理系统，使随岳高速公路管理处率先在全省实现了路政、交警、信息监控中心人员在监控中心合署办公的工作模式，加快了信息传递速度，减少了决策时间，提高了应急效率，大大节约了社会资源，提升了管理效能。

图 4-41　应急指挥调度管理系统

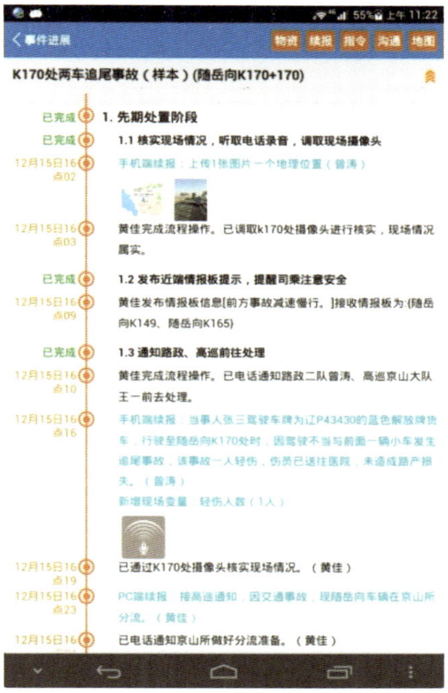

图 4-42　“时间轴”形式

（供稿：湖北省交通运输厅）

新疆建设兵团长途客车远程视频监控系统建设

（一）建设思路

本项目的建设目标是建设一套完整的 GPS/3G 卫星视频监控管理系统，便于兵团交通局对兵团辖区内的长途客运车辆进行实时视频监控，强化长途客运的标准化管理，同时对超载超速、紧急救援等情况的及时处理也有很大的帮助和促进。系统将建立兵团客运车辆视频监控平台，提供车辆监控管理系统服务。如图4-43所示。

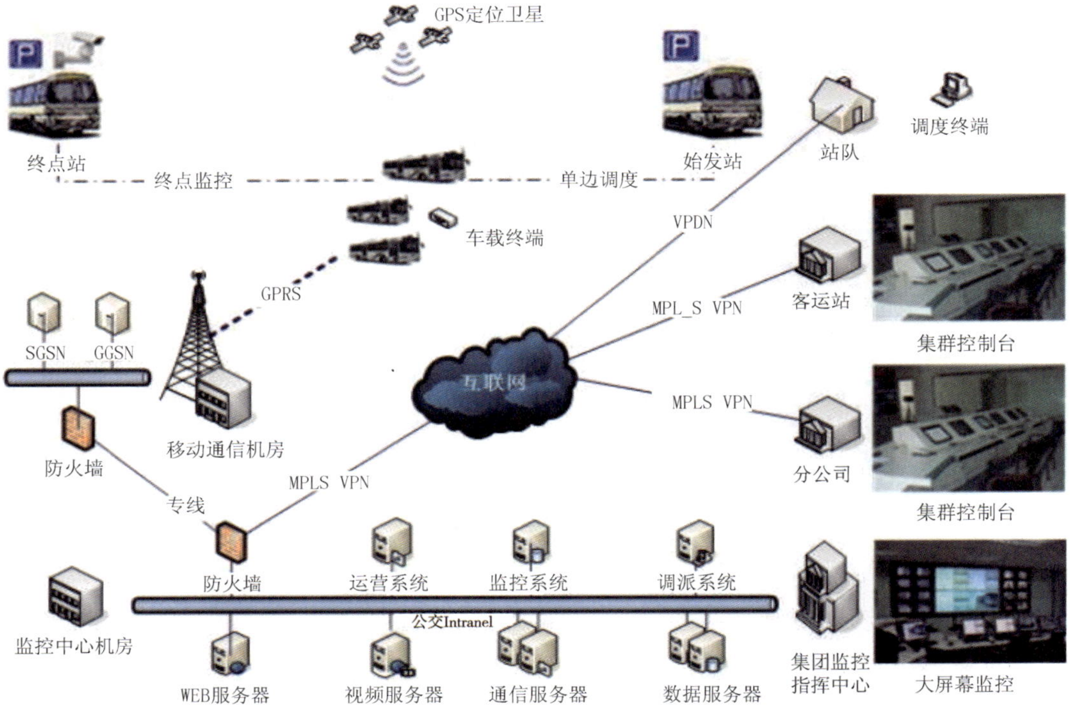

图4-43 视频监控平台

实现客运车辆管理的信息化，提高企业管理效率，引入了基于GPS的车辆3G视频监控系统，通过在客运车辆上安装GPS客运车辆视频监控终端，利用运营商的3G网络，系统能够将车厢内外的视频及语音信息通过3G网络无线传输方式发送到监控中心，监控中心能够在较大的区域范围对长途车的位置、状态以及车内的实时情况等动态信息进行即时监控、录像，及时处理车辆行驶过程中遇到的问题，并保证其安全行驶、准时到达，遇到突发事件，也能够及时实施有效的管理、调遣和援救。

（二）总体布局

兵团客运车辆远程视频监控中心建设内容如图4-44所示：在兵团客运车辆远程视频监控中心（乌鲁木齐北站路31号），安装远程视频监控平台数据库服务器一台，监控应用服务器一台，视频录像存储盘柜一个。服务器配置保证系统的可扩展性，将来可满足五百辆客运车辆的监控调度需求。在辖区内的259辆（以实际情况确定）客运车上，安装GPS视频智能终端，实现车辆GPS实时定位、实时视频监控等功能。

本项目建设规模属于中型信息化项目，项目建设采用先进的3G传输技术和视频信息实时传输，达到实时监控调度客运车辆运行及预防犯罪的效果，项目投资规模570万元，建设时间定为2012年7月～2012年12月25日，建设实施计划先建设中心机房，安装项目所需各类服务器及网络设备，同时安装GPS视频监控终端在车辆上，然后进行联调测试，完成测试后进行试运行。根据兵团客运车辆远程视频监控系统建设需求，客运车辆远程视频监控系统的网络结构如图4-45所示。

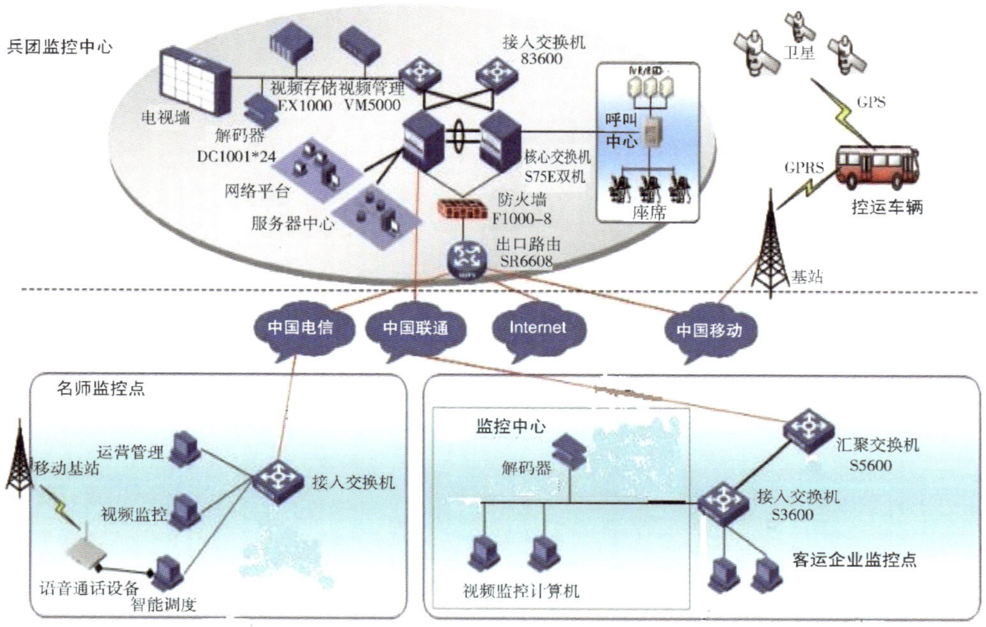

图 4-44　系统结构

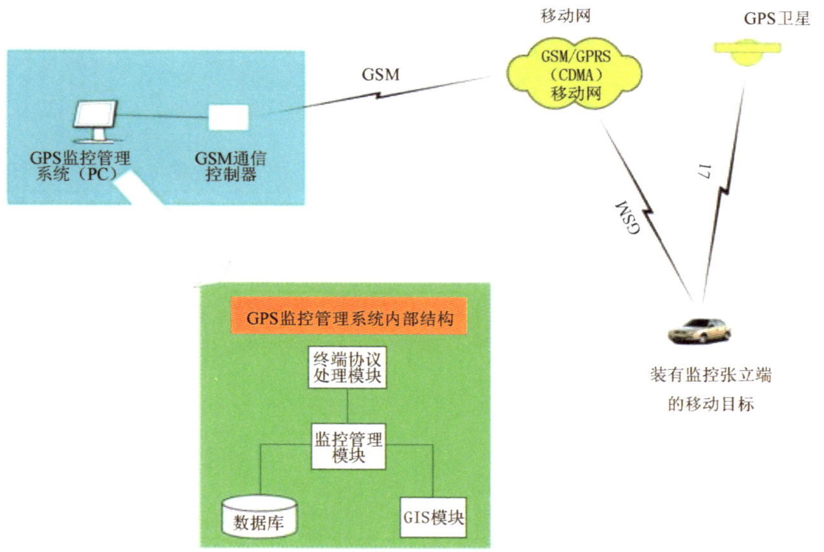

图 4-45　总体架构

（三）实施方案

1．应用支撑平台

视频监控调度中心作为业务数据、车辆动态位置数据的处理中心，完成和客运车辆之间的业务数据交换、传输；提供：监控管理系统、客运车辆管理系统。公众用户、客运企业、车站可以通过互联网使用中心监控应用平台的监控调度、客运服务。

2. 数据资源

视频监控资料通过本地录制和3G网络传输两种方式实现视频的即时调用查看。目前GPS和3G技术已经相当成熟，使用上具有更多的安全性和可靠性，用户既可通过监控网页直接查看当前车辆实时视频，也可调用数据库中的视频数据进行回放。

3. 主机及存储

本项目监控中心设应用服务器和数据库服务器各一台，视频存储盘柜一台，项目设计的本地视频录制时间为一周，中心监控存储量能够满足1个月的视频数据资料调用回放。

4. 终端系统

本项目系统使用的3G监控模块支持3G无线视频传输，H.264编码，4路视频输入，带报警输入；4个车载海螺型防暴红外摄像头，420线，1/3寸CCD，防暴金属外壳、带红外补光、专业BNC接头；存储使用32G高速SD卡。

5. 网络系统

本项目视频监控中心使用10M光纤接入，千兆路由器，满足大数据流量的视频资料传输，终端设备使用先进的3G数据卡，速度快，覆盖范围广，信号效果好。

6. 安全系统

本系统的数据涉及用户的隐私，并且可以通过互联网对运管部门提供数据服务，数据的安全性予以高度重视，网络系统采取防范措施防止黑客的入侵。对于内部的员工以及调度客户也安排足够的权限控制，避免用户能够操作不属于自己的数据。提供系统总体闭环检测，实现对整个网络的自检、实时监控和自动故障报警检测以及一定程度的自恢复。

（供稿：新疆生产建设兵团交通局）

西宁南绕城可视化项目管理系统

西宁南绕城项目是中交第一公路勘察设计研究院2011年承接的一个设计-施工总承包项目，该项目也是青海省首条采用设计施工总承包模式建设的高速公路。为规范该项目建设的管理过程，提升项目参建各方的工作协同，提升各项业务的办公效率，在项目启动之初，公司就明确要采用信息化手段对项目进行管理。项目建设综合管理系统涵盖了网站、OA办公自动化系统、项目管理系统（含项目管理平台及总承包部管理平台）以及数字公路基础信息平台，并实现了与各类物联系统的集成，包括视频监控系统、隧道人员管理系统等。

2014年，在巩固已有系统应用成果基础上，又加大了系统的应用力度，不断扩展系统的应用范围及应用深度。系统在业主单位、总承包部、各下属工程处、监理单位实际需要的基础上，围绕项目管理三大目标，以现代化项目管理理念作为业务改进优化的理论指导，根据公路工程EPC项目的实际业务特点，为项目参建各方提供了一个高效、快速、集成化的管理应用平台，规范项目建设的管理流程，提供人机功能完善的集成化业务处理系统，使项目建设管理者可以对资源进行优化管理，有效地控制项目投资，提高经济效益，实现各个管理层次的统一管理，实现各类数据流的传输和各种业务的协调合作，满足各管理单位分层汇总的功能要求，使业务管理层及时、准确地掌握项目的进展情况，系统取得了良好的应用效果。

为提升系统的可视化，系统在 BIM 方面进行了研究和探索。数字公路基础信息系统应基于地理信息环境和三维仿真环境构建，实现地理信息环境和三维仿真环境的实时关联，用以解决该公路项目建设过程海量数据的管理和复杂抽象工程难点问题的可视化形象展示。具体包括实现设计文件、建设过程图档的管理功能；进度（计划）动态显示等模块；为运营时期提供完整的公路基础信息数据。系统包括地理信息环境构建、桥梁建模模块、路基建模模块、涵洞建模模块、隧道建模模块、三维仿真环境构建、文件管理、测量数据管理、综合查询模块、实时漫游模块、统计计算模块、大纹理数据处理、进度管理、进度动态展示等功能。该项目获得 2014 年度中国建筑业建筑信息模型（BIM）邀请赛卓越工程奖一等奖。

（供稿：中交第一公路勘察设计研究院有限公司）

三、信息共享与服务

2014 年，部大力加快国家物流信息平台区域节点建设，支持建设了 98 个综合客运枢纽项目和 103 个货运枢纽型物流园区项目。近年来，国家高度重视物流业发展，把物流业作为现代服务业的重要组成部分，相继出台了一系列政策措施，国务院批准《物流业发展中长期规划》，也旨在加快推进现代物流业科学发展。信息化是现代物流发展的关键，是实现物流理念创新、模式创新和服务创新的先进载体。当前，制约物流业发展的关键因素之一在于信息化建设滞后，物流信息交换不畅。推进建设物流信息平台应用互联，是交通运输转型发展的客观要求，更是现代物流加快发展的必然选择。加强创新驱动、转方式调结构势在必行，以信息化为引领，深化交通运输与现代物流融合发展，提升行业服务能力，是实现行业转型升级的重要切入点。

公路水路建设与运输市场信用信息服务系统

自 2012 年以来，全国已有广东、福建、江苏、天津、河北、山东、黑龙江、吉林、江西、河南、湖北、湖南、重庆、四川、云南、陕西、甘肃、青海、宁夏、内蒙古等省（自治区、直辖市）先后启动了信用工程建设。

（一）建设内容

信用工程总体业务范围如图 4-46 所示。信用工程主要分为公路建设市场信用信息管理与服务、水运工程建设市场信用信息管理与服务、道路运输市场信用信息管理与服务、水路运输市场信用信息管理与服务 4 个主要业务域，按照信用管理与服务要求各业务域则主要包括信用信息征集、信用评价、信用奖惩、信用披露与服务 4 个环节。在信用信息征集方面，按照相关法规的要求，实现相关从业企业和从业人员的信用信息的采集、入库、更新，信用信息征集内容主要包括从业企业及从业人员的基本信息、良好行为信息、不良行为信息、信用评价信息等。在信用评价方面，按照部、省相关信用评价文件的要求，定期对相关从业企业、从业人员进行信用评价。在信用奖惩方面，按照相关文件要求，在政府采购、招投标管理、扩大经营范围、投资补助等环节对信用好的企业给予重点支持和优先安排，逐步形成“诚实守信，处处受益”的良好风气，对失信企业和人员加强监管和制约，严格实施惩处措施，并通过建立跨地区的信用奖惩联动机制，逐步建立“一处失信，处处受制”的网络化监管机制。在信用披露与服务方面，按照相关管理办法和规章制度，向社会公众公开披露或授权查询企业和人员信用信息。

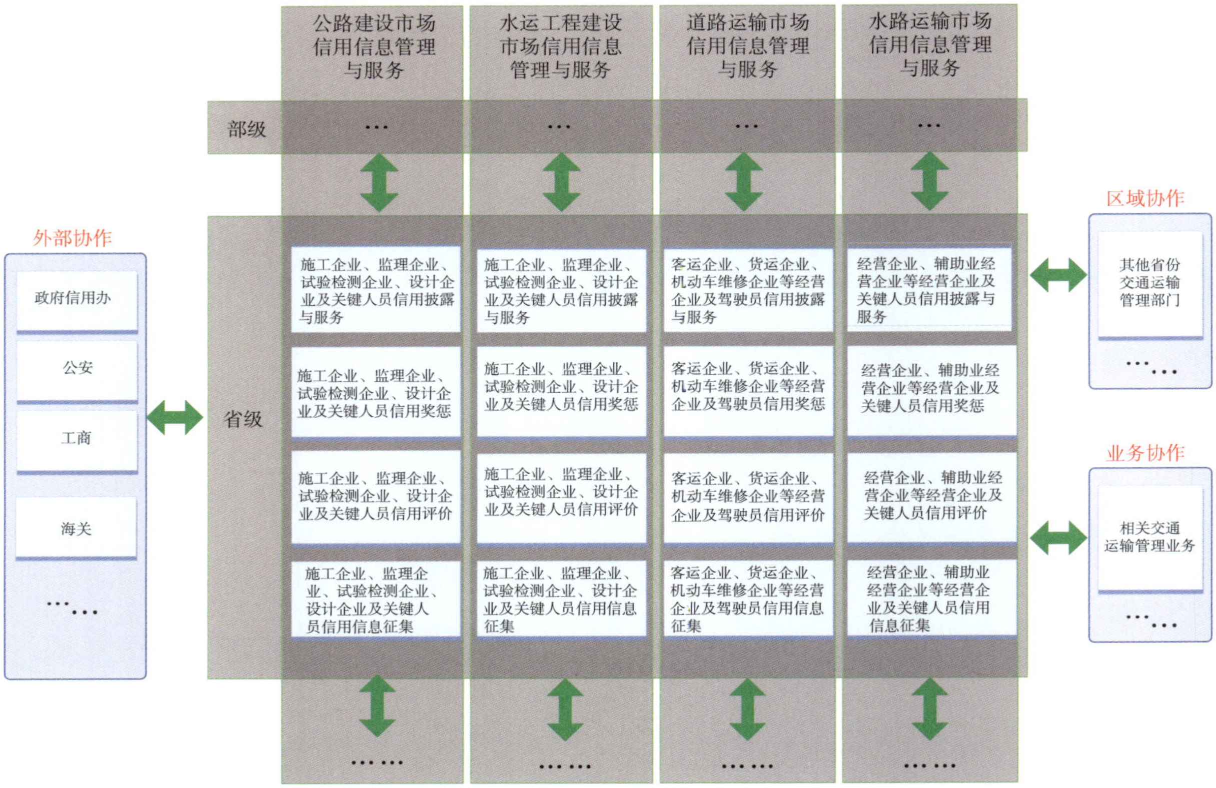

图 4-46　信用工程业务架构图

（二）系统功能

信用工程建设完善的应用系统包括公路建设市场信用信息管理系统、水运工程建设市场信用信息管理系统、道路运输市场信用信息管理系统和水路运输市场信用信息管理系统，以及与信用信息采集和业务协同相关的业务系统（图 4-47）。

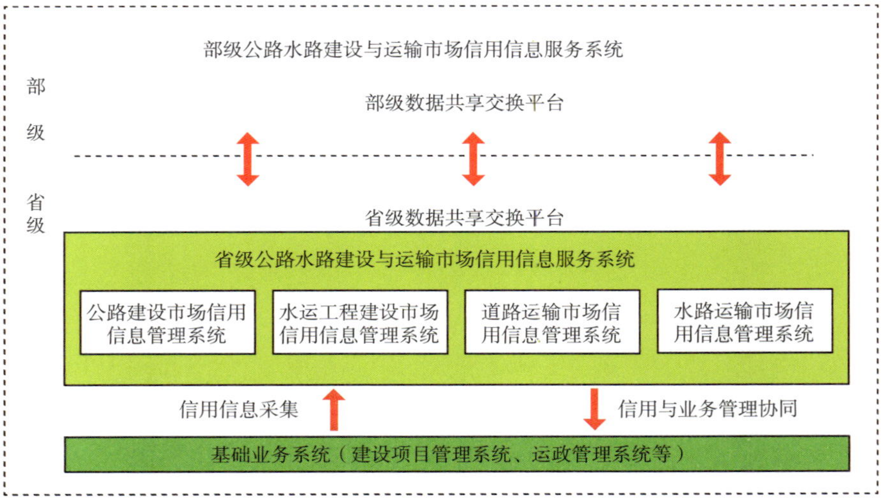

图 4-47　信用工程应用架构图

公路建设市场信用信息管理系统主要实现对公路建设施工企业、设计企业、监理企业、试验检测企业等从业企业，以及施工企业项目经理、监理工程师、试验检测人员等从业人员的信用信息动态跟踪管理和信用评价，并为建设项目管理系统、招投标管理系统等其他业务系统提供信用数据服务，实现业务管理与信用管理的协同应用，同时通过门户网站等方式，为社会公众提供公路建设市场信用信息公示公告、公开查询、投诉处理等服务。

水运工程建设市场信用信息管理系统主要实现水运工程施工企业、设计企业、监理企业、试验检测企业等从业企业，以及施工企业项目经理、监理工程师、试验检测人员等从业人员的信用信息动态跟踪管理和信用评价，并为建设项目管理系统、招投标管理系统等其他业务系统提供信用数据服务，实现业务管理与信用管理的协同应用，同时通过门户网站等方式，为社会公众提供水运工程建设市场信用信息公示公告、公开查询、投诉处理等服务。

道路运输市场信用信息管理系统主要实现对道路客运企业（班线客运企业、旅游客运企业、城市出租企业等）、道路货运企业（普通货物运输、危险货物运输）、驾驶员培训机构、车辆维修企业、国际道路运输企业等经营企业，以及客运驾驶员、货运驾驶员等从业人员的信用信息动态跟踪管理和信用评价，其中在信用信息采集方面通过 IC 卡道路运输证、IC 卡从业资格证的换发，进一步补充校核经营企业、营运车辆、从业人员基础信息，并依托 IC 卡道路运输证件，实现在客运站、货运站（物流园区）、港口、货物源头装载点、路政超限检测站、机动车维修点、汽车性能检测站等业务节点及运输过程中的动态信用信息。道路运输市场信用信息管理系统为道路运政管理系统、行政执法系统等业务系统提供信用数据服务，实现业务管理与信用管理的协同应用，并以 IC 卡道路运输证件为信息共享介质，在客运站、危货运输装载点、货运源头治超点等地，实现对企业、车辆、人员的基本信息、信用等级等信用信息的快捷查询，同时通过门户网站等方式，为社会公众提供道路运输市场信用信息公示公告、公开查询、投诉处理等服务。

水路运输市场信用信息管理系统主要实现对水路运输经营企业、水路运输辅助业经营企业、港口经营企业等经营企业及关键从业人员的信用信息动态跟踪管理，并为水路运政管理系统、行政执法系统等业务系统提供信用数据服务，实现业务管理与信用管理的协同应用，同时通过门户网站等方式，为社会公众提供水路运输市场信用信息公示公告、公开查询、投诉处理等服务。

信用信息采集和业务协同相关的业务系统主要是按照信用管理与服务的要求建设完善建设项目管理系统、招投标管理系统、道路运政管理系统、水路运政管理系统、行政执法系统，促进现有业务协同与信用系统的协同应用功能。

（三）建设成效

自 2012 年全国部分省份陆续启动工程建设以来，信用工程已初步取得了一定成效，初步形成了完整、准确、更新及时的信用档案；初步实现了信用信息跨区域、跨部门交换共享；初步实现了信用管理与业务管理的协同应用；通过信用信息公开披露，充分发挥社会监督作用。

（供稿：交通运输部公路科学研究院）

海南交通电子政务数据交换和共享平台

鉴于我国当前交通体系的多元化管理体制的现状，不论是一体化的大交通体系建设还是智能交通框架建设，都是以信息共享与交换为前提条件的。海南省智能交通一期子项目“交通电子政务基础平台一期”（即数据交换和共享平台）就是为了建立一个功能齐全、成熟可靠、性能优越，在应用系统的开发、部署、运行监控方面都能提供良好的全方位支持，并且能适应业务系统不断变化、更新和发展，以及能适应新业务要求的应用系统集成架构。

（一）建设目标和建设内容

数据交换与共享平台需要满足海南省交通运输厅现有系统与在建系统的数据交换功能与共享功能，利用ESB服务总线提供的接口功能，将系统进行无缝集成。

1. 企业服务总线

在本次项目范围内，通过ESB企业服务总线满足厅局现有业务系统与相关业务单位等系统的集成工作。ESB企业服务总线产品功能需要满足以下要求：协议转换、格式转换、请求路由、安全认证、授权、服务监控、服务的配置、注册管理。

2. ESB安全监控管理平台

作为核心的平台枢纽，ESB架构需要保证系统各个主体的运行和访问可靠性，包括服务稳定性、并发性、应用程序与服务的安全性、消息完整性。以上要求需要建立一个统一的包容性能和日志监控、安全管理、按性能需求扩展的管理平台。基于ESB的数据交换与共享平台在海南省交通运输厅的建设成功，可以实现政务部门的业务服务重用，通过服务级重用消除软件开发的冗余，通过业务服务的重用和重新编排提高业务敏捷性。

3. 本期建设内容

系统主要建设企业服务总线，将具备条件的海南省交通运输厅业务系统、跨部门系统、异构系统进行业务集成和数据集成，实现初步的数据共享，并在此基础上，建立初步的数据交换规范和系统建设规范，具体内容见图4-48。

（二）技术架构

数据交换与共享平台为各业务系统提供基础信息支撑。信息资源的模式分为集中与分布相结合的模式，基础与共享类信息集中于海南省交通运输厅信息中心，各部门的专用信息则分布在各应用系统所在的部门。

数据交换与共享平台的建设，是涉及多个层面的系统工程，需要从系统资源建设和应用需求出发，设计系统体系架构。

如图4-49所示，信息交换系统构建于业务管理系统之上，其目的在于对业务管理系统进行数据的整合。通过企业服务总线，进行内部、外部的纵向、横向资源整合、交换，实现松耦合的整体系统软件架构，通过统一的存储、系统、监控管理平台实现对整个信息共享环境实现有效的管理。通过此架构可以逐步建立、完善无边界信息流的互联互通，并且遵循小步快走的原则，面向今后的业务的不断发展。

数据交换与共享平台通过企业服务总线实现多个应用之间的信息集成和实时数据交换。应用系统间的结构化数据通过企业总线与其他系统交互的。数据交换与共享平台通过企业服务总线完成各个分散业务系统之间的横向数据交换。企业服务总线将分散在各应用中的数据包装成标准的数据服务组件，通过数据语法、语义转换，为用户提供一个统一、标准的数据采集、转换和传输通道。

数据交换与共享平台采用主流的J2EE、SOA产品体系结构，支持跨平台、跨数据库应用，兼容目前市场上主流的Oracle等关系型数据库，采用市场上主流的国际厂商成熟的SOA中间件产品，保证系统技术路线先进、可行、合理、成熟。在数据接口上采用Web Service技术，包括XML、SOAP、WSDL，简化复杂工作流程，促进动态服务调用（图4-50）。

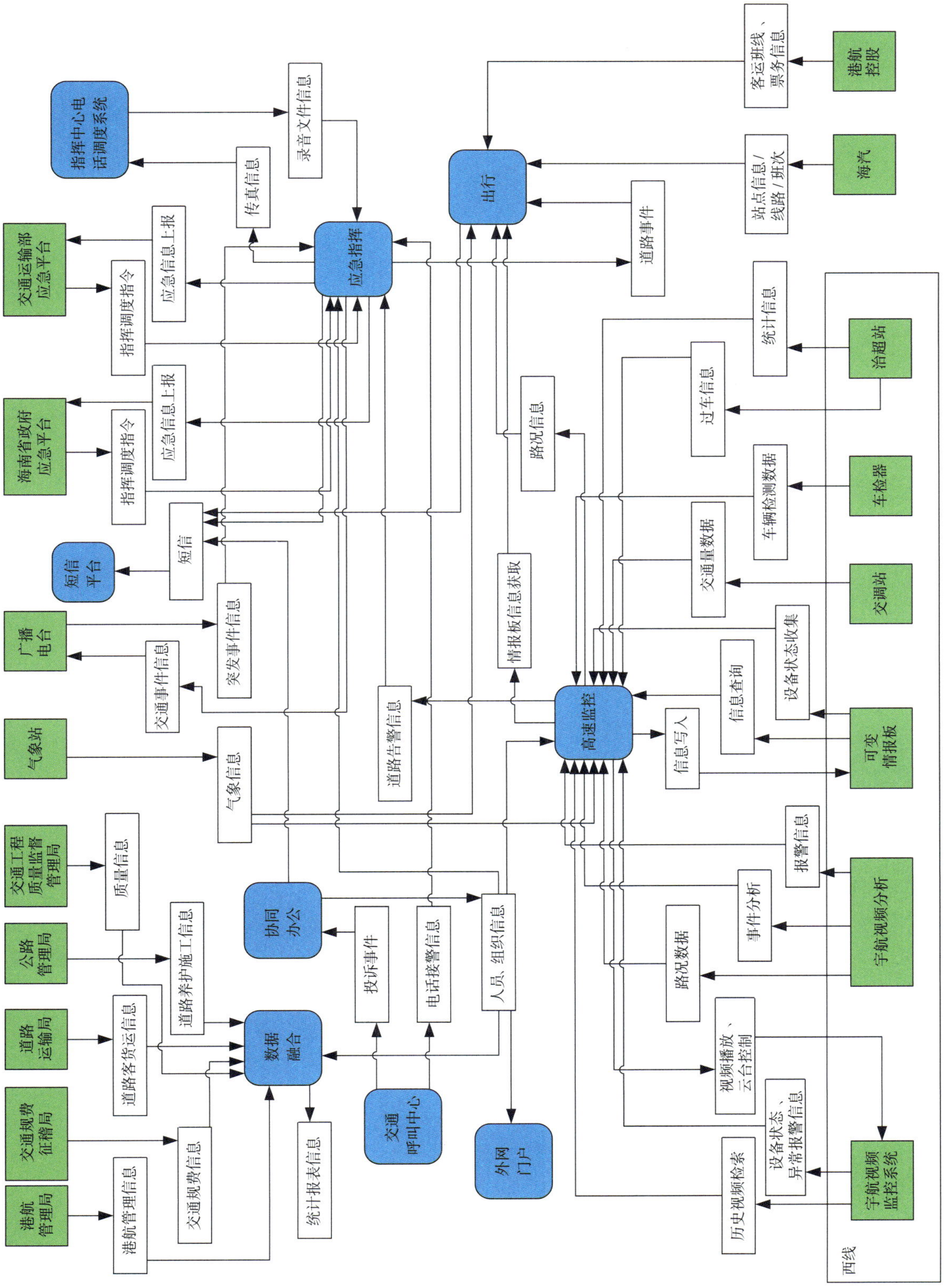

图4-48　数据交换和系统规范示意图

说明：蓝色块，智能交通一期内部子系统；绿色块，智能交通外部系统；连线，接口交互。

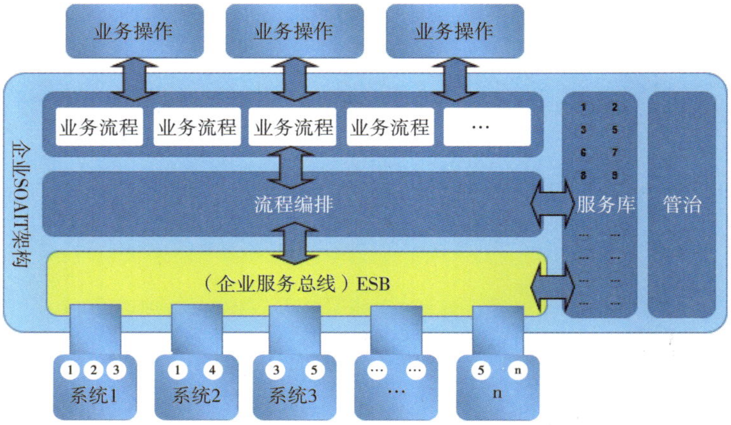

图4-49　整体技术架构示意图

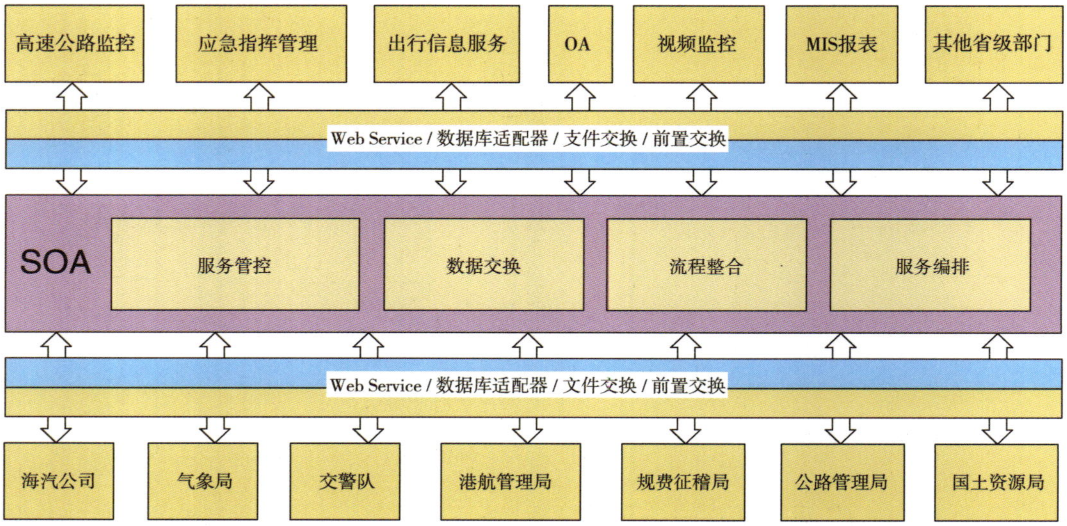

图4-50　数据交换与共享平台逻辑部署结构图

企业服务总线提供了适配器，可以将包括 Web Service、数据库、FTP 多种格式在内的信息源作为接入对象，并经由适配器体系接入企业服务总线之中。在企业服务总线中可以进行消息格式转换和消息路由，消除数据源的异构和数据格式的不匹配。通过企业服务总线，横向的数据交换可以实现多个应用系统间的实时、安全、可靠信息传输。

规划的初始阶段为了避免不同系统在应用层的差异，建议采用数据集成的方式。需要进行数据交换与共享的各个应用系统，可以通过数据集成适配器的方式接入到企业服务总线中。应用系统与企业服务总线之间，通过适配器进行连接。数据由适配器接入企业服务总线，进行加密、压缩和统一封装。在企业服务总线上可以规划数据流程和映射关系，并记录详细的数据日志。在目标端，企业服务总线进行数据的拆解包装、解压和解密过程，通过适配器将数据传输至要同步的目的系统中去。

数据交换流程的启动和停止，在基于企业服务总线的服务管控平台中进行配置。企业服务总线对数据流程的运行过程有详细的数据日志记录。在企业服务总线中，管理员可以实时的监控流程的运行状态。通过服务管控平台，管理员可以远程的对每个企业服务总线中的服务进行监控，并可以对服务的状态，包括启动、停止和重启进行控制，实现了对物理分布、逻辑集中的整个企业服务总线的监控和管理。

针对项目省级部署、分布集中的特点，建立统一的数据交换与共享平台是必然的选择。统一数据交换与共享平台的基于企业服务总线构建，安装客户端、服务器端和管理工具，实现信息资源服务、接入、服务流程规划等数据统一传输和交换以及服务整合功能。数据中心设立企业服务总线服务端，通过管理工具对网络中的节点进行管理；在其他应用系统处，建立企业服务总线客户端，实现数据的获取和交换；如果其他单位有数据交换需求，则只需将数据交换的服务已 Web Service 的方式提供给服务管控平台进行注册，与数据中心的企业服务总线服务端进行交互，受企业服务总线服务端管控，实现统一的数据交换与共享平台。

（三）系统对接模式

在本次项目一期建设的各业务系统的数据交换过程中，数据交换主要实现数据横向交换模式（图 4-51）。横向的数据交换，是针对各业务系统和其他同级应用系统的交换。各业务系统和其他的应用系统的数据交换，可以通过企业服务总线进行传递，以可视化的配置管理工具进行设置。

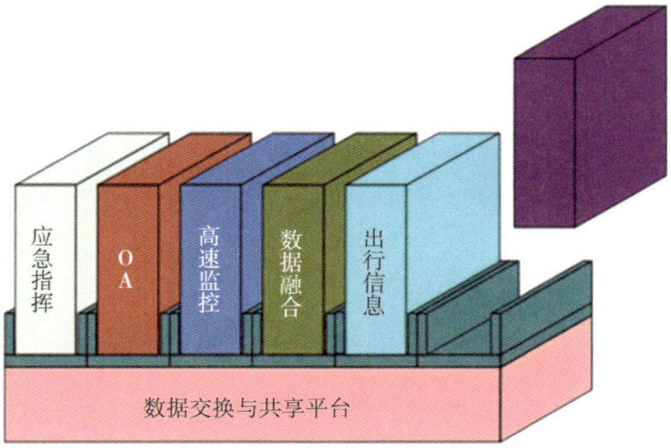

图 4-51　横向数据交换的主要方式

横向的数据交换，主要关注的是异构应用系统之间的消息传输。数据交换与共享平台提供了适配器，主要将 WebService、socket 格式的信息源作为接入对象，并经由适配器体系接入企业服务总线之中。在企业服务总线中可以进行消息格式转换和消息路由，消除数据源的异构和数据格式的不匹配。通过数据交换与共享平台，横向的数据交换可以实现多个应用系统间的实时、安全、可靠信息传输。需进行交换的数据通过数据适配器传输至数据交换与共享平台的客户端，并封装成统一的数据模型，通过底层的消息传输机制，从源端传输至服务端。在服务端，由预定义的路由规则将其传输到目的端，通过目的端的服务适配器转换为目标数据库所识别的格式，存入数据库中。

（供稿：海南省交通运输厅）

山东省交通物流公共信息平台

山东省物流信息平台建立健全了数据交换、企业信誉、软件推荐、信息发布与展现等“3 + 1”信息服务功能，实现了与省内外 16 个物流平台之间的数据交换，初步达到了整合我省交通物流资源、提升行业信息化水平的建设目的。但是，山东省物流信息平台建设也存在着基础交换网络不够完善、互联应用难以满足市场需求、基础保障和配套政策需要跟进、平台服务产品应用率较低等问题，在改善信息平台运营环境、服务现代交通物流发展等方面，仍有较大的突破空间，建设任务十分繁重。

（一）项目背景

目前，山东省物流行业信息化建设投资力度和水平还存有较大发展空间，推进省物流信息平台应用互联建设，统一信息交换标准，加快基础交换网络布局，实现物流信息共享，可以进一步增强中小物流企业运用信息技术处理物流信息的能力，有效解决我省物流业主体信息处理手段比较落后、信息化意识不够、投资能力有限，以及企业间、行业间、区域间物流“信息孤岛”等问题。因此，推进省物流信息平台应用互联，为海量的信息流动提供公共性通道，为众多的市场主体提供网络化服务，是山东省现代物流信息化建设的重中之重。

（二）平台的构成与布局

交通运输部《交通运输物流公共信息平台建设纲要》和《交通运输物流公共信息平台区域交换节点建设指南》要求，在全国层面，交通运输物流公共信息平台构成形式为：“$1+32+nX$”。“1”代表平台国家级管理服务系统；“32”泛指省级交通运输主管部门主导建设的区域交换节点；“nX”是指平台拓展和衔接的信息服务体系，n代表n类信息系统，X代表某一类信息系统中X个具体的信息系统。

区域交换节点由各省级交通运输主管部门推动建设，是交通运输物流公共信息平台的重要技术组成部分，区域互联应用项目是其具体应用展现形式，是建设区域交换节点的前提。互联应用项目包含但不限于以下五类：供应链协同作业类项目、物流服务平台类项目、物流节点信息共享类项目、物流应用软件接口改造类项目、行业监管互联类项目。

山东省区域交换节点以省物流信息平台为依托建设，建设内容包含基础交换网络和区域互联应用项目。基础交换网络包含区域数据交换服务器、配套的应用支撑系统和网络设备。区域互联应用项目是物流市场主体通过信息系统与区域交换节点的对接，是我省交通物流信息平台近期建设重点。

（三）运营效果

1. 实现信息共享、降低物流成本，提升企业效益

平台自开通以来实现与湖南物流公共信息平台、中华物流网、环渤海物流网、菏泽鲁之翼物流网、日照交通物流公共信息平台、临沂金兰物流信息网、泰安创信物流网、滨州市交通物流公共信息平台等省内外26家物流平台和省内41个农村交通物流试点县平台实现数据交换，间接服务会员达到10万家，年服务物流货值300亿元、累计数据交换量940万条，年降低空驶率5%、柴油油耗38%，缩短运输时间25%，提高企业间物流协作效率80%；通过企业信誉服务平台验证的会员4700家；软件推荐平台实现为会员用户推荐软件310套，在线体验软件17套，参与合作的软件商达50家；信息发布与展现服务实现物流供求信息180万条，物流资讯信息2万余条。根据权威排名测试工具Alexa统计显示，网站世界排名突破10万名达到81478名，国内排名突破1万名达到5504名。

2. 扩展应用领域，加快集约流程，完善平台功能

按照《山东省交通运输厅关于推进山东省交通物流公共信息平台应用互联建设的实施方案》（鲁交运管〔2014〕11号）。为更好地推动这项工作，将向省内物流企业免费提供，该软件系统包含物流园区管理、普通货运管理、货运场站管理、快货专线运输管理、仓储管理、小件快运管理、货代管理、集装箱运输管理、企业网站系统等九类软件，基本能覆盖各类物流运输企业业务需求，可以起到提升物流企业协调作业能力、业务管理水平及运作效率的作用。

（四）下一步推进思路

山东省交通物流公共信息平台的建设，是一项长期而艰巨的任务，自开通以来已累计投入资金达3500万元，省交通物流平台秉承“服务民生、服务企业、服务交通”的理念，围绕节能减排的要求，加快平台建设，计划在2015～2018年计划投入3000万元，重点做好以下几个方面的工作：

1．建设完善甩挂运输信息网络平台

按照山东省交通运输厅对甩挂运输工作部署，在省平台的基础上建设全省甩挂运输信息网络平台，实现对甩挂运输运营管理、车辆调度、挂车租赁平台、货运交易、省及各市甩挂运输运营中心的信息化服务。

2．建设完善中韩陆海联运信息平台

加快中韩陆海联运信息平台的二期需求调研、系统设计；升级改造行车许可证系统；采用RFID射频技术，实现货物跟踪系统研发；建立用户数据库，以门户网站形式实现互联网上应用，实现全系统中韩双语界面；采用数据交换技术，实现运政、港政系统、韩方平台、检验检疫和保险等部门数据交换，为中韩陆海联运用户提供一站式互联网服务。

3．推进山东交通运输与山东邮政各类业务合作信息系统的互联互通互换

山东交通运输与邮政围绕共享资源、服务民生，实施战略合作，各类业务合作信息系统之间需要信息对接，省交通物流平台依据先进的数据交接技术推进山东交通运输与山东邮政各类业务信息系统之间的互联互通互换。

4．建设物流在线交易平台

基于物流企业市场信誉服务系统，建立可供企业用户选择的物流交易招投标系统，实现供需双方在线交易，规范市场交易，形成集约化交易联盟。

5．推进我省农村物流信息化标准体系建设

参照国家交通物流公共信息平台标准，结合山东省交通物流实际，基于统一的业务和技术标准，研发标准的各级交通物流平台给140个区县使用，真正发挥农村物流各分拨中心、物流节点和物流点的信息数据采集和农村物流的整体效益，形成山东省农村物流标准体系，服务农村物流，促进农村发展。

（供稿：山东省交通运输厅）

甘肃省北斗物流云综合服务平台项目

针对甘肃省营运车辆管理现状和未来需求，在全省部署“北斗物流云综合服务平台”。该平台由“省物流车辆综合监管指挥平台”和“省物流综合信息服务平台”组成，包括物流位置数据云存储系统、物流地理信息云服务系统、物流车辆导航云监控系统、物流企业应用云服务系统、公共物流信息门户、物流电子政务平台、物流电子商务平台和物流数据交换平台等。同时面向全省物流车辆部署安装“北斗兼容车载终端及北斗物流智能显控终端”，实现车辆监控、车辆行驶记录、物流导航、指挥调度和物流信息化服务，从而加强政府部门行业监管能力，降低物流社会总成本，提升我省物流行业整体水平。

（一）项目背景

本项目重点建设甘肃省北斗物流云综合服务平台，该平台作为终端数据上传与平台数据交换的核心业务平台，从系统架构主要包括两个子平台系统："甘肃省物流车辆综合监管指挥平台"和"甘肃省物流综合信息服务平台"。按照总体管理、分级运维原则，系统部署分为省级平台、地市平台两级部署，并按照交通部及相关部委要求，采用标准化协议，实现与全国公共货运平台的互联互通。

（二）系统总体架构

甘肃省北斗物流云综合服务平台的整体系统应用逻辑架构图如图 4-52 所示。

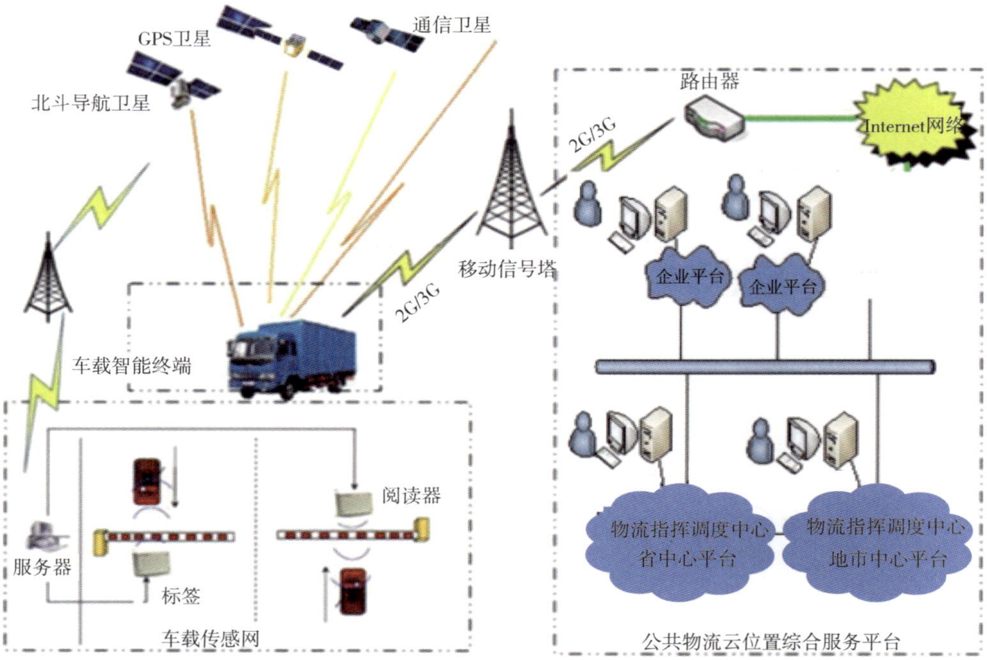

图 4-52　项目结构示意图

甘肃省北斗物流云综合服务平台采用云计算架构体系，实行集中统一化管理和运维，所有平台服务器和网络设备集中部署在甘肃省道路运输管理局，依据云存储分区原则进行分级化管理，并对地市调度指挥中心及相关部门、企业分配多层级的用户账号，确保数据及账号的安全管理（图 4-53）。

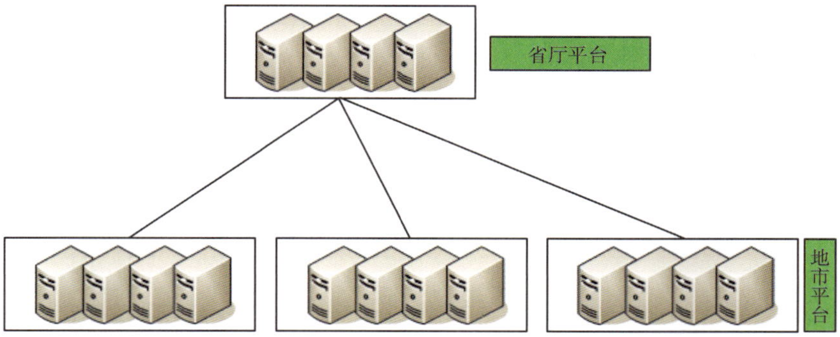

图 4-53　平台架构示意图

北斗兼容车载智能物流终端作为车辆信息采集、通信及信息发布的载体，与平台进行在线实时互动。北斗兼容车载智能物流终端由北斗兼容车载一体机与物流智能屏设备组成，终端不仅需要满足政府监管的需求，同时为提升物流企业的管理水平、提高运营效率，方便物流企业实时掌控车辆的载货状态，保障行车安全，要求一体机外接物流智能屏。一体机须满足交通部部标，实现车辆定位监控、行驶安全监测与告警等功能。物流智能屏为安卓系统的平板电脑，为方便司机操作，屏幕尺寸应不小于7英寸。物流智能屏须内置物流导航软件及物流业务管理软件，可实现物流车辆导航、货物配载、运力上报、车辆指挥调度、信息上报与接收等功能。

（三）应用效果

本项目融合了中国航天科技集团在北斗卫星导航系统、地理信息产业系统、云计算、车联网等领域的产业优势，通过项目的实施，将在甘肃省内形成面向7万辆物流车辆的基于北斗卫星导航系统的智慧物流综合服务体系，有利于提高甘肃省综合运输体系的信息化水平，促进就业、促进甘肃省现代物流业的发展，提升运输业自动化的管理水平，有效促进政府部门对区域内运营车辆的监管，减少事故、提高运力、减低运输成本，服务民生。

（供稿：甘肃省交通运输厅）

长江航运物流公共信息平台建设试点工程

2010年，交通运输部以交水运发〔2010〕575号文《关于长江航运物流公共信息平台建设试点工程工程可行性研究报告的批复》批复建设长江航运物流公共信息平台建设试点工程。

（一）主要建设内容

长江航运物流公共信息平台试点工程主要建设一个数据中心、两个门户和四个物流应用系统。

一个数据中心即长江航运物流数据中心，主要包括长江航运物流公共信息资源数据库、数据交换平台和应用支撑平台。长江航运物流公共信息资源数据库主要实现对长江航运公共信息资源的集中管理，并支撑物流应用及服务。建设数据交换平台，及时准确地对多源异构数据进行抓取、转换、传输，并对交换过程进行监控和管理；建设应用支撑平台，实现在新的数据资源环境下，应用系统和服务门户的高效运行。

两个门户即长江航运物流公共信息平台门户和长航系统办公门户，长江航运物流公共信息平台门户具有公益性、开放性、共享性三大特点，全方位为航运各方提供信息查询、物流审批查询、状态跟踪、信息定制、接口服务和统一入口六类服务，用户可以在门户上查询过闸调度计划、安全信息、长江水位、气象、水深等公共信息，了解货源、空船期、船舶交易、人才招聘等物流配套信息。用户还可通过物流状态跟踪服务快速查找货源、船员、船舶等信息；长航系统办公门户包含长航局内网门户、OA系统和电子公文交换系统，长航局内网门户系统使用了当前主流的portlet技术，实现了统一身份认证、单点登录和业务应用系统集成等功能；长航局机关OA系统对长航局机关所有的公文模板重新进行了设计。

四个物流应用系统即长江干线危险品物流信息系统、长江干线集装箱物流公共信息系统、长江干线船货信息系统和长江航运统计查询分析系统。通过前三大系统可以完成危险品、集装箱物流状态公共信息采集，提取危险品和集装箱承运船舶、货物的位置信息，预计到港信息和货物状态信息进行实时的接收、管理，实现对危险品和集装箱水上运输过程中船舶动态信息和货物动态信息的及时掌握，可有效降低航运企业的生产成本。长江航运综合查询分析系统将增强对长江航运公共信息资源的深度挖掘和综合利用能力，并为长江航运行政服务与监管决策、港航企业经营策略的制定提供统计分析数据支撑。

（二）实施过程及应用效果

2014年全年，长江航运物流公共信息平台试点工程项目组主要工作包括数据资源清洗、应用系统功能完善、功能试用、质量保证和应用推广。2014年底，所有的建设包都完成了交工验收工作。

2014年元旦，长航局内网门户、办公自动化系统和电子公文交换系统正式向长航局机关全体职工推出，为保证机关工作人员的使用效果，信息中心组织了共计10次系统操作培训，确保绝大多数人都能够熟练掌握内网门户、OA系统和电子公文交换系统的使用方法。同时，项目组积极收集用户的反馈意见，全年共收集局机关处室和机关直属单位职工反馈300多条意见，并且在2014年全部修改完成，提升了用户的满意度。截至2014年底，长航局机关内网门户完成新闻发布3330条，OA系统发文1655封、收文677封，其中直属局来文357封、长航局发往直属局文232封。

2014年，长航局在港航工作会议上正式向港航企业推介了长江航运物流公共信息平台，并且收集了反馈意见，之后项目组在局领导的带领下，在两协的大力支持下，积极开展与共建企业的交流与沟通，分别到重庆、武汉、南京、江阴等地进行应用推广工作。积极推行共建共用的模式，并逐步探讨合作的长效机制。主动与重庆航交所等航运信息服务单位开展联合共建。先后联合设计单位组织了3次系统联合试运转，召集共建企业进行了2次共建机制研讨，并多次修订数据交换标准。组织完成由国家权威部门进行的第三方检测，平台于2014年11月完成整体交工验收。目前，有长江海事局、长江航道局、长江航运公安局、三峡通航管理局、重庆市港航管理局、重庆航运交易所、重庆港、民生轮船公司、武汉港、长航集团、武汉因博信息技术有限公司、南京港等13家共建共用企业已经和我们进行了数据交换共享，近一年的试运行数据中心共累积基础数据600多万条，数据交换总量达2000多万次。

（三）下一步推广思路

2014年9月，《国务院关于依托黄金水道推动长江经济带发展的指导意见》出台，明确提出要着力推进信息化和工业化的融合，健全智能服务，完善长江航运等智能化信息系统，推进多种运输方式综合服务信息平台建设，实现运输信息系统互联互通。下一步项目组将积极与国家物流公共信息平台联系，实现和国家交通运输物流公共信息平台的数据共享和互联互通。

（供稿：长江航务管理局）

董家口散货智能化堆场实践与应用

目前国内外散货码头一直沿用传统的主要依靠人工协调处理整个生产运转的管理模式，虽然有很多港口的散货码头建立了自己的信息系统，但其中大部分信息系统只有3～5个功能模块，整个信息系统功能不强。散货码头存在着装卸效率和堆场利用率低、码头吞吐量不高、信息获取滞后等一系列问题，成为影响港口总体竞争力提高的瓶颈。本项目以董家口散货码头堆场为依托，利用现代信息技术，通过对散货堆场货物堆放、货物进出、货物搬捣、机械调度安排等生产要素和流程进行综合研究，改造堆场管理流程，有效解决了散货堆场管理粗放、信息采集效率低、智能化程度低等问题。

（一）实施过程

1. 构建散货堆场计划模型

依据散货管理过程中的货号、单号、组号等信息，构建了基于多属性维度聚类算法的散货堆场计划模型，创新设计了以计划为核心的散货堆场管理流程，突破了传统粗放的以库存管理为核心堆场管理模式，将同一品质的货物进行并堆，实现了货物优化堆存、货位智能布局，从而提升了散货堆场容积，有效提高了堆场利用率。

根据董家口散货堆场的实际情况，将货物按照品质、货号、单号、组号等属性维度初始划分为 M 个类，它们之间的距离彼此不小于类中心的最小临界距离 d_2，相同品质的货物作为一个类来处理，那些特殊品质的货物自成一类，确定好计算密度的半径 d_1，计算各类之间的距离，如果最小距离小于 d_1，则将相应的两个类合并，然后重新计算类间距离，如此循环，直至类间距离都不小于 d_1，堆场计划模型构建完毕。

货物并堆管理：充分利用堆场的堆存面积将同一品质的货物进行并堆，进而提高堆场单位面积货物堆存量。

当将两块同一品质的货物横向相连，补齐货物中间的缺口，增加了图 4-54 中阴影部分的堆场容量。

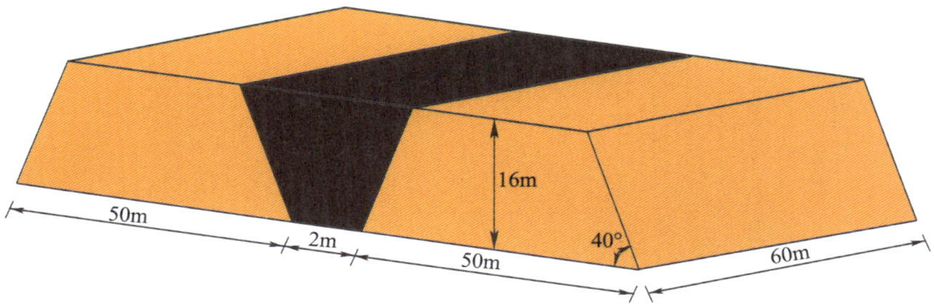

图 4-54　横向并堆

当将两块同一品质的货物纵向相连，补齐货物中间的缺口，增加了图 4-55 中阴影部分的堆场容量。

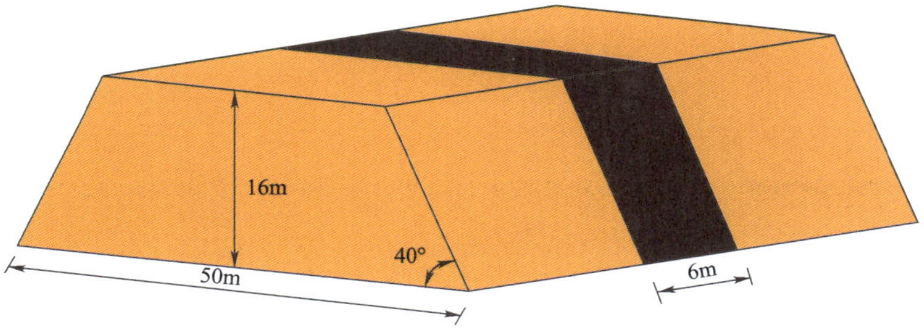

图 4-55　纵向并堆

当将同一品质的货物进行并堆，并堆前后堆场容量对比如图 4-56 所示。

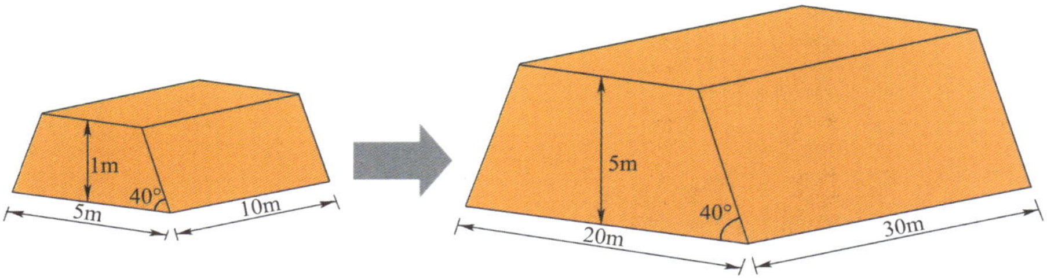

图 4-56　小堆并大堆

2. 建立智能管控模式

综合应用RFID、差分GPS等物联网技术，建立堆场可视化、一体化、精细化的智能管控模式，实现堆场货物图形化监控、机械货垛准确定位、信息实时采集传输，达到堆场图形化、动态化的全流程安全管理。

通过地理信息技术，在计算机中按照实际坐标形成码头堆场整体布局；通过手持终端的动态跑垛，将堆场货垛的实际坐标点采集到，并在堆场布局图上按照货垛的坐标点构建出货垛，在堆场货垛发生变化时，及时进行跑垛，从而在计算机系统中展示出实际的堆场堆存、分布情况（图4-57）。

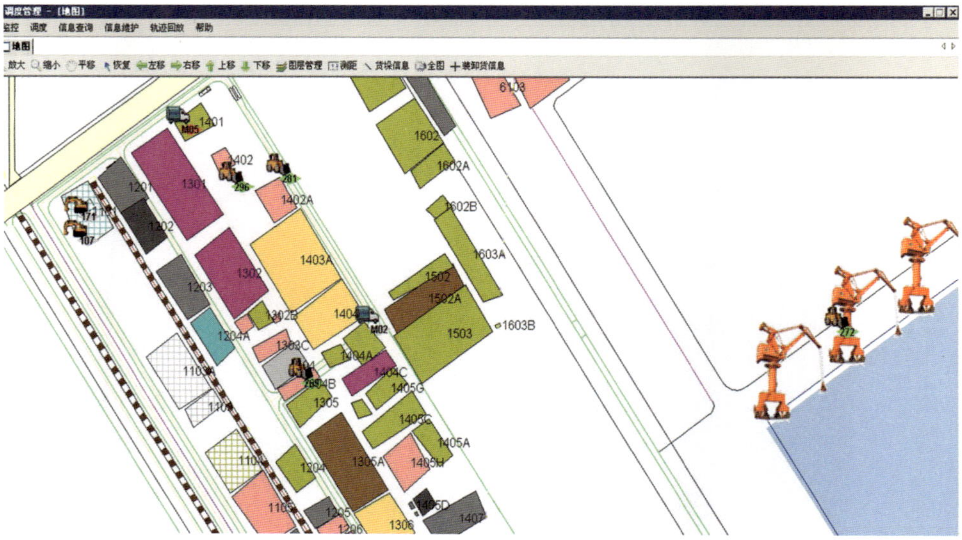

图4-57 基于差分GPS的堆场图形化

通过车载GPS终端，可以对作业机械进行快速定位，跟踪作业机械运行路线，存储作业机械的定位信息，可指定任意车辆实现漫游跟踪、轨迹回放功能；同时可监控作业机械的作业计划执行情况，及时发送生产作业指令，指挥机械进行装卸作业，避免作业分布的不均匀（图4-58）。

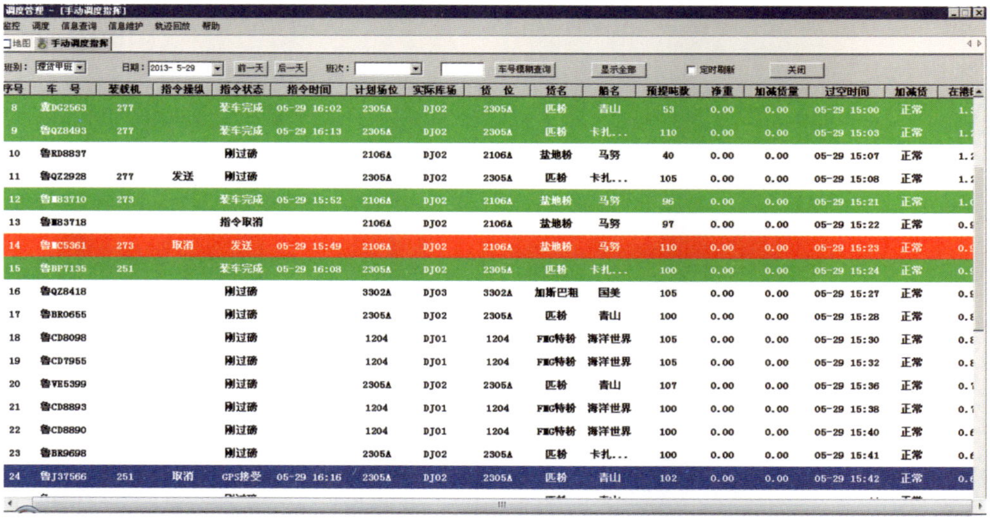

序号	车号	装载机	指令操纵	指令状态	指令时间	计划场位	实际库场	货位	货名	船名	预提吨数	净重	加减货量	过空时间	加减货	在港
8	冀DG2563	277		装车完成	05-29 16:02	2305A	DJ02	2305A	匹粉	青山	53	0.00	0.00	05-29 15:00	正常	1.
9	鲁QZ8493	277		装车完成	05-29 16:13	2305A	DJ02	2305A	匹粉	卡扎...	110	0.00	0.00	05-29 15:03	正常	1.
10	鲁RD8837			刚过磅		2106A	DJ02	2106A	盐地粉	马努	40	0.00	0.00	05-29 15:07	正常	1.
11	鲁QZ2928	277	发送	刚过磅		2305A	DJ02	2305A	匹粉	卡扎...	105	0.00	0.00	05-29 15:08	正常	1.
12	鲁■83710	273		装车完成	05-29 15:52	2106A	DJ02	2106A	盐地粉	马努	96	0.00	0.00	05-29 15:21	正常	1.
13	鲁■83718			指令取消		2106A	DJ02	2106A	盐地粉	马努	97	0.00	0.00	05-29 15:22	正常	0.
14	鲁■C5361	273	取消	发送	05-29 15:49	2106A	DJ02	2106A	盐地粉	马努	110	0.00	0.00	05-29 15:23	正常	0.
15	鲁BP7135	251		装车完成	05-29 16:08	2305A	DJ02	2305A	匹粉	卡扎...	100	0.00	0.00	05-29 15:24	正常	0.
16	鲁QZ8418			刚过磅		3302A	DJ03	3302A	加斯巴粗	国美	105	0.00	0.00	05-29 15:27	正常	0.
17	鲁BR0655			刚过磅		2305A	DJ02	2305A	匹粉	青山	100	0.00	0.00	05-29 15:28	正常	0.
18	鲁CD8098			刚过磅		1204	DJ01	1204	FMG特粉	海洋世界	105	0.00	0.00	05-29 15:30	正常	0.
19	鲁CD7955			刚过磅		1204	DJ01	1204	FMG特粉	海洋世界	105	0.00	0.00	05-29 15:32	正常	0.
20	鲁VE5399			刚过磅		2305A	DJ02	2305A	匹粉	青山	107	0.00	0.00	05-29 15:36	正常	0.
21	鲁CD8893			刚过磅		1204	DJ01	1204	FMG特粉	海洋世界	100	0.00	0.00	05-29 15:38	正常	0.
22	鲁CD8890			刚过磅		1204	DJ01	1204	FMG特粉	海洋世界	100	0.00	0.00	05-29 15:40	正常	0.
23	鲁BR9698			刚过磅		2305A	DJ02	2305A	匹粉	卡扎...	100	0.00	0.00	05-29 15:41	正常	0.
24	鲁J37566	251	取消	GPS接受	05-29 16:16	2305A	DJ02	2305A	匹粉	青山	102	0.00	0.00	05-29 15:42	正常	0.

图4-58 智能化堆场作业调度

3. 研发差分车载智能终端系统

采用嵌入式开发技术，集成 GPS 模块、GPRS 模块、液晶显示屏、操作键盘等设备研发了基于消息队列的差分车载智能终端系统，实现主系统控制中心与智能终端之间的信息实时应答和传递，现场作业信息的实时采集、作业现场与中控实时信息交互，作业机械的智能调度和控制，保证了数据传递的准确性和实时性。

GPS 模块通过获取从中心下发差分信号及卫星信号进行精确定位，GPRS 模块实现移动站终端和数据中心的通信功能。液晶显示屏及键盘实现操作人员的人机交互。差分车载智能终端应用程序接收下发的差分数据包传输给 GPS 接收机，实现机械司机的交互操作，完成指令的实时处理。系统框架图见图 4-59。

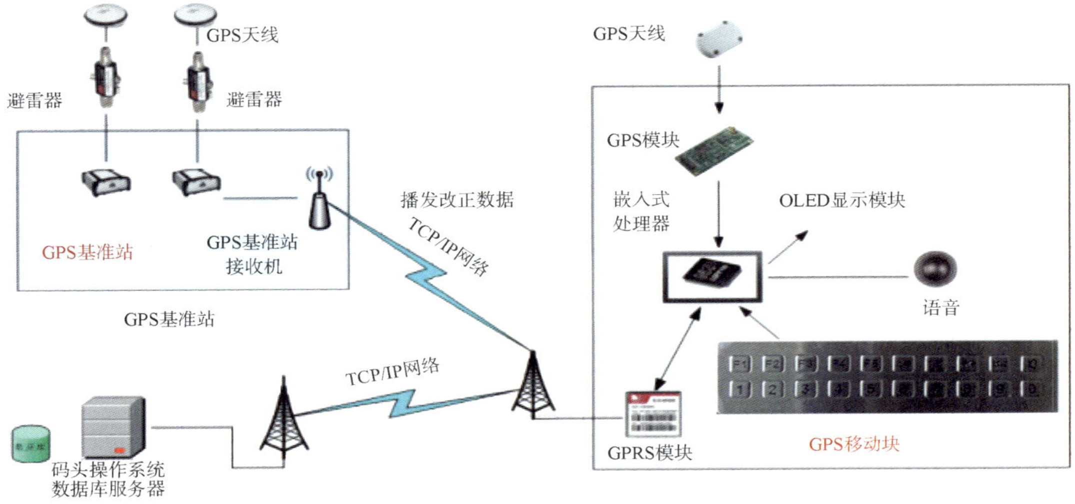

图 4-59　系统框架图

4. 提出货物搬捣作业控制算法

依据堆场作业线、作业起点、作业终点、货类和机械类型等搬捣作业资源要素，提出基于作业路的货物搬捣作业控制算法，达到搬捣作业资源优化调配。

单机效率可以看成装载机与自卸车数量比例的函数，设作业路中，装载机与自卸车的数量比例为 d，则单机效率 $= f(d)$，使 $\partial f/\partial d=0$ 的最小的 d 是最优机械效率比。从决策的角度来说，需要指定的可变因素为每一路作业平均需要自卸车的数量。在固定装载机数量的情况下，通过改变自卸车数量的单因素分析法，找到合理的平均每路需要自卸车的数量。不断调整 d，找到 $\partial f/\partial d=0$ 时 d 的值。

通过在现场机械上安装 GPS 终端，中控室可以随时掌握现场作业机械的准确位置，方便合理调配机械，充分利用资源；同时通过 GPS 进行指令发送、接收、反馈，确保了生产指令的准确到位、反馈及时；利用 RFID 技术，对进行搬捣作业的自卸车在进出堆场闸口时自动读取车牌号，校验无误后自动开闸，确保了搬捣疏运的效率和质量。作业流程图见图 4-60。

（二）应用效果

本项目紧密结合散货堆场管理的难点问题，通过应用散货堆场计划模型，将同一品质的货物进行并堆，有效提升了散货堆场的利用率，提高了散货港存量；通过建立堆场虚拟可视化、一体化、精细化智能管控模式，实现了堆场作业资源有效调配和精确控制，有效减少二次加载或减载，缩短了车辆在堆场停时；通过应用基于消息队列的差分车载智能终端系统，实现作业信息的零延时实时采集和机械定位的精准控制；通过应用基于作业路的货物搬捣作业控制算法，实现搬捣作业机械优化配置，在同等作业量、同数量作业机械的情况下，缩短了作业时间，实现了现场作业的无人化、生产调度的集中化、智能化，既确保了货物的安全，又提高了疏运的效率。项目已在董家口公司应用一年多，运行稳定，实现业务流程再造，堆场管理达到智能化。

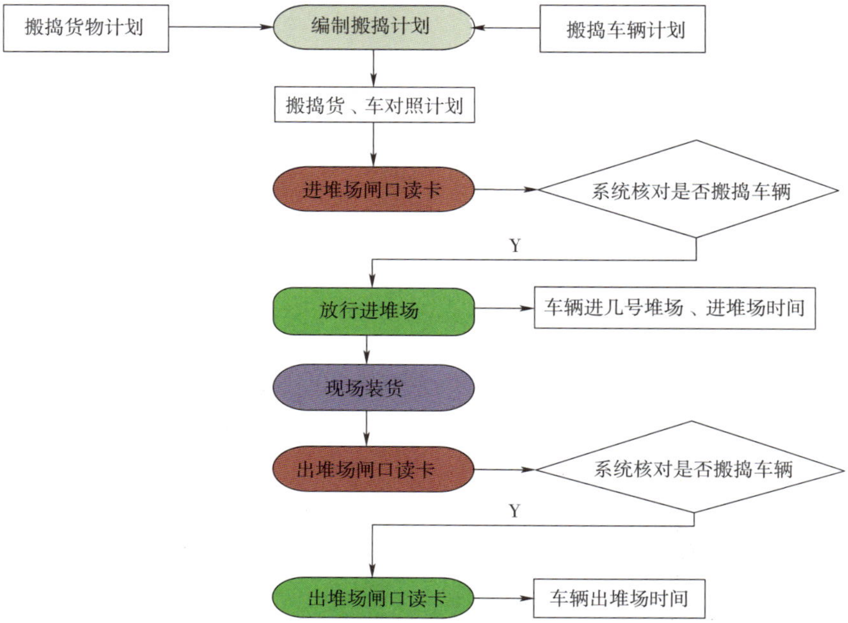

图4-60　作业流程图

（三）下一步推进思路

项目研究的散货堆场计划模型，堆场虚拟可视化、一体化、精细化的智能管控模式，解决了信息采集不及时、信息传输滞后、中控室与现场脱节等难题，实现了散货堆场生产作业各个环节的无缝衔接和堆场生产作业的闭环控制；基于消息队列的差分车载智能终端系统，解决了散货堆场不规范、非标准化问题，实现了堆场管理的标准化、虚拟可视化；基于作业路的货物搬捣作业控制算法，解决了作业装载机和搬捣车的优化组合、动态调配问题，提升了搬捣机械设备的利用率，有效缓解了码头的集疏运压力，该项目的各项技术可以应用在散货码头堆场管理中，对国内外散货堆场的管理具有典型性和示范意义，具有较强的推广价值。

（供稿：青岛港（集团）有限公司）

第五章　专题研究

经过多年的建设，我国交通运输已经进入了多种运输方式融合交会、统筹发展的新阶段。当前交通运输部交通运输大部门体制改革落实已经到位，实现了公路、水路、铁路和民航等多种运输方式资源统筹。完成综合交通运输体系的构建，已经成为“十二五”后期和“十三五”的重要任务。对于综合运输而言，综合运输信息互通和应用的程度，实际上决定着综合运输系统化和体系化的程度，决定着综合运输效应和作用的程度。同时，伴随信息技术的快速发展，物联网、云计算、移动应用技术已经在行业得到了逐步应用，2014 年，交通运输部以及各级交通主管部门结合工作实际，不断对相关领域展开了专题研究。

综合运输信息互联互通策略研究

综合运输信息的互通和应用，以每一种运输方式自身信息的互通和应用程度为基础。我国交通运输行业信息化经过了多年的建设和发展，历经“十一五”和“十二五”两个五年计划大发展，取得了很好的成绩。但是到目前为止，公路和水路相关的信息资源整合只是局限在同种运输方式下不同区域之间（如长江航运信息资源整合、长三角区域航运资源整合）或者同一区域单个枢纽内不同运输方式之间（如地方交通主管部门的公路水路交通信息资源整合）。涉及全国层面所有运输方式信息资源的整合，目前尚未真正有效开展。这与当前综合运输各种运输方式之间普遍存在的信息互联互通需求存在巨大的差距。

（一）发展现状

目前，公路、水路、铁路、民航四种运输方式内部信息资源整合和共享的深度和广度都在不断增强，为综合运输信息的更细颗粒度、更大范围的共享提供了重要的技术基础和保障。但是，各层级不同运输方式间的信息互联互通正在探索中，不同运输方式间的信息互联互通体系尚未建立。总体上，我国综合运输信息互联互通存在以下特点：

1. 国家层面的综合内运输信息互联互通尚未开展

国家层面的综合内运输信息互联互通总体上尚未开展。目前正在开展国家级交通运输物流公共信息平台和东北亚物流信息服务网络建设。

2. 区域综合运输基础设施互联互通正在进行，信息互联互通尚需努力

目前长三角区域实现了水路公路信息互联互通，民航和铁路的信息资源共享正在积极推进中。京津冀区域和珠三角区域交通一体化规划建设正在进行中，信息互联互通任重而道远。

3. 部分枢纽城市交通运行管理信息化建设卓有成效，全国枢纽城市交通信息化亟待发展

目前，北京、深圳等城市交通运行协调（指挥）中心的建设实现了综合运输信息互联互通，为综合运输协调指挥、交通安全应急指挥、行业决策与公众出行提供及时可靠的服务与支持。其运行模式与管理机制可供其他全国性综合交通枢纽的信息化建设提供示范，加快实现国家“十二五”综合交通运输体系规划提出的全面推进综合交通枢纽建设进程，促进42个全国性综合交通枢纽的信息化发展，为国家综合运输信息互联互通打下坚实的基础。

4. 以综合交通枢纽为依托的交通方式实现物理互联，信息互通程度有限

综合交通枢纽的建设实现了多种交通方式在物理层面的互通，但没有实现信息的互联互通。虽然客运枢纽通过有效的引导信息系统方便旅客到达换乘地点，但是各种交通方式的信息系统的并没有达到枢纽信息共享和一体化服务的规划目标，信息的不互通或提供的不及时可能导致旅客错过换乘车辆或需要花费长时间等待换乘。货运枢纽的建设提高了集疏运效率，但是信息系统的不健全可能导致货车不必要的空驶，增加运输成本。

5. 政府与市场共同推进多式联运产业化发展

国家应用示范工程建设有助于推进建立国家海铁联运应用技术及信息标准体系及运行机制，从而推动我国集装箱海铁联运物联网应用体系的建设，促进整个海铁联运物联网技术应用的产业化进程。此外，民航公司为提高上座率积极开发与其他运输方式的联运服务，提供了空铁联运、空巴联运的产品，但是由于铁路方面的积极性不高，公路运输业务信息化程度较弱，虽然部分机场站点实现了业务层面的联运服务，信息传递仍旧靠人工操作，没有实现信息自动化的互联互通。

（二）需求分析

1. 国家层面对综合运输信息互联互通需求

经济社会发展要求综合运输实现信息互联互通。“十三五”时期，随着扩大内需战略的实施、工业结构调整和城镇化的深入推进，客货运输需求将持续稳定增长，结构不断升级，对运输的安全性、便捷性、时效性等将提出更高的要求。综合交通运输体系必须适度超前建设，进一步依托信息资源的共享利用，提高客货运输能力，促进各种运输方式的有效衔接，推进综合运输服务，强化并完善政府在基本公共服务中的主导作用，不断提高运输效率和服务水平，以适应货物优质运输、及时送达和旅客购票方便、出行安全、换乘便捷等需要。

城乡区域协调发展需要综合运输实现信息互联互通。“十三五”时期，国家将围绕“两带一路”、京津冀、长三角和珠三角等区域一体化，实施区域发展总体战略和主体功能区战略，继续促进区域协调发展，完善城镇化布局和建设。综合交通运输体系建设要充分发挥信息化的引领作用，依

托信息化手段，科学规划，准确决策，进一步引导区域空间布局和促进城乡协调发展的作用。

资源节约环境保护需要综合运输实现信息互联互通。当前及“十三五”乃至今后时期，我国的土地、线位、岸线、空域等资源将日益紧缺，石油对外依存度将不断提高，应对气候变化的责任压力越来越大。与此同时，交通运输领域的基础设施建设需求持续增长，能源消费快速增加，资源环境约束不断加大，节能减排任务艰巨。为科学转变交通运输发展方式，实现资源节约和环境，需要综合运输信息实现在交通基础设施层面信息的互联互通，一改以往各自为政的模式，科学评估已有交通基础设施建设对环境的影响以及新建的基础设施对环境的影响，更好地保护环境。同时，基于信息的互联互通，进一步优化综合运输各种运输方式的运力供应结构，提高载运工具和基础设施的利用率，从而达到节约资源的目的。

2. 行业层面对综合运输信息互联互通需求

行业层面对综合运输信息资源互联共享的需求不是一成不变的，而是分层次、分区域、分重点、分阶段都有所不同，即部省两级不同层次、不同区域、不同系统、不同时间的需求是不同的。总体上，行业层面对综合运输信息互联互通的需求主要表现在四个方面，即行业决策、行业管理、安全应急和公众服务。具体如下：

提高行业决策科学性需要综合运输实现信息互联互通。“十三五”时期，是我国进一步建设完善综合交通网的关键时期。然而，长期以来我国民航、铁路、公路和水路的交通基础设施规划均由不同部门负责，相互独立，自成体系；交通基础设施网络结构不尽合理，各种运输方式难以分工合作和有效衔接。实现综合运输信息的互联互通，有效推进各种运输方式信息的采集、共享和综合开发利用，有助于加强综合运输规划的编制，为行业决策提供科学的信息支撑，更好地推进综合运输体系建设。

提高行业管理和服务水平需要综合运输实现信息互联互通。随着交通运输业的快速发展，交通行业对信息化的需求正逐步延伸和扩大，资源整合和信息共享已成为交通信息化发展的主旋律，越来越多的系统需要在上下级之间、平级之间、政府与企业之间实现信息互联互通，并采集、交换和共享数据，从而达到市场监管和经济社会调节的目标。然而，目前大量信息资源和应用成果积淀在各级管理部门，部省之间、省与省之间、部门之间的信息共享与交换渠道不畅，直接影响了信息资源的有效利用和再开发，制约了政府部门的科学决策和有效监管。

提升行业安全监管和应急处置能力需要综合运输信息实现互联互通。综合运输信息互联互通实现将进一步提升政府安全监管水平。最近发生的“马航失联”和韩国“岁月”号沉船事件，当事国政府在安全监管、应急处理和信息披露方面存在的诸多问题，值得我们深思。可以预见，“十三五”期，交通运输行业面临的安全监管和应急处置形势依然严峻，必须通过综合运输信息的互联互通的实现，提高信息获取的广度和深度，利用信息做好事前的安全监管和事后的应急处置，并做好相关的信息发布工作，保持社会稳定。

提高公众服务水平需要综合运输实现信息互联互通。一方面，综合运输信息互联互通有利于推进多种运输方式有序衔接，提高运输组织的连续性、无缝性、全程性，提高运输效率。另一方面，综合运输信息互联互通也有利于推进综合运输服务一体化，建设群众满意交通。无论是实现现有运输企业之间运输组织的顺畅衔接，还是发展跨多种运输方式的全程运输服务供应商，运输企业或运输服务提供商均需要掌握各种运输方式的实时动态信息，才能够科学合理地进行运输组织，提供综合运输服务。

增强物流行业运输水平及竞争力需要综合运输实现信息互联互通。与国外先进物流模式相比，我国物流行业还存在较大差距。在信息化建设和应用水平上，虽然国内大部分物流企业均已使用信息管理系统，但整个物流行业信息化尚未制定统一标准，造成各物流企业间的信息系统差异较大，相对独立，无法实现互联互通。公共物流信息的缺失使得物流链中各企业的系统成为一个个信息孤岛，信息资源不能充分共享，缺乏有效的信息沟通与合作，无法实现现代物流所需的货物全程跟踪、电子商务、网上营销、资源优化调度、运输选择、快速通关及电子支付等功能，限制了整个物流行业的进一步发展。

（三）现状与需求之间的差距分析

目前，各种运输方式已有或拟建的信息系统所能提供的信息基本能够满足综合运输信息互联互通的需求，即具备互联互通的条件。但是，现状和需求之间还存在一些差距：一是内容存在差距，即存在“一数多源”或“一数无源”的现象。“一数多源”表现在部分需求信息从多个信息系统均可获得；“一数无源”表现在某些需求信息无法从已有信息系统获取。二是质量存在差距，即存在建设标准不统一、信息缺项漏项、信息资源分布不平衡等现象。例如，各种运输方式现有的主要信息系统分别在不同的历史时期、不同的业务需求和不同的开发背景下完成，因此，各信息系统遵循不同的开发标准和数据标准，导致数据不一致、编码不唯一等问题。三是流程存在差距，即共享后信息的主要用途，信息系统之间通过什么方式进行共享，共享后如何实现与业务系统的对接，均缺乏相应的流程和规范。四是平台存在差距，即没有统一的平台能够实现信息的互联互通。虽然铁路和航空都有自己的数据中心，但是统一对四种运输方式信息互联互通进行管理的“虚拟平台”尚未建成。无论是各系统间各自独立建立连接，进行对应的数据交换，还是建立统一的数据中心等都无法实现。五是机制存在差距，即没有针对综合运输体系制定相应的信息互联互通管理制度、标准和管控措施，尚未形成一套持续推进、有机协调的发展机制和后评估体系，无法开展信息互联互通相关的具体工作。六是体制存在差距，即缺乏统一的协调机构以保障综合运输信息互联互通工作的顺利开展。这个协调机构需要以综合交通发展趋势为立足点，加强统筹谋划和各种运输方式间的相互衔接，定期进行信息交流和重大项目沟通，协调解决信息共享过程中的重点和难点问题。

（四）发展策略

1. 完善综合运输信息互通顶层设计

在跨部门政府信息互联互通的实践中，导致公共利益部门化、部门利益个人化的重要原因在于顶层法律规范的缺失。由于顶层法律规范的缺失，各部门从自身利益角度出发，或为追求政治利益自设障碍，或为追求经济利益进行信息寻租，或为避免由于信息共享而承担信息安全风险，试图阻碍信息共享计划的推进。归根到底，顶层立法的缺失使公共利益与部门利益相分离，对部门利益影响甚微，在部门信息共享决策过程中不占据核心地位。因此，在对综合运输信息资源进行总体梳理和规划的基础上，应通过一定的制度和规范来保障跨部门信息资源的共享。

2. 建立综合运输信息合理交易机制

一般认为，政府信息资源不同于一般的商用信息资源，具有公共物品属性，从理论上来说在进行跨部门共享应该在国家相应制度的调节下实行免费共享。但是，信息的收集、加工以及维护、更新都需要相应的成本并由各个政府部门承担，在条块分割的政府模式下，如果其他部门免费共享本部门的信息资源，这种类似于“搭便车”的行为是明显不符合本部门的利益的。此外，在进行共享的过程中，还有可能增加额外的人员、设备成本。因此，在实际的跨部门信息资源共享中，需要建立合理的交易机制以确保信息供给部门的合理利益，使其愿意共享。

3. 完善综合运输信息互通管理规范

《中华人民共和国政府信息公开条例》总体上是针对政府行政方面的信息公开，对于类似综合运输信息互联互通之类涉及业务层面的信息公开指导意义不明显。要根除类似的信息寻租，必须对信息资源的归属、收集、管理、使用和费用预算等各方面制定相关规定，让各个部门有法可依。因此，需要制定统一的综合运输信息互联互通管理规范和管理制度，以此来约束、规范综合运输信息互联互通，对拒绝和抵制互联互通的政府及其部门和部门领导人进行一定程度的惩罚。规范的内容应当包括信息归属、管理、使用及费用预算方面规定。

4. 健全综合运输信息互通绩效考核

由于跨部门信息资源共享的实施，很大程度上取决于部门领导的意志，因此可将信息共享对社会公共利益的贡献程度与部门领导的政绩考核挂钩。在传统公共行政模式中，各级政府采集的信息资源往往形成独家垄断局面，政府部门或部门领导凭借信息特权可谋取大量利益。相反，部门领导对于跨部门信息共享的推动工作却无法有效量化，不利于其推动共享的积极性。因此，通过制度创新，使跨部门的政府信息资源共享工作激励机制与部门领导的政治激励制度和岗位激励制度协调一致，将政府部门信息资源共享工作纳入政府部门的职能范围和部门领导的绩效考核体系中，将大大增强部门间进行信息资源共享的动机。

5. 探索综合运输信息互通补偿金制度

无论是各个系统的重建或是通过中心平台以实现各系统的接入，综合运输信息互联互通的过程都需要大量的资金投入，一方面是弥补已建成系统的沉没成本，另一方面是新系统建设的额外投入成本。如果不对政府各部门的相应成本进行合理的补偿，那么各部门会从自身合理经济利益出发排斥共享。因此，从财政上进行资金的合理配置，弥补各部门因共享导致的额外成本，保障部门的合理经济利益，可强化跨部门政府信息共享的动机。

（供稿：中国交通通信信息中心）

推动物联网在现代交通运输业中的应用策略研究

随着现代传感技术、通信技术、互联网技术等高新技术的快速发展，物联网将对未来社会以及交通运输产生深远的影响，但目前社会上对物联网的含义及其在交通运输领域的应用前景与意义还缺乏充分认识，对物联网技术在交通运输领域应用的总体思路、基本框架、工作重点以及相关技术、政策措施还缺乏系统深入研究。因此，本项目的开展旨在更好地推动物联网技术在交通运输领域中的应用，使物联网技术成为带动现代交通运输业发展的新机遇。

（一）核心理念

推动物联网在现代交通运输业应用的核心理念就是通过交通运输要素更透彻的感知、更广泛的互联以及更为智能的分析处理，实现对交通运输基础设施、运载工具、运输对象的智能化识别、定位、跟踪、监控、管理和服务，达到预防事故、缓解堵塞、舒心选择交通运输服务，驾乘充满时尚和乐趣的目标。

（二）总体目标

根据“十二五”交通运输发展的要求，物联网在交通运输领域应用的总体目标为“构建交通要素感知网络、实现四项重点突破”。

1. 构建交通要素感知网络

力争建立交通参与者、运载工具和基础设施组成的交通要素感知网络，实现人（货物）、运载工具、基础设施等交通要素的互联互通。

2. 实现四项重点突破

（1）在城市交通领域，实现物联网在城市公交出行服务、车辆交通诱导服务、综合交通换乘联运服务、停车服务与监管、公交、出租车监管和调度、交通基础设施监控与管理、安全驾驶服务与管理、应急指挥与重大活动保障方面应用的突破。促进城市交通各相关政府部门的资源共享和协同管理体制、机制建设，满足城市公交使用者在需要的时间和地点获取需要的实时出行信息的要求，提高公交的吸引力和分担率，缓解城市交通拥堵，便利居民出行。

（2）在水路交通领域，实现物联网在内河高等级航道主要水域航行综合信息服务和安全管理方面应用的突破，促进安全畅通航行。通过物联网对内河、远洋运输过程中，货物状态及运转环节进行全过程监控，实现供应链透明化管理，提升货物运输管理效率。

（3）在公路交通领域，实现物联网在高速公路、大型桥梁、长大隧道运行及其运行环境实时感知、监控、信息服务方面应用的突破，在提高干线路网运行效率、安全水平的同时，提高服务品质。

（4）在货物运输领域，实现物联网在集装箱和甩挂运输供应链运输组织管理方面的应用，通过精细运输组织管理流程，提高集装箱、甩挂运输和多式联运的效率和服务水平。

（三）发展措施

通过研究，为了实现“十二五”期推动物联网在现代交通运输业应用的总体目标，建议遵循“加快培育、整合力量、软硬结合、稳步推进”的发展策略。

1. 加快培育的措施

（1）将物联网应用与“十二五”科技规划和信息化规划有机结合，把推动物联网在交通领域的应用纳入交通科技和信息化工作日程。将物联网技术应用作为专项列入科技计划，在交通重大信息化项目和工程中部署物联网相关内容。

（2）选择重点领域开展物联网应用示范工作。根据项目研究提出的物联网在交通领域应用的重点领域，建议着手开展基于物联网的城市智能交通、基于物联网的公路网状态监测与运营效率提升技术、基于物联网的智能航运信息服务和基于物联网的集装箱多式联运智能协同服务平台重大应用示范工程或重大专项研究。

（3）制定、修订采用新技术的行业运行政策。根据社会对交通安全、服务越来越高的需求，制、修订采用新技术提高运输企业服务能力和水平的相关政策，推动行业向现代服务业转型。

2. 整合力量的措施

（1）以“交通服务”作为推动物联网应用的重点，争取百姓认可。将物联网在交通出行服务业务领域的应用作为发展重点，以精细化管理作为物联网应用的重点，争取运输企业响应。

（2）充分发挥市场的基础性作用，争取高新信息化产业的参与。向社会开放物联网在交通领域应用的重大科技项目加强传感、网络设备的认证系统建设，创造一个良好的物联网可持续发展环境。

3. 软硬结合的措施

加强软科学研究与信息化项目结合。主要是加强物联网与现代管理技术应用的结合，将优化管理结构和精细化管理流程与信息化建设紧密结合，提高物联网应用的效益。

4. 稳步推进的措施

（1）交通运输部组织制订物联网在交通领域应用的科技政策，做好顶层设计，明确推动物联网在交通运输领域应用需要解决的重大关键技术、研究日程，实现集中力量，统筹部署，加快推进。具体措施包括：组织编制交通领域物联网支撑技术发展战略路线图，组织编制、发布交通运输领域物联网应用指南。

（2）加强前瞻性技术的储备研究，为试点示范应用奠定基础。当前交通行业推动物联网应用面临技术难点主要包括：交通要素身份特征标识体系建设关键技术应用攻关、交通要素运行信息精准获取体系建设关键技术应用攻关、交通领域网络传输关键技术应用攻关、交通运输物联网综合处理关键技术应用攻关四个方面。

（3）实施标准引导战略，实现信息互联互通，建立市场准入制度。要组织开展交通运输物联网标准体系建设；将是否贯彻标准作为物联网信息化项目前期工作审核与后期项目验收的内容之一，与此同时，制定标准培训计划，加大标准宣贯工作。通过互联互通，提升物联网应用项目的最大整体效益。

（四）成果总结

项目研究成果明确了物联网在交通运输领域应用的总体思路、技术体系框架和主要任务，为部出台《交通运输行业智能交通发展战略（2012—2020 年）》提供了重要参考。同时，项目研究成果构成了《物联网与智能交通》的主要内容。该书稿将使交通行业的科研技术人员、管理人员了解物联网及其在交通领域应用的基础知识，使物联网相关技术领域的技术人员掌握物联网在交通领域应用的需求和发展动态。从而为物联网在交通运输领域的应用发展奠定了理论基础与技术支撑。

（供稿：交通运输部科学研究院）

面向车联网的车辆信息服务平台研发与产业化应用

随着快速发展的汽车产业和消费观念的日新月异，车辆信息服务日亦受到各类人士的青睐，近年来市场发展迅速，每年增长率约为 20%。据有关调查结果显示，国内有车一族中，超过 86% 的人对车辆信息服务是有需求的。这些潜在消费者的需求集中在“便捷性、娱乐性、实用性”等方面。在车辆服务的需求急骤上升阶段，市场规模也在不断扩大。

（一）研究背景

近年来，随着国民收入的不断提高，汽车已越来越多的成为普通家庭的代步工具，我国汽车的保有量也以惊人的速度持续增长，据统计，截至 2013 年底，我国机动车保有量突破 1.37 亿辆。在汽车保有量增长的同时，我国的无线传输技术领域也正处在一个高速发展的时期，各种移动传输创新技术不断涌现并快速步入商用，应用市场异常活跃。随着人们生活娱乐需求的不断提升，智能化、人性化、便捷化的电子产品也越来越多的成为人们出行所依赖的工具。正是基于汽车、网络、电子产品智能化高速发展的背景下，以汽车为载体，通过无线网络连接的“车载物联网”概念浮出水面，将功能性的软件通过一个开放性的平台借助无线移动技术集成于车辆之上，成为智能车辆的发展趋势。

(二) 系统功能

1. 手机 APP 客户端系统

基于安卓系统开发集车辆诊断信息查询、车载终端同步操控、车辆报警、低电压报警提醒、车辆吊起提醒、点火启动提醒、车辆超速提醒、车辆健康提醒、保养到期提醒、行车数据流监控、油耗分析、车辆状态信息查询为一体的客户端 APP 应用程序。

2. 手机客户端同步映射子系统

依托数据图像同步映射技术，采用无线方式实现手机客户端与车载终端操作界面的同步映射，映射功能通过启动车载终端进行触发达到与智能手机屏幕可见的“双屏互动”。借助车载屏幕映射技术使得驾驶者在车载环境下的应用操作变得更加安全和方便，使车载环境下的信息服务获取从封闭走向开放，并且将终端应用变得可无限扩展，从而让用户体验到科技的便捷和时尚。

3. 车载终端系统

面向车联网的车辆信息服务需求，研发集成具备车辆 OBD 信息采集、远程故障诊断、语音识别、一键式呼叫、智能救援、“云”端信息检索、GPS 导航定位、调频收音、行车记录、多媒体影音播放等功能于一体的车载终端软、硬件设备。

4. 语音识别子系统

基于语音收录技术，集灵活的语音识别和无盲点的触控技术于一体的操控手段，与机器翻译、语音合成、模式识别技术相结合，实现智能语音人机交互，解决驾驶者在驾车中操控的不安隐患。

5. 一键呼叫子系统

基于车载蓝牙通话技术和加装车载免提电话，通过一键触控按钮建立人工客服互动式的语音应答，同时调用 GPS 定位系统，获取车辆位置信息，做到真正的“7 ×24 小时服务”为车主提供专属人工一对一的信息查询、生活服务及车辆服务，为驾驶者带来专属服务行车体验。

6. 智能救援子系统

采用传感器感应技术，在车辆抛锚、出现故障或发生碰撞时，自动向后台发送救援求助指令。并将 OBD 车辆信息及位置信息自动回传至后台，由专业技师进行车辆状态评估及故障诊断，协助用户进行故障处理或通知救援机构实施救援服务。

7. 异构数据管理子系统

车载终端异构数据管理子系统是车载终端的处理、控制及传输的核心，集计算机多媒体技术、移动通信技术、蓝牙通信技术、GPS 定位技术、一键呼叫技术、语音识别技术、网络技术于一体的异构数据管理系统。

8. 多模式数据传输管理子系统

针对车辆服务的即时性与移动性，采用蓝牙加密传输技术与 3G/4G 无线网络通信技术相结合的数据传输模式，能够在全球范围内快速地掌握客户服务需求及车辆状态信息等内容，及时响应客户服务及中心处理后的服务信息发布。

9. 后台中心远程故障诊断子系统

采用 OBD 设备扫描器，利用加密蓝牙传输技术读取车辆 OBD 设备所提供的数据和诊断错误码，如车速、发动机转速、电瓶电压、冷却液温度等行车动态信息，经过数字编码处理后，通过无线网络回传至后台服务中心，实现远程故障诊断、车辆状态监测等功能。并根据客户的需求及时向客户反映车辆状态信息及客户定制的专属车辆诊断信息。

10. “云”端信息检索及推送服务子系统

依托后台互联网的海量信息与公共信息的“云”端资源，通过手机 APP 客户端或车载终端获取用户的查询需求如交通路况、天气、酒店、餐厅等各类信息，并将查询结果推送至客户端。

11. 网络运营中心车辆信息服务平台

面向车辆与客户的服务需求，集车辆状态信息监测、远程车辆故障诊断、“云”端信息检索、人工语音应答、车辆紧急救援、故障维修及保养等服务功能为一体的大型车辆信息服务后台，通过后台中心实现车与人、车与网的互联互通，为驾乘人员提供全面专属服务。

（三）系统应用目标

本项目基于车辆与客户的服务需求，研发集客户服务、数据传输、网络运营中心服务为一体化的大型车辆信息服务平台。实现车辆实时监控、远程故障诊断、车辆体检、保养适时提醒、道路救援、一键式呼叫、语音识别录入、海量信息检索等服务功能。采用开发手机 APP 客户端及车载终端的推广方式，实现本项目研究成果的产业化应用，实现车与人、车与车、车与网的互联互通，为驾乘人员提供全面专属服务。

（供稿：中交第一公路勘察设计研究院有限公司）

基于多梯级、多线船闸联合调度技术提升船闸通航能力研究

该项目以西江多梯级、多线船闸联合调度问题为切入点，研究了长洲多线船闸综合调度排档算法；研究了基于二叉树模型的西江多梯级船闸链的调度算法；研制了船闸调度平台软件，实现了船闸的信息化管理与智能调度，为全面提高对船舶、船闸、航道等的管理水平能力，满足西部地区日益增长货物运量的实际需求，提升西江黄金水道通过能力整体提供了技术保证。

（一）项目背景

为贯彻落实《国务院关于加快长江等内河水运发展的意见》，加快内河水运发展，推进西江黄金水道工程建设进程（西江黄金水道规划如图 5-1 所示），实施西江航运干线扩能工程，加快红水河龙滩、右江百色等枢纽通航设施建设与改造，打通西南地区连接珠江三角洲的水运通道，围绕西江航运重点工程建设需要开展其中的关键技术问题研究很有必要。

长洲枢纽船闸位于广西梧州市上游 12 公里处，是西江干线的咽喉，是沟通广西、广东的水上运输大动脉，是打造广西西江干线黄金水道的重中之重。但是，长洲枢纽自建成投产之日起，较大规模的滞航、堵航现象屡有出现，造成的影响波及西江干线，直接妨碍了广西航运事业的发展。为了提高长洲枢纽的通过能力，广西壮族自治区兴建长洲三、四线船闸，并预计于 2014 年投入使用。然

而，伴随长洲三、四线船闸的建设和通航船舶迅速增加，西江船舶通航规律将发生本质性的变化，现行的船舶调度管理模式、技术手段由于其智能化程度不高、综合性不强将无法适应这种变化。

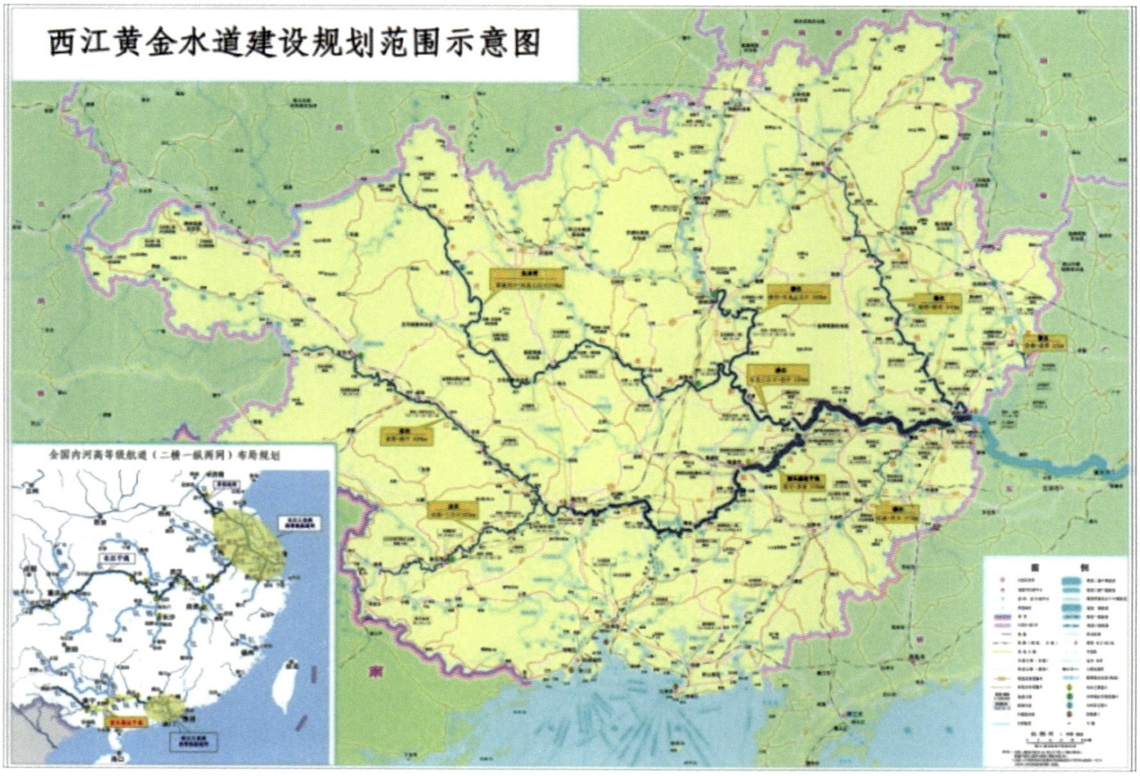

图 5-1　西江干线黄金水道规划范围示意图

本研究以切实提升长洲船闸枢纽通过能力，解决西江滞航、堵航问题为目标，通过从整体上综合分析西江航运特点，重点研究了长洲及其上游各船闸的综合调度问题，通过综合运用系统建模、整体优化等原理和人工智能、地理信息等技术手段，研发了“西江多梯级、多线船闸联合调度系统”，系统采用SOA体系架构实现了航程管理、过闸调度管理、待闸管理、船舶动态管理、统计分析等功能，为提高西江航运决策和管理水平提供了技术支撑。

（二）目的和意义

西江是我国内河水运主通道的“一纵两横两网”中重要的“一横”，是西南水运出海通道的重要组成部分，是我国现代综合交通运输体系的重要组成部分。西江航运干线作为珠江水系的主通道，其货运量约占珠江干线运输量的70%，是一条名副其实的黄金水道。

长洲枢纽船闸作为西江干线的重要节点，是广西、云南、贵州通往粤港澳的唯一水运通道。2007年3月开通至2012年底，每年都存在滞航现象，滞航船舶数量最多达到1600多艘，延绵十几公里，滞航事件的发生，社会影响强烈，引起了中央政府及交通运输部和地方政府的高度关注，相关领导多次赴事故现场组织多个部门协调解决碍航问题。随着扩建的三线、四线船闸的完成，长洲枢纽船闸通过能力得到大幅提升，但是面临交通流复杂条件下，缺乏科学船闸调度管理技术支撑和管理方法的问题依然严峻，如何通过技术手段和管理措施保障长洲枢纽船闸的通过能力和通航安全是航运主管部门非常迫切需要解决的问题，也是关系到西江黄金水道建设顺利开展实施的重点，对于打造西江船闸调度管理成为全国内河航运的典范、实施西部大开发战略、快速带动流域经济发展具有至关重要的作用。因此，本项目研究具有十分重要的现实意义。

（三）主要内容

1. 通航船闸调度技术

（1）本项目对多梯级、多线船闸调度规则的研究，借鉴了三峡、嘉陵江船闸的调度规则，结合现有长洲船闸的现有的调度管理工作思路，凝练了总体调度规则，并细化了长洲四线船闸调度规则；

（2）现有的单船闸闸室排档算法多是基于数学优化理论，对于本项目研究单闸闸室排档算法具有较强的启发作用。本项目的闸室排档算法即是从“背包问题”引申、改进而成。

（3）三峡的多线船闸调度方法，本项目研究同样采用了先“数学建模再实践磨合”的方式，通过分析长洲船闸的建设特点、交通流情况，构建了长洲四线船闸调度算法，该算法的制定思路同样可以用于其他多线船闸过闸调度。

（4）本项目所采用基于 AIS 的船舶动态信息采集方式，其底层本质上还是基于 GPS 技术实现的，只是其国家层面支持力度更大、标准化程度更高、船民承担费用更少。

2. 多梯级、多线船闸航段调度规则

调度算法依托“广西西江多梯级、多线船闸联合调度平台”软件实现，通过模拟数据测试，模型算法实现与设计相符，航运管理部门宏观调度、协调能力明显增强，航运效率明显提升。

3. 长洲枢纽多线船闸综合排档调度技术

针对总体指导原则，结合船舶、船闸调度因素的分析成果，本项目综合考虑通航船舶数量、堵航船舶数量、交通流等因素，结合长洲船闸的通航设计能力和船舶航运过闸特点，制定了基于模式的调度算法，并通过船舶流量计算验证模式内的船舶调度算法是科学、有效的。

4. 基于 AIS 的船舶过闸信息采集与综合应用技术研究

船闸联合调度调度对象既包括船闸运行又包括船舶过闸。通过对 AIS 系统的应用场景分析，并综合西江船闸联合调度业务过程，认为在船舶动态监控领域是 AIS 技术的主要应用领域：通过动态获取在航船舶、在港停泊船舶数量、区域交通流密度，对于船闸链宏观联合调度，生成调度指令提供决策参考。

5. 多梯级、多线船闸智能联合调度平台

软件采用基于 SOA 的 Client/Server 的架构，该结构成熟、稳定。数据库服务器端选用支持多用户的企业级服务器操作系统 Windows 2008 Server。数据库管理软件（DBMS）选用支持多用户的大型数据库 ORACLE 10g 数据库。为了保证系统的可扩展性，增设 Web 服务器（IIS6.0），服务器部署基于 ASP.NET 的 Web Servicse 应用，以充当客户端与服务器的信息交互纽带。客户端采用 Windows Froms 应用程序设计界面，在服务器端采用 ASP.NET Web Services 接口程序实现客户端与服务器的通信。硬件方面主要依托广西港航管理局、长洲船闸、贵港船闸的现有服务器、网络连接、客户机终端（计算机）等设备。

（1）系统应实现西江多梯级船闸链的智能联合调度，保障西江航运整体的安全、通畅。系统实现以多梯级、船闸航段调度规则为指导，当出现船闸堵航情况时，采用二叉树模型，自动计算出各船闸调控放行数，为宏观调度提供决策支撑。

（2）系统应实现长洲四线的综合调度功能，并实现各线闸室的自动排档功能。系统以长洲多线船闸综合排档调度技术的研究成果为指导，提供可配置长洲多线船闸调度方案生成功能，并自动生

成排档方案。

（3）系统应实现船舶动态信息采集功能，以便为船闸调度提供区域性交通流信息。

（4）系统应实现对外数据交互功能，以实现系统间功能协同与数据贡献。

（5）系统应提供与船闸调度高关联的水文、气象、船舶等基础数据的录入及管理功能。

（6）系统应以图表形式，提供船闸过闸统计功能。

（7）系统应提供用户权限分级管理功能，保障系统使用安全。

（四）关键技术及主要创新点

本项目的主要关键技术：提出了提高船舶通过能力、船闸利用率的多线船闸综合调度模拟技术。该技术以长洲枢纽（四线船闸）为研究对象，通过智能化算法自动生成多线船闸调度方案，无论在单闸闸室利用率还是船舶过闸通过效率上与现阶段人工调度管理相比都有较大程度的提升。

本项目的主要创新点：多梯级、多线船闸智能联合调度算法。该算法综合考虑船闸通过能力及待闸船舶数量、港口吞吐能力和压货量以及在航船舶交通流情况，采用二叉树模型，智能化生成西江多船闸联合调度优化方案。调度算法通过项目研究成果“广西西江多梯级、多线船闸联合调度平台”进行了实现与验证，西江航运宏观控制、管理能力明显提升。

（供稿：广西壮族自治区交通运输厅）

第六章　附录

2014年，部省部分标志性事件记录了全国交通信息化发展的轨迹，现摘录如下：

1月，长江航道VPN系统正式开通运行。

3月，大交通部编制完成，形成了由交通运输部负责管理国家铁路局、中国民用航空局、国家邮政局的交通运输大部门管理架构格局。

4月，交通运输部印发了关于做好《城市公共交通IC卡技术规范（试行）》验证工作的通知。

5月，“交通运输部科学研究院信息系统测评中心”通过审核。

6月，广东省高速公路联网收费正式实施“一张网”。

7月，由交通运输部、公安部、国家安全生产监督管理总局发布的《道路运输车辆动态监督管理办法》（2014年第5号令）正式实施。

7月，福建省交通物流公共信息平台（一期）交通物流云平台应用服务层通过完工检验。

9月，“贵州省智慧交通云计算服务与大数据应用科技示范工程实施方案”通过评审，并被列入交通运输部科技示范工程项目。

9月，湖北省交通运输厅数据中心启动建设。

10月，黑龙江省交通运输云计算中心工程项目立项申报工作正式启动。

11月，2014年交通运输通信信息中心主任工作交流会议在广州召开。来自全国各省（区、市）交通运输系统的信息中心相关负责人会聚一堂，研讨行业信息化的现状与未来发展趋势。会议围绕行业“十三五”信息化发展规划思路进行了研讨。保障行业网络安全是本次会议的另一大热点。

11月，西宁南绕城可视化工程项目管理系统荣获2014年度中国建筑业建筑信息模型（BIM）邀请赛卓越工程奖一等奖。

12月，珠江航运综合信息服务系统工程正式立项。

12月，《河北省交通运输智能管理和信息服务工程》项目正式批复立项；京秦、石黄、京衡、衡大4条（段），921公里高速公路智能化示范工程建成。

12月，海南省智能交通一期建设项目主体工程全部完工。

12月，北京、天津、河北、山西、辽宁、上海、江苏、浙江、安徽、江西、福建、山东、陕西、湖南14省（市）ETC正式联网运行，从此，在联网区域5.2万公里高速公路、6659条ETC专用车道上，909万用户可以实现高速不停车快速通过。标志着我国ETC联网工程进入新的发展阶段。